2025 트렌드 모니터

대중을 읽고
기획하는 힘

2025
트렌드
모니터

마크로밀 엠브레인

최인수·윤덕환·채선애·이진아·최다솔 지음

시크릿하우스

각자의 세상에서 각자의 의미를 찾다

나누고, 쪼개고, 분석하는 미분(微分) 사회에서
나만의 의미를 찾는 법

〈만원의 행복〉 vs. 무지출 챌린지, 〟
변화하는 인간관계

2001년 8월, 당시 정부는 국제통화기금(IMF)의 부채를 극적으로 상환한 뒤 가라앉았던 내수 경기를 띄우기 위해 신용카드를 통한 경기 살리기를 시도했다. 이 정책이 소비 경기 부양과 탈세 방지라는 두 가지 목적을 동시에 달성할 것이라고 믿었기 때문이다.[1] 그런데 당시 정부의 카드 사용 권장 정책과 카드사들의 과당경쟁이 맞물리면서 2002년, 문제가 터지게 된다. 카드 빚에 시달리던 소비자들이 잇달아 파산하기 시작했던 것이다.[2] 2003년이 되면서 이 신용 불량자 숫자는 300만이 훌쩍 넘었고,[3] 경기는 급격하게 가라앉았다. 소비자들은 지갑을 닫았고 극단적으로 지출을 줄이기 시작했다.[4] 이때 크게 유행한 TV 프로그램이 있다. 바로 〈만원의 행복〉이라는 프로그램이다.[5] 이 프로그램은 연예인들이 등장해서 1만 원으로 일주일을 버티는 내용으로, 당장 돈을 아껴야 하는 형편을 주변에 드러내기 부끄러워하던 많은 대중들의 공감을 얻었다. 사람들은 〈만원의 행복〉에 등장하는 셀럽들의 '짠내 나는 소비'를 보며 대리 만족했던 것이다.

2022년 세계적인 물가 폭등이 한국 사회를 덮치면서 원자재, 식료품, 외식 물가가 가파르게 상승하기 시작했을 때도 대중은 또다시 지갑을 닫기 시작했다. 그러자 이번엔 독특한 이벤트가 등장했다. '무지출 챌린지'다. 돈을 아껴야 하는 상황은 20년 전과 유사했지만, 대중들의 태도는 달랐다. 〈만원의 행복〉이 대중들이 차마 드러내지 못한 극단적 절약을 대리해 보여주는 프로그램이었다면, 2022년 시작된 '무지출 챌린지'는 대놓고 자신의 경제적 상황을 드러낸다. 동시에 '거지방'이라는 온라인 커뮤니티도 주목을 받았다. 이곳에서는 가난과 절약을 솔직하게 인정하고, 일상 속에서 돈을 쓰지 않기 위한 방법들을 서로 공유한다. "난 가난해. 거지야. 그래서 돈 안 써. 매일 절약해"를 큰 소리로 외치고, 알리고, 퍼뜨리고, 도전 과제로 삼고, 함께 "우리는 거지다"를 외치며, 내일의 무지출을 결의하는 채팅방[6]을 만든다.

〈만원의 행복〉과 '무지출 챌린지' 사이에는 인간관계 변화가 있다. 2003년 당시만 해도 사람들은 주변에 '절약하는 것을 알리는 것을 부끄러워했을 뿐, 인간관계 자체를 줄이려 하지는 않았다. 그런데 2024년 현재까지도 유행을 이어오고 있는 무지출 챌린지의 핵심은 바로 인간관계를 줄이는 것이다.[7] 사람들은 사람을 덜 만나고, 안 만난다. 인간관계의 규모도 줄이고, 기존의 인간관계도 정리한다. 사람 만날 일이 줄어드니 자신의 궁핍도 별로 부끄러운 일이 아니게 된 것이다. 이 트렌드는 《2024 트렌드 모니터》에서 제시한 3無(친구·직장 동료·어른의 부재) 사회의 기반이 되었고, 다양한 영역으로 확장되고 변용되면서 《2025 트렌드 모니터》에서도 그 흐름이 이어지고 있다.

이제 한국 사회의 대중들은 외로움을 익숙하게 받아들인다. 외로워질수록 친구가 점점 더 필요한 상황이 되어가지만, 친구 없이 살아가야 한다고 생각한다. 친구는 일종의 비용일 수도 있다고 생각하기 때문이다. 대신 경제적·육체적·심리적 비용을 최소화하며, 그냥 곁에 있어주는 것만으로 괜찮은 반려의 대상과 각자의 세상에서 각자 필요한 방식으로 위로를 찾고 있다. 이제 사람들은 인간관계뿐만 아니라 일상 전 영역에서 경제적으로나 심리적으로 큰 비용을 수반하는 투자나 활동을 줄이거나 회피한다. 조각 과일을 사고, 몇천 원 단위의 초미니 보험에 가입하며, 1000원짜리 타임라인이 있는 웹툰을 즐기며, 잔술 소비로 찰나의 여유나 위로를 찾는다. 일상을 얇게 쪼개고, 작게 자르며 아끼려 한다. 2024년 현재 대중들의 이런 삶의 양식이 큰 트렌드를 만들어내고 있었다.

작게 쪼개고, 나눈 일상 문화에 ”
의미를 부여하다

트렌드 모니터가 분석한 2024년 대중 소비자들의 삶에서 가장 큰 특징은 바로 '의미'를 찾고 있는 사람들이 많아졌다는 것이다. 이런 경향은 2024년 상반기 베스트셀러 분석에서 성찰적 의미를 담고 있는 책들에 대한 높은 선호에서도 드러났지만, 갑작스러운 육체노동에 대한 높은 호감, 셀프 리서치(퍼스널 컨설팅)에 대한 광범위한 관심, 직춘기, 비주류 문화(반(反)문화)에 대한 넓어진 관심으로도 나타났다. 큰 투자, 큰 소비와 같이 규모의 크기 자체로 자동적으로 의미 부여가 되는 거대한 규모의 프로젝트와는 달리 쪼개진 일, 시간, 소비와 같은 소소한 일상은 개인이 그 조각을 모아 분석하고 의미 부여를 하는 작업이 별도로 필요하다는 것을 뜻한다. 물론, 의미 부여의 주체는 각 개인의 경험과 감정이 된다. 이 사소해 보이는 의미 부여의 과정이 여러 일상에 영향을 주고 있었다. 그리고 앞으로 이

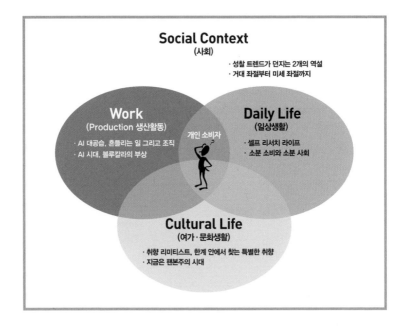

런 양상은 팬덤이 필요한 문화 예술계, 스포츠계뿐만이 아니라, 정치, 사회 분야에까지 광범위하게 영향을 주게 될 것으로 보인다.

행복하고 평화롭다 vs. "
우울하고 화난다

2024년에 대중 소비자들이 가장 자주 경험한 감정은 근심, 걱정이었다.[8] 그리고 대중적 감정(public mood)의 순위는 5위권 안의 순위가 일부 뒤바뀐 것(불안하다 5위(2023)→4위(2024)) 외에는 거의 유사했다. 좀 더 구체적으로 개별 감정을 보면, '행복하다'고 느끼는 사람들은 2023년에 비해 상대적으로 늘어서 순위도 2023년 9위에서 6위로 올랐지만, '우울하다'와 '후회한다' 같은 부정적 감정의 순위는 2023년에 비해 상승해서 12위, 15위였다. 2023년에는 없었지만, 2024년에 새롭게 등장한 감정은 '화난다(18위)'와 '평화롭다(20위)'였다. 행복하고 평화롭다고 느끼는 사람도 늘었지만, 우울하다거나 화난다고 응답한 사람들도 동시에 늘어난 것이다. 2024년 대중들이 경험한 이 감정들은 《2025 트렌드 모니터》에서 분석하고 있는 양극화된 문화와 소비 현상에 담겨 있는 감정을 그대로 보여준다.

　대중 소비자들이 경험하는 욕구는 기본적으로 2023년과 같은 흐름을 보이고 있었다. 성장 욕구(583.67점)보다는 결핍 욕구(616.79점)를 더 많이 느끼는 패턴은 2023년과 유사했는데,[9] 2024년에 대중은 2023년보다 성장에 대한 욕구를 더 많이 느끼고 있는 것으로 나

순위	2018(N=10,000)		2019(N=10,000)		2020(N=10,000)		2021(N=10,000)		2022(N=10,000)		2023(N=10,000)		2024(N=10,000)	
1	귀찮다	44.2	궁금하다	43.3	답답하다	44.7	답답하다	45.9	궁금하다	43.1	궁금하다	44.3	궁금하다	42.2
2	답답하다	43.9	답답하다	41.3	궁금하다	43.9	궁금하다	44.7	답답하다	41.7	귀찮다	42.7	귀찮다	40.4
3	궁금하다	43.5	귀찮다	40.1	귀찮다	37.8	귀찮다	43.7	귀찮다	41.4	답답하다	40.3	답답하다	37.9
4	심란하다	36.6	심란하다	35.9	심란하다	36.3	불안하다	37.7	심란하다	34.3	심란하다	35.5	불안하다	34.0
5	불안하다	34.1	불안하다	33.7	불안하다	36.0	심란하다	37.7	불안하다	33.5	불안하다	34.3	심란하다	33.5
6	지겹다	31.1	지겹다	28.3	지겹다	31.2	지겹다	33.9	지겹다	32.9	지겹다	30.9	행복하다	30.0
7	좋다	28.8	좋다	28.2	우울하다	28.1	우울하다	31.3	우울하다	28.1	좋다	29.9	지겹다	29.5
8	행복하다	28.7	행복하다	28.1	행복하다	25.7	허무하다	27.6	재미있다	27.7	재미있다	29.0	재미있다	29.0
9	우울하다	28.0	우울하다	27.9	허무하다	24.2	행복하다	26.9	행복하다	27.2	행복하다	29.0	좋다	28.0
10	고맙다	27.3	즐겁다	26.9	고맙다	23.9	숙성하다	26.4	좋다	26.4	즐겁다	27.9	편안하다	27.5
11	재미있다	27.1	재미있다	26.4	편안하다	23.9	좋다	26.3	즐겁다	26.0	편안하다	27.9	즐겁다	27.3
12	즐겁다	27.1	편안하다	25.8	좋다	23.2	고맙다	25.9	편안하다	26.0	고맙다	27.8	우울하다	26.8
13	허무하다	27.0	허무하다	25.8	숙성하다	23.1	아쉽다	25.6	허무하다	24.8	우울하다	26.5	고맙다	26.5
14	외롭다	26.1	고맙다	25.8	아쉽다	23.1	외롭다	25.6	고맙다	24.6	허무하다	24.6	허무하다	24.9
15	편안하다	26.1	아쉽다	24.7	초조하다	22.7	화나다	25.6	화나다	23.5	아쉽다	24.5	후회하다	24.3
16	숙성하다	25.9	외롭다	24.5	외롭다	22.6	재미있다	25.5	아쉽다	23.2	만족하다	24.4	아쉽다	24.3
17	화나다	25.5	숙성하다	24.4	화나다	22.3	초조하다	25.4	만족하다	23.1	후회하다	24.3	숙성하다	24.0
18	후회하다	25.0	후회하다	23.9	불편하다	22.2	후회하다	25.1	숙성하다	23.1	숙성하다	24.0	화나다	23.8
19	아쉽다	24.8	초조하다	23.8	즐겁다	22.0	편안하다	24.8	후회하다	22.6	초조하다	23.4	만족하다	23.5
20	초조하다	24.4	화나다	22.3	재미있다	22.0	즐겁다	24.1	외롭다	22.4	외롭다	23.3	평화롭다	23.4

타났다. 이런 부분은 특히 자기 초월 욕구(555.66점(2023)→565.70점(2024)), 자아실현 욕구(516.82점(2023)→537.82점(2024)), 심미적 욕구(575.29점(2023) →588.48점(2024)) 부분에서 도드라졌다. 자기 초월 욕구의 의미가 자기 자신을 초월해 다른 것을 만들어내고자 하는 이타적인 욕구이고, 자아실현 욕구는 자기 발전을 위해 잠재력을 극

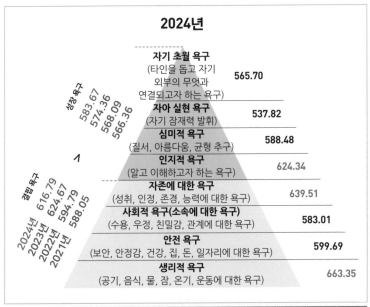

2024년

성장 욕구
583.67
574.36
568.09
566.36

결핍 욕구
616.79
624.67
594.79
588.05

2024년
2023년
2022년
2021년

자기 초월 욕구
(타인을 돕고 자기 외부의 무엇과 연결되고자 하는 욕구) — 565.70

자아 실현 욕구
(자기 잠재력 발휘) — 537.82

심미적 욕구
(질서, 아름다움, 균형 추구) — 588.48

인지적 욕구
(알고 이해하고자 하는 욕구) — 624.34

자존에 대한 욕구
(성취, 인정, 존경, 능력에 대한 욕구) — 639.51

사회적 욕구(소속에 대한 욕구)
(수용, 우정, 친밀감, 관계에 대한 욕구) — 583.01

안전 욕구
(보안, 안정감, 건강, 집, 돈, 일자리에 대한 욕구) — 599.69

생리적 욕구
(공기, 음식, 물, 잠, 온기, 운동에 대한 욕구) — 663.35

매슬로 욕구단계/연도		2016	2017	2018	2019	2020	2021	2022	2023	2024
성장 욕구 (583.67) /2024년	자기 초월 욕구	495.84	514.98	504.34	516.91	557.91	551.32	550.28	555.66	**565.70**
	자아 실현 욕구	488.69	490.51	492.04	497.55	519.08	522.72	519.99	516.82	**537.82**
	심미적 욕구	535.59	556.27	545.82	545.32	564.56	564.09	568.62	575.29	**588.48**
	인지적 욕구	576.48	580.57	577.13	584.12	603.58	607.87	614.21	626.65	624.34
결핍 욕구 (616.79) /2024년	자존에 대한 욕구	652.91	647.60	645.15	633.11	623.37	619.69	627.42	653.01	639.51
	사회적 욕구	573.57	565.67	571.37	562.24	556.20	553.87	564.09	589.01	583.01
	안전 욕구	623.43	608.36	585.72	583.93	571.12	560.34	563.20	598.48	599.69
	생리적 욕구	641.01	651.94	658.10	652.06	647.24	641.68	648.18	680.74	663.35

대화하여 자기완성을 바라는 욕구이며, 심미적 욕구는 질서와 안정을 바라며 아름다움을 추구하는 욕구라고 한다면,[10] 2024년에 경험하는 대중 소비자들의 이런 욕구의 변화는 '자기 성찰'이 트렌드가 된 상황과 밀접하게 연관이 있는 것으로 보인다. 즉, 현재를 살아가는 대중 소비자들은 기본적인 욕구가 채워지지 않는 불만이 크지만, 그 원인과 배경에 대한 궁금증과 자기 성찰을 통해 의미를 찾아가려고 하는 욕망도 동시에 갖고 있었던 것이다.

각 장에서 분석 제시한 내용은 다음과 같다.

[셀프 리서치 라이프] 편에서는, 극강의 가성비를 추구하는 소비와 초고가의 하이엔드 제품이 동시에 잘 팔리는 양극화된 소비 현상과 이 소비문화의 기반이 되는 '평가 민감도' 현상을 분석한다. 이에 따라 타인의 높은 기대에 맞추지 못해 생기는 낮아진 자존감의 만성화 현상을 살펴보고, 이를 회복하기 위해 개인들이 높은 관심을 갖게 된 셀프 분석의 배경을 제시한다.
(Keyword: 양극화된 소비·일상의 도피처, 슈필라움·자기 성찰과 셀프 분석)

[소분 소비와 소분 사회] 편에서는, '가성비'를 넘은 '시성비' 시대에 쪼개고, 나누고, 작아지는 소비를 지향하는 소비자들의 일상을 관찰하고 이를 통해 충족하고 있는 다양한 형태의 욕구를 다룬다. 소비자들은 소분화된 소비를 통해 다양성을 체험하고, 더 정교하고 압축된 경험의 내용과 질에 관심을 가지려 한다. 여기서 파생한 경험은 일상의 다양한 장면으로 확장되고 있다.
(Keyword: 소분 라이프 추구·챕터별 경험·진짜는 디테일·오리지널리티의 귀환)

[AI 대공습, 흔들리는 일 그리고 조직] 편에서는, AI 기술로 인해 생겨난 채용시장의 급

격한 변화를 다룬다. 이어 챗GPT 활용으로 업무 효율성이 높아지고, 이에 따라 일터에서 관행처럼 반복돼왔던 마태 효과의 소멸에 대해서도 전망한다. 다만, 여전히 AI로 인해 자신의 직업이 대체될 수 있다는 불안감, AI 속도만큼 더 빠르고 효율적으로 업무를 수행해야 한다는 심적 압박과 부담감의 일상화로, 지금 한국 사회의 많은 화이트칼라 직장인들은 때아닌 '직춘기'를 경험 중이다.

(Keyword: 일의 의미·정체성 혼미·직춘기·바이브 워크)

[AI 시대, 블루칼라의 부상] 편에서는, 육체노동에 대한 대중적 반응이 급격하게 높아진 현상의 배경을 다룬다. 이 현상은 챗GPT 등장과 동시에 나타난 전 세계적 공통 현상으로 인공지능 공습으로 인한 직장인들의 불안감을 일부 반영한다. 또한, 한국 사회에서 역주행으로 베스트셀러가 되었던 《가짜 노동》이라는 책에 대한 직장인들의 반응을 통해 역설적으로 나타나는 한국 사회 조직 문화의 한계점에 대해 분석한다.

(Keyword: 육체노동·인정 투쟁·똑똑하게 질문하는 법)

[취향 리미티스트, 한계 안에서 찾는 특별한 취향] 편에서는, 제한된 자원 속에서 차별화된 개인적 취향을 추구하려는 욕구, 그리고 자신의 취향을 정서적으로 공감받고자 하는 사회적 니즈가 맞물리면서 반(反)문화를 즐기는 '안정적 고정층'의 증가 현상을 재조명한다. 이제 대중 소비자들은 아주 작은 숫자라도 최소한의 '담보된' 취향 공동체와의 공감만으로도 충분히 대중문화를 즐긴다. 주류와 비주류의 경계가 허물어질 만큼, 강력한 비주류·서브컬처·반(反)문화의 성장이다.

(Keyword: 취향 이코노미·반(反)문화의 반란·서브컬처의 등장·대박보다 완판)

[지금은 팬본주의 시대] 편에서는, 반려돌 키우기라는 독특한 현상이 등장하게 된 사회 문화적 배경을 분석하고, 여기에 기반이 되는 외로움의 만성화라는 현상을 설명한다. 이로 인해 사람들은 인간관계를 문화 콘텐츠로 대리 학습하며, 팬덤 문화의 기반도 바꾸는 현상을 제시한다. 여기서 기존의 팬덤을 설명하는 이론과는 다른 현상이 등장하는데, 한국적 팬덤 문화는 팬덤을 구축하는 집단의 정체성에 기반하지 않는다는 것이다. 이제 중요한 것은 셀럽과 나와의 관계일 뿐이다.

(Keyword: 지금 내 곁에 있어줘·중요한 것은 나와의 관계·유행의 소분화, 단속화)

[**성찰 트렌드가 던지는 2개의 역설**] 편에서는, 2024년 쇼펜하우어류의 성찰적 관점을 담은 책들이 베스트셀러가 되는 현상이 던지는 2가지 역설을 다룬다. 한 가지는 한국 사회의 전통적인 '눈치' 문화로 대표되는 감정 문해력이 낮아지는 현상이며, 다른 하나는 감정 교류가 일상적으로 실패하게 되는 끼리끼리 문화다.

(Keyword: 낮아지는 감정 문해력·공감의 실패·끼리끼리 문화)

[**거대 좌절부터 미세 좌절까지**] 편에서는, 사회·경제·문화가 나날이 양극화되어가는 과정에서 사회적 인정을 바라는 대중의 욕망이 일상적으로 좌절되면서 발생하는 현상들을 분석한다. 현재 대중은 다양한 장면에서 자신을 개선하고 더 높은 계층으로의 상승을 위해 고군분투한다. 하지만 경제력이라는 기준이 현재의 노력에 비해 턱없이 높아 크고 작은 좌절감을 반복적으로 경험하고 있다. 부정적 감정은 지속 가능할 수 없다. 이제 개인은 스스로 이런 부정적 낙인 해제를 시도하며, 긍정적 의미 부여 대상을 찾으려 노력 중이다.

(Keyword: 부정적 낙인 해제·진짜 실력파는 누구?·초긍정 마인드로 현실 버티기)

트렌드를 알고자 하는 사람들의 욕망은 불확실한 미래를 알고자 하는 욕구에서 비롯된다. 그런데 알고 보면 이런 욕망은 사실상 충족이 어렵다. 트렌드는 지속하는 기간이 제한되어 있기 때문이다. 그래서 이론적으로는 변화의 지속성에 따라 패드(fad, 보통 1년 정도의 유행), 패션(fashion, 2~3년의 유행), 트렌드(trend, 4~5년의 유행), 메가트렌드(mega-trend, 10년 이상의 유행), 컬처(culture, 30년 이상 지속하는 문화 현상)로 구분하기도 한다. 그런데 이 이론적인 개념들은 모두 지금 당장의 현실에서 경험하는 현상의 지속 여부를 예측하는 데 별 쓸모가 없는 개념들이다. 왜냐하면, 지금 유행하는 이 현상이 1년짜리가 될지, 5년 이상이 될지, 아니면 10년 이상 롱런하는 현상이 될지는 끝나 봐야 알 수 있기 때문이다. 그래서 오히려, 우리가 알아야 하는 것은 이 현상이 얼마나 확산될지, 또는 얼마나 지속될지를 딱 떨어지게 예언하는 것이 아니라, 어떤 이유로 이 현상이 촉발되었는가다. 역사적인 맥락을 이해해야 이 현상의 구체적인 향후 전개 양상을 추론할 수 있다는 뜻이다.

그래서 트렌드는 연속적인 현상의 맥락에서 이해해야 한다. 난데없이 뿅 나타나는 트렌드란 존재하기 어렵다. 이런 트렌드의 중심 현상에 대중의 마음이 작용하기 때문이다. 사회적 본능을 타고난 개인들에게 결핍이 생겨나는 사건과 환경 변화가 쌓이면 그 결핍을 메꾸는 방향으로 트렌드가 바뀌고, 여기서 주기가 발생한다. 주류가 형성되면 비주류가 생겨나고, 비주류는 시간이 지나 외부 환경 변화에 따라 주류로 탈바꿈하기도 한다. 그 흐름을 이해하는 중심에 대중의 마음이 있다는 것이다. 이런 트렌드의 주기성을 이해한다면, 경제적 어려움에 처한 많은 사람들은 지금과 같은 어려움이 언젠가는 끝나리라는 희망을 가질 수 있다. 그리고 언젠가는 다시 기회를 잡을 수 있는 시간이 다가온다는 것을 기대할 수도 있다. 문제는 그 시간을 어떻게 견딜 수 있는가다.

여기에 참고해볼 만한 책이 하나 있다. 영화로도 공개된 소설 《파이 이야기》다. 간단한 줄거리는 이렇다. 인도 퐁디셰리에서 동물원을 운영하는 주인공 파이의 가족은 정부의 지원이 끊기자 캐나다로 이주하려고 한다. 그 과정에서 캐나다로 가던 화물선이 폭풍우에 침몰하면서 가족은 모두 사망하고, 구명보트에는 파이와 벵골호랑이 리처드 파커만 남는다. 태평양 망망대해의 구명보트에서 호랑이 리처드 파커는 파이를 잡아먹으려 끊임없이 공격한다. 둘은 각자의 생존을 위한 사투를 하며 망망대해를 지난다. 파이는 리처드 파커에 대한 두려움과 괴로움을 견디며, 무인도를 거쳐 마침내 구조된다. 그 섬에서 파이는 놀랍게도 자신의 목숨을 위협했던 벵골호랑이 리처드 파커에게 고마움을 전한다. 그 두려움과 괴로움을 견디며 자신이 더 강해졌고, 그 힘으로 어려움을 버텨낼 수 있었던 것에 대한 고마움이었다.

밀림이 시작되는 곳에서 그(리처드 파커)는 걸음을 멈추었다. 나는 그가 내 쪽으로 방향을 틀 거라고 확신했다. 그렇게 우리의 관계를 매듭지을 거야. 그는 그런 행동은 하지 않았다. 밀림만 똑바로 응시할 뿐이었다. 그러더니 고통스럽고, 끔찍하고, 무서운 일을 함께 겪으면서 날 살게 했던 리처드 파커는 앞으로 나아갔다. 그렇게 내 삶에서 영원히 사라져버렸다. (중략) 나는 아이처럼 울었다. 고난을 딛고 살아나서가 아니었다. 내가 흐느낀 것은 리처드 파커가 아무 인사도 없이 날 버리고 떠났기 때문이었다. (중략)
"리처드 파커, 다 끝났다. 우린 살아남았어. 믿을 수 있니? 네게 도저히 말로 표현 못 할 신세를 졌구나. 네가 없었으면 난 버텨내지 못했을 거야. 정식으로 인사하고 싶다. 리처드 파커, 고맙다. 내 목숨을 구해줘서 고맙다. 난 널 잊지 않을 거야, 그건 분명해. 너는 내 안에, 내 마음속에 언제나 있을 거야."

얀 마텔, 《파이 이야기》, 2부 태평양, 93~94장 본문 중에서

이 책《2025 트렌드 모니터》는 대한민국의 대중 소비자의 삶을 읽는 16번째 책이다. 우리는 매년 당대 일상의 소소한 일기를 정리하는 마음으로 책을 쓴다. 이 책이 타인의 삶을 들여다보고 위로와 공감을 얻는 데 도움이 된다면 저자들에게는 가장 큰 보람이 될 것 같다.

매년 항상 뜨거운 관심과 지지를 보내주는 마크로밀 엠브레인 가족에게 늘 감사의 마음을 전한다. 매년 수고로운 분석과 대안 제시로 물심양면 도움을 주는 패널빅데이터센터 데이터사이언스팀 손희섭 팀장, 이지은 매니저, 이승욱 매니저, 박서현 매니저와 올해 컨텐츠사업부에 함께한 이윤영 매니저에게 특별한 감사의 마음을 전한다. 윤영 매니저의 톡톡 튀는 아이디어 제안과 업무의 성실함은 이 책에 제시된 수많은 데이터의 기반이 되었다. 특별히 감사한 마음을 전한다. 또 하나의 가족(?) 시크릿하우스의 전준석 대표와 황혜정 부장께는 말이 필요 없는 감사^^. 꾸벅.

이 책이 한국 사회를 읽는 '앵커(anchor)'라고 극찬을 해주는 열혈 독자분들과 매년 이 책을 기다리는 독자분들에게 마음 깊이 감사를 드린다. 매번 이 책에서 제시한 우리의 고민과 질문이 독자들이 현재 가지고 있는 문제를 풀어가는 데 한 줌이라도 도움이 되는 도구가 된다면 더 바랄 것이 없다. 독자 여러분들의 건강과 안전한 일상을 기원한다.

2024년 10월

㈜마크로밀 엠브레인 컨텐츠사업부 저자 일동

CONTENTS

PART 2

WORK
직춘기, 노동의 쓸모를 고민하다

PART 3

CULTURE
팬본주의, 더 이상 주류는 없다

PART 4

SOCIAL
셀프 리추얼, 각자의 세상에서 각자의 위로를 얻다

2025
트렌드 모니터

PART 1
LIFE

소분 문화,
나누고 자르고 분석한다

셀프 리서치 라이프
양극화된 소비 · 일상의 도피처, 슈필라움 · 자기 성찰과 셀프 분석

지금은 중간 없는 양극화된 "
소비시장의 시대

직장인들의 점심값이 '평균 1만 원' 시대를 열었다는 뉴스가 흘러나
온다.[1] 이제는 어딜 가나 1만 원 미만의 식사 메뉴를 찾기 힘들어졌
다. 발품을 팔아 저렴한 밥집
을 찾아다니기는 덥고, 춥고,
귀찮고, 바쁘다. 그렇다면 가
장 만만한 선택은 편의점이다.
편의점 점포 수가 너무 많아
져 포화 상태[2]라는 지적도 있

■ 출처: 연합뉴스

지만, 주변에서 쉽게 찾을 수 있고, 고물가 시대에 저렴하게 한 끼를 해결하는 가장 편리한 선택지다. 실제로 한국소비자원의 2024년 7월 발표에 의하면, 편의점의 이용 경험률(20.5% 증가), 이용 금액(22.6% 증가)은 모두 3년 전보다 높아졌는데, 자주 사는 상품은 음료(31.1%), 간편 식사류(26.6%) 등이었다.[3] 또한, 2024년 4월 GS리테일이 발표한 편의점 분석 자료에 따르면, 고물가의 영향으로 식비를 줄이려는 2030세대들은 편의점 마감 임박 상품을 적극적으로 이용하는 모습을 보였다.[4] 편의점마다 차이는 있지만, GS25의 경우 소비 기한 마감이 임박한 상품을 최대 45%까지 저렴하게 판매하는데, 마감 상품 구매자 중 20대와 30대가 전체 구매자의 70%가 넘는 것으로 나타났다(20대 38%, 30대 34%).[5]

이와 유사하게 일상에서의 지출을 더욱 아끼려는 태도는 커피시장에도 큰 영향을 주고 있다. 마크로밀 엠브레인 패널빅데이터 분

커피 프랜차이즈 이용률 변화

(마크로밀 엠브레인 패널빅데이터®)

석에 따르면 최근 불황의 영향으로 커피 가격이 상대적으로 비싼 프랜차이즈의 경우 이용률이 감소하고 있는 반면 저가 커피 브랜드는 2022년 동기 대비 21.3% 증가세를 보이는 등 그야말로 '저가 커피' 전성시대를 맞고 있는 모습이다.[6] 여기에 저가 커피 비용까지도 더 줄이려는 사람들이 생겨나면서 90원짜리 카페인 알약[7]이 등장하기도 했다. 200개 1통에 1만 8000원인 이 알약은 1알에 90원 수준이며 1만 원으로 커피 110잔을 소비할 수 있는 극강의 가성비 제품이다.

이렇게 다양한 분야에서 지출을 줄이고 있는 현상 이면에는 전혀 다른 세상의 뉴스도 있다. 전통적으로 명품시장은 경기 불황에 영향을 덜 받아왔다. 코로나의 여파로 글로벌 경기 침체를 전망했던 2022년에도 명품업계는 기록적인 성장을 달성했던 것이 이 시장의 특징을 대변한다.[8] 이렇게 경기에 영향을 덜 받던 명품시장도 분위기가 바뀌고 있다. 에·루·샤(에르메스, 루이비통, 샤넬)로 불리는 하이엔드(high-end) 명품은 더욱 잘 팔리지만, 대중적인 명품으로 불리는 매스티지 명품(Masstige, prestige for the masses)은 실적이 악화되면서 적자로 전환됐다.[9]

이와 유사한 양상은 패션과 전자 제품, 유통시장 등 전방위적으로 양극화되고 있는 모양새다. 2024년 6월, 백화점 업계에서는 여성복 브랜드 매출의 신장 폭이 큰 폭으로 둔화되고, 중가 브랜드의 여성복이 잇따라 철수, 폐업 절차를 거치고 있

■ 출처: 뉴스1

다고 발표했다.[10] LG전자에서는 '하이드로 파워'라는 가습기가 출시되었는데, 이 제품은 출고가가 139만 원으로 시중에서 판매되는 5만 원대의 일반 가습기 가격보다 30배 가까이 높다. 그럼에도 출시된 이후 1개월 만에 1만 대가 완판되는 등 인기를 구가하고 있다고 전해진다.[11] 같은 맥락에서 2024년 추석 명절에는 '7억 원 와인 세트'와 '3만 원짜리 스팸 세트'가 경쟁한다는 뉴스도 등장했다.[12] 이렇게 양극화되고 있는 현상은 2023년에 이어 유통업계, 커피시장, 선물시장, 키즈시장 등으로 광범위하게 확산되고 있다.[13] 지금 소비시장은 초고가의 하이엔드 시장과 극강의 가성비가 강조되는 시장으로 나뉘고 있다. 그리고 당연하게도 현재 이 양극단의 상품과 서비스를 소비하는 집단도 2개의 문화로 양분되고 있었다.

타인과의 접촉 결핍이 고조되는 "
일상생활

사람들의 필요와 욕구를 충족시키는 것이 소비의 기본적인 목적이다. 사람들은 물질적인 만족 외에도 심리적·사회적·문화적 욕구 충족을 위해 소비를 한다. 특히나 남보다 우월해지고 싶은 사회적 욕구가 소비를 주도하는 가장 지대한 목적이 될 때가 많다. 이는 소비시장이 양극화되고 있음에도 달라지지 않는 소비의 진짜 얼굴일 수 있다. 그런데 지금은 많은 사람들이 상호 간의 이런 접촉을 가능한 한 줄이려고 하는 시대다. 조사 결과에 따르면, 사람들은 인간관계

확장을 줄이고, 가까운 소수의
사람들하고만 어울리고 싶어
했다(나는 가능한 한 많은 사람들
과 어울리고 싶다–그렇다 40.2% vs.
아니다 49.0%, 나는 아주 가까운 소
수의 사람들하고만 어울리고 싶다–
그렇다 48.0% vs. 아니다 41.6%).[14]

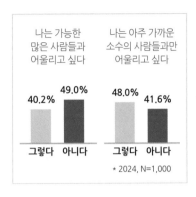

타인에 대한 관심도 지속적으로 낮아지고 있었다(타인에 대한 관심도–
65.1%(2013)→58.6%(2017)→55.7%(2020)→48.0%(2021)→45.6%(2023)→3
8.1%(2024)).[15] 이렇게 인간관계가 점점 협소해지고, 타인에 대한 관
심이 지속적으로 낮아지는 상황에서는 타인과의 접촉이 더욱더 줄
어들 것이다.

 지금 많은 사람들이 타인에 대한 관심의 총량이 줄어들었다고 한
다면, 자신에 대한 관심을 상대적으로 더 늘린 것일까? 조사 결과로
보면 그렇지도 않았다. 자기 자신에 대한 관심도 또한 (높은 편이기는
하나) 낮아지고 있었던 것이다(나 자신에 대한 관심도–79.7%(2021)→74.
4%(2023)→69.2%(2024)).[16] 사람들은 타인에 대해서도, 자신에 대해서
도 관심을 점점 낮추고 있었다. 그런데 같은 조사에서 아주 미세하
면서도 흥미로운 변화가 관찰되었다. 자기 자신과 타인에 대한 전
반적인 관심의 양은 줄어들고 있었지만, 자신이 '평가받고 있다'는
시선은 근소하게, 지속적으로 높아지고 있었던 것이다. 타인의 시
선을 의식하고 있었고(나는 평소 타인의 시선을 많이 의식하는 편이다–45
.4%(2021)→46.0%(2023)→47.3%(2024)), 의사 결정을 할 때 '사회적 시

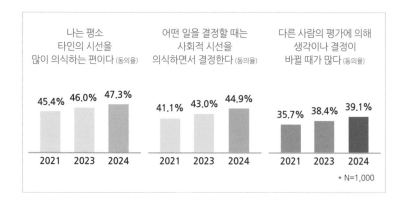

나는 평소
타인의 시선을
많이 의식하는 편이다 (동의율)

45.4% 46.0% 47.3%
2021   2023   2024

어떤 일을 결정할 때는
사회적 시선을
의식하면서 결정한다 (동의율)

41.1% 43.0% 44.9%
2021   2023   2024

다른 사람의 평가에 의해
생각이나 결정이
바뀔 때가 많다 (동의율)

35.7% 38.4% 39.1%
2021   2023   2024

* N=1,000

선'을 의식하는 경향이 높아지고 있었으며(어떤 일을 결정할 때는 사회

적 시선을 의식하면서 결정한다-41.1%(2021)→43.0%(2023)→44.9%(2024)),

그래서 자신의 생각이 타인의 생각에 의해 바뀐다고 생각하는 경우

가 많아지고 있었다(다른 사람의 평가에 의해 생각이나 결정이 바뀔 때가 많

다-35.7%(2021)→38.4%(2023)→39.1%(2024)).[17] 타인과 자신에 대한 전

반적인 관심의 양은 다 줄어들고 있었지만, '타인의 평가'에 대한 민

감도는 점점 더 높아지고 있었

던 것이다. 실제로도 타인의 시

선을 의식하고 있다고 응답한

사람들은 10명 중 7명이 넘었다

(73.2%).[18] 그렇다면 사람들은 다

른 사람들에게 어떻게 보이고

싶은 것일까?

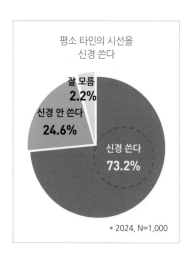

평소 타인의 시선을
신경 쓴다

잘 모름
2.2%

신경 안 쓴다
24.6%

신경 쓴다
73.2%

* 2024, N=1,000

타인의 기대 vs. 현실에서의 나, "
자기불일치

당연하게도, 많은 사람들이 자신이 속한 회사나 학교에서 인정받고(76.6%), 사회생활을 잘하는 사람으로 보이고 싶어 했다(68.0%).[19] 이 외에도 사람들은 알면 알수록 괜찮은 사람으로 보이고 싶어 하거나(76.8%), 모나지 않은 사람으로 보이고 싶어 했고(76.7%), 그저 좋은 사람이란 이미지를 남기고 싶어 했다(75.3%).[20] 다른 사람으로부터 유능한 사람으로 보여지고 싶어 하는 경향도 비교적 높았다(63.9%).[21] 누구나 이상적인 자신의 이미지(ideal self-image)를 그릴 수는 있다. 그렇다면 사람들은 이런 이상적인 모습에 비해 자신의 '실제 이미지(real self-image)'는 어떻게 평가하고 있을까? 여기에서 큰 간격이 관찰된다.

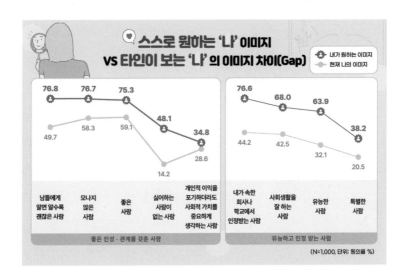

현재 자신이 속한 회사나 학교에서 '인정받는 사람'이 되고 싶다는 바람(이상적인 자기 이미지, 76.6%)은 높았다. 하지만 실제 현실에서 인정받는 사람이라는 자기평가는 이런 이상적 기대에 비해 현저하게 낮았다(44.2%). 그리고 다양한 범주에서 자신의 이상적인 자기 이미지와 실제 현실에서의 자기평가와의 간극은 현저하게 컸다(37쪽 그래프 전체 그림 참조).[22]

이렇게 이상적 자기 이미지와 현실에서의 자기 이미지의 차이가 크다면 일상에서 사람들은 어떤 경험을 하게 될까? 2016년 노벨 경제학상 후보였던 사회인지 심리학자 토리 히긴스(Tory Higgins)의 자기불일치 이론(self-discrepancy theory)에 따르면, 이상적 자기관(ideal-self image)과 실제 현실적 자기관(real self-image)과의 차이가 크게 벌어지면 실망과 불만, 슬픔 등의 부정적 정서를 반복적으로 경험하게 되는데, 이것이 반복되면 사람들은 자존감이 낮아지고 만성적으로 불안과 우울을 경험하게 된다고 주장한다.[23] 정말로 이렇게 이상적 자기관(self-image)과 현실적 자기관의 차이가 자존감에 영향을 주는 것일까?

조사 결과로 보면, 토리 히긴스의 이 주장은 상당한 설득력이 있는 것으로 보인다. 실제로 많은 사람들이 자존감이 낮은 사람의 가장 큰 특징으로 '타인과 자신을 비교하는 사람(1순위, 46.2%)'과 '자신보다 타인을 지나치게 신경 쓰는 사람(2순위, 43.4%)'을 응답했는데,[24] 실제 최근 자존감의 변화가 이런 양상을 설명해주고 있기 때문이다. 스스로 자신에게 장점이 있다고 생각하거나 (79.9%(2023)→73.9%(2024)), 다른 사람들만큼 일을 잘할 수 있다고

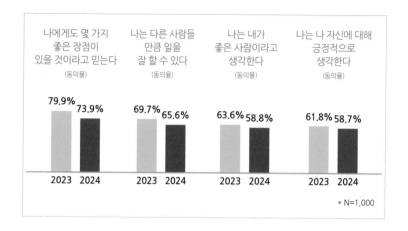

나에게도 몇 가지
좋은 장점이
있을 것이라고 믿는다
(동의율)

79.9% 73.9%
2023 2024

나는 다른 사람들
만큼 일을
잘 할 수 있다
(동의율)

69.7% 65.6%
2023 2024

나는 내가
좋은 사람이라고
생각한다
(동의율)

63.6% 58.8%
2023 2024

나는 나 자신에 대해
긍정적으로
생각한다
(동의율)

61.8% 58.7%
2023 2024

* N=1,000

생각하거나(69.7%(2023)→65.6%(2024)), 내가 좋은 사람이라고 생각하는 경향(63.6%(2023)→58.8%(2024)), 그리고 자신에 대해 긍정적으로 생각하는 경향(61.8%(2023)→58.7%(2024)) 등 모든 부분이 하락하고 있었던 것이다.[25] 이와는 반대로 스스로 자랑할 만한 것이 없다(23.2%(2023)→33.4%(2024))는 부정적인 생각과 실패할까 봐 두려워 시도도 하지 않는 경향(33.9%(2023)→39.7%(2024))은 모두 증가하고 있었다.[26] 많은 사람들이 자기 자신에 대한 긍정적인 평가를 이전보다 더 떨어뜨리고 있었고, 반면에 스스로에 대한 부정적인 생각은 더욱 키우고 있었던 것이다.

사람들의 자존감을 떨어뜨리는 '이상'과 '현실'의 가장 큰 차이는 자기 자신과 타인

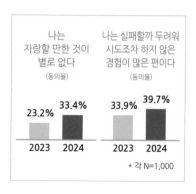

나는
자랑할 만한 것이
별로 없다
(동의율)

23.2% 33.4%
2023 2024

나는 실패할까 두려워
시도조차 하지 않은
경험이 많은 편이다
(동의율)

33.9% 39.7%
2023 2024

* 각 N=1,000

이 세상을 보는 관점에 있는 것 같다. 사회생활을 하는 데 있어서 자기가 가지고 있는 경쟁력과 타인이 중요하게 보는 경쟁력이 현저하게 달랐던 것이다. 사람들은 평소 사회생활을 할 때 자신이 갖고 있는 경쟁력(타인에 비해 상대적으로 높은 경쟁력)이 '좋은 성품(37.8%, 1순위)'이라고 생각했다. 다음으로 사람들과의 좋은 관계(32.9%, 2순위), 다양한 경험/경력(23.9%, 3순위), 자신감(20.7%, 4순위), 언변/말하는 능력(16.1%, 5순위)순이었다.[27] 개인이 판단하기에 자신의 재력/경제력은 사회생활에서 크게 경쟁력 있는 수준(남들보다 더 낫다고 할 수 있는 수준)이 아니라고 평가하고 있었다(8.5%, 13위). 그런데 이 순위가 '타인의 시선에서의 경쟁력' 관점으로 보면 완전히 달라진다. 타인이 보는(생각하는) 가장 중요한 경쟁력이 바로 이 재력/경제력(31.8%, 1순위)이라고 생각하는 사람이 가장 많았기 때문이다. 다음으로 사람들과의 관계(30.6%, 2순위), 현재의 직업/직장(30.3%, 3순위), 전문성 있는 지식(28.5%, 4순위)이었고, '좋은 성품'은 5순위(23.5%)였다.[28] 흥미로운 지점은 딱 10년 전인 2014년의 조사에서는 '타인 관점에서의 가장 높은 경쟁력' 1순위가 '전문성 있는 지식(38.3%, 2014년 1순위)'이었다는 점이다. 10년 전에는 그 사람이 '얼마나 부자인가'가 아니라, '얼마나 똑똑한가'가 경쟁력을 판단하는 중요한 기준이었던 것이다. 이 결과는 지난 10년의 시간 동안 한국 사회가 개인에게 무엇을 중요하게 생각하도록 요구했는가 하는 것을 분명하게 보여준다. 지금은 열심히 공부하고, 경험을 쌓아 자신의 영역에서 전문성을 발휘하면서 일의 보람과 성과를 얻는 시대가 아니라, 자산시장에 투자를 통해 부를 만드는 능력이 궁극의 경쟁력이 되는 시대임을 뜻한다.

현대 자본주의 시스템은 노동으로 부(富)를 만드는 속도보다, 자본이 부를 만들어내는 속도가 월등하게 높은 시스템이다. 이런 추세라면, 일을 열심히 해서 만들어내는 부는 큰 자본이 만들어내는 부의 증가 속도를 따라잡을 수 없다. 지금과 같은 시대에서의 재력/경제력은 개인이 성취할 수 있는 것이라기보다는 '잘 태어나야' 얻을 수 있는 것이기 때문이다. 그래서 지금 한국 사회의 개인들은 이 잡을 수 없는 능력(재력/경제력) 때문에 타인과 비교하며 스스로 자존감을 떨어뜨리기보다는, 자신들의 '노오력' 범위 내에 할 수 있는 것으로 관심을 돌리는 중이다. 타고난 부(富), 타고난 지능은 노력해도 달라지는 데에 한계가 있지만, 자신을 객관적으로 파악하고 장단점을 분석해서 자신의 재능과 경쟁력을 분명하게 파악할 수 있다면 해볼 만한 승부가 될 것이기 때문이다.

자존감 회복, 실패 확률의 최소화를 위해 ” 등장한 셀프 분석

사회적 존재로서의 개인이 타인의 시선에서 완전히 자유롭기는 태생적으로 불가능하다. 특히 현재와 같이 개인의 경쟁력 판단 기준이 스스로의 노력과 수고로 만들어지는 지적(知的) 능력보다는 재력(財力)으로 모아지는 상황에서라면, 사회생활에서 (재력 외에 다양한 분야에서) 개인의 경쟁력을 높이는 방향으로 포커스를 맞출 수밖

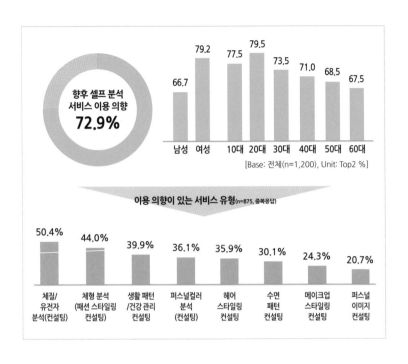

향후 셀프 분석
서비스 이용 의향
72.9%

66.7 남성
79.2 여성
77.5 10대
79.5 20대
73.5 30대
71.0 40대
68.5 50대
67.5 60대

[Base: 전체(n=1,200), Unit: Top2 %]

이용 의향이 있는 서비스 유형(n=875, 중복응답)

50.4%	44.0%	39.9%	36.1%	35.9%	30.1%	24.3%	20.7%
체질/ 유전자 분석(컨설팅)	체형 분석 (패션 스타일링 컨설팅)	생활 패턴 /건강 관리 컨설팅	퍼스널컬러 분석 (컨설팅)	헤어 스타일링 컨설팅	수면 패턴 컨설팅	메이크업 스타일링 컨설팅	퍼스널 이미지 컨설팅

에 없는 것이다. 바로 여기에, 많은 사람들이 개인의 경쟁력을 높이는 방안으로 '스스로를 분석하고 평가하는 과정'에 관심을 이동시키는 중요한 트렌드가 있다. 실제 조사에서도 '자기분석(self-research analysis, 셀프 리서치 분석)'에 대한 관심은 매우 높은 것으로 나타났다. 10명 중 7명에 가까운 응답자들이 자기분석에 대한 관심이 있었으며(67.3%),[29] 자기분석 서비스를 이용하려는 의향도 매우 높게 평가되고 있었다(72.9%).[30] 서비스별로 보면, 체질/유전자 분석 컨설팅(50.4%, 1순위) 서비스에 대한 이용 의향이 가장 높았으며, 다음으로 체형 분석[패션 스타일링 분석](44.0%, 2순위), 생활 패턴 분석[건강 관리 컨설팅](39.9%, 3순위), 퍼스널 컬러 분석(36.1%, 4순위), 헤어스

타일링 컨설팅(35.9%, 5순위)순이었다.[31] 단순히 MBTI 같은 성격 테스트를 넘어 사회생활에서 자신의 장점을 정확하게 알 수 있는 형태의 이런 분석은, 이제 외적인 요소(뷰티, 패션 스타일링 등)뿐만 아니라 수면 패턴, 체질, 유전자 검사 등 세밀한 분석으로까지 광범위하게 확산 중이다.

So what? "
시사점 및 전망

고물가, 경기 침체에 대한 불안으로 인해 대중 소비자들의 소비생활과 인간관계가 양극단으로 갈라지고 있다. 이 배경에는 인간관계의 범위가 축소되고 있는 최근의 트렌드가 크게 작용한다. 사람들은 새로운 사람들과 덜 만나고, 안 만난다. 경제적인 문제에 어려움을 겪는 대중 소비자들이 많아지면, 사람들을 만나고 소통하며 상호작용하는 인간관계에도 영향을 줄 수밖에 없는데, 이런 양상은 대인 관계에 몇 가지 중요한 시사점을 던진다.

첫 번째는, 현재 셀프 분석이 '타인의 시선이 가미된 형태의 자기평가'가 대세이지만, 이것이 향후 '자기 성찰'적 흐름으로 자리 잡을 가능성이 높다는 점이다. 최근 단순 재미 요소로

■ 출처: 조선일보

불교를 힙하게 받아들였던 젊은 층이 불교 자체의 종교적 가르침, 철학적 메시지에 높은 공감을 표하고, 2024년 상반기 내내 쇼펜하우어류[32]의 철학 서적들이 압도적인 인기를 얻은 이유 역시 이 같은 자기 성찰(自己省察)적 시선과 결을 같이하는 흐름으로 볼 수 있다.

타인의 평가와 시선에서 자유로울 수 없는 개인의 입장으로 보면, 사회생활에서 개인의 경쟁력을 높이는 방향으로 셀프 리서치를 활용할 가능성은 매우 높다. 다만, 이런 셀프 리서치 분석은 기본적으로 '평균적 인간'을 설정하고, 이에 따른 비교 과정에서 도출되는 개인의 특성에 대한 소언을 해주는 상업적 특성이 강하기 때문에, 결국 자신에 대한 외부적 평가와 기준에 의존하는 경향이 강해질 수 있다. 따라서 외부의 기준에 맞추기보다는 자신의 본질을 이해하고

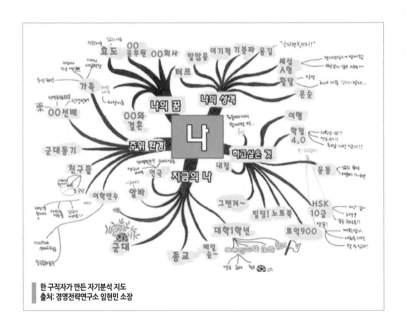

한 구직자가 만든 자기분석 지도
출처: 경영전략연구소 임현민 소장

진정한 자아를 탐구하려는 자아 성찰의 필요성이 더욱 커질 수 있다. 때문에 쇼펜하우어류의 철학 서적의 유행, 불교에 대한 높은 관심 등의 자기 성찰적 흐름은 자연스럽게 일상에서의 관심을 자신으로 돌리게 하는 강력한 계기가 될 수 있다. 기존의 MBTI처럼 자신의 성격 유형을 분석해서 알고 싶어 하는 1차원적 욕구를 뛰어넘어, 사회생활에서 필요한 경쟁력은 물론 내면에 대한 성찰(앞으로 외모뿐만 아니라 내면까지 분석하는 서비스가 많아질 것 같다–64.8%)[33]과 조언까지 동시에 충족시켜주는 다양한 서비스에 대한 관심으로 이어질 가능성이 높다(예: 불교 MBTI[34] 등).

두 번째는, 인간관계를 확장하려 하지 않는 지금의 트렌드가 자신이 머무는 공간에 대한 의미도 바꾸게 될 것으로 보인다. 이전 시대처럼 인간관계 확장에 용이한 형태의 더 넓고 쾌적한 공간보다는 협소하더라도 보다 아늑하고, 몰두할 수 있고, 혼자 놀 수 있는 개인 공간에 대한 니즈가 훨씬 더 커졌다. 즉, '슈필라움(spielraum)'에 대한 욕구가 높아지게 될 것이라는 뜻이다. 놀이를 뜻하는 독일어인 '슈필(spiel)'과 공간을 뜻하는 '라움(raum)'이 합쳐진 단어, 슈필라움(spielraum)은 한국어로는 일대일로 매치가 되는 번역어가 없다.

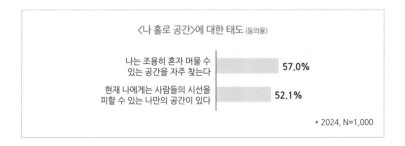

〈나 홀로 공간〉에 대한 태도 (동의율)

나는 조용히 혼자 머물 수 있는 공간을 자주 찾는다 **57.0%**

현재 나에게는 사람들의 시선을 피할 수 있는 나만의 공간이 있다 **52.1%**

* 2024, N=1,000

직관적으로는 '놀이하는 공간'이라는 의미로도 사용되지만, 문화심리학자인 김정운 교수의 표현을 빌리자면, "내 마음대로 할 수 있는 자율의 공간", "주체적 공간"을 뜻한다.[35] 이런 자율 공간에 대한 대중의 높은 욕구는 데이터로도 확인된다. 사람들은 조용히 혼자 머물 수 있는 공간을 찾아다녔으며(57.0%), 실제로 2명 중 1명은 사람들의 시선을 피할 수 있는 나만의 공간을 마련해두고 있기도 했다(52.1%).[36] 특히 인간관계에 대해 상대적으로 힘들어하는 청년 세대일수록 이런 공간에 대한 니즈가 매우 컸다(나는 아무도 모르는 나만의 아지트를 갖고 싶다—20대 77.6%, 30대 72.0%, 40대 65.2%, 50대 60.4%, 아무도 모르는 공간에 숨어 있고 싶을 때가 많다—20대 55.6%, 30대 52.4%, 40대 42.4%, 50대 29.6%).[37] 그리고 모든 연령대에서 이 '나홀로 공간'을 필요로 하고 있었고, 그 경향은 과거보다 더 높아졌다(나홀로 공간 필요도—78.8%(2018)→81.1%(2024)).[38] 이 나홀로 공간에 대한 대중의 높은 욕망은 역설적으로 나홀로 활동이 점점 더 익숙

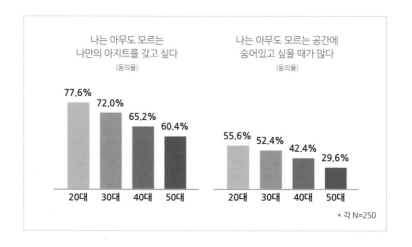

해지고 있는 흐름에 정확히 비
례하는 현상이다. 점점 더 많
은 사람들이 이웃과의 교류를
줄이고(주변 이웃과 인사하고 지
냄-55.1%(2018)→49.1%(2024)),[39]
혼자 밥 먹는 것에 익숙해져가
고 있었기 때문이다(함께하는
식사 선호-51.6%(2018)→40.7%

(2024), 주변에 사람 많아도 혼밥 잘함-51.6%(2018)→56.5%(2024), 혼밥 더
선호-26.7%(2018)→34.6%(2024)).[40]

인간에게 공간이 주는 의미는 공기와 같다. 그래서 늘 곁에 있을
때의 중요함보다는 박탈되었을 때 더욱 그 결핍감이 커진다. 문화
심리학자 김정운 교수는 한국인들에게 이 '개인 공간', '주체적 공간
(슈필라움)'의 의미는 그동안의 한국 사회에는 존재하지 않았다고 주
장한다. 그동안 자신을 성찰하며, 대화할 여유도, 필요도 없었기 때
문일 수 있다. 하지만 3.3㎡(1평)에 수천만 원을 넘어가는 부동산이
연일 대중의 욕망을 자극하는 뉴스가 쏟아지는 시대에, 이 부(富)에
닿지 못하는 다수 대중들의 실망감과 상대적 박탈감은 커져갈 수밖
에 없다. 이런 시대에 나만의 공간에 대한 욕망은 이루어질 수 없는
집착일까? 김정운 교수는 주체적 공간이야말로 창조적 삶을 살 수
있는 의식을 결정하는 물리적 실체라고 정의한다.

세계사에 유례가 없는 '압축 성장'을 경험한 대한민국의 사회심리학적 문제는 대부분 이 '슈필라움'의 부재와 아주 깊이 연관되어 있다고 나는 생각한다. '심리적 여유 공간'은 물론 성찰을 위한 최소한의 '물리적 여유 공간'도 부재하기 때문이라는 거다. 모두들 '한번 건드리기만 해봐라.' 하면서 산다. (중략) 지친 하루를 성찰하며 자신과 대화할 수 있는 최소한의 공간이라도 있다는 이야기다.

모든 동물은 자신의 영역을 지키려고 한다. 밀집된 공간에서 마음대로 움직일 수 있는 최소한의 공간을 확보하지 못하면 이상행동을 보이기 시작한다. 서로 잡아먹으려고 한다. 새끼도 구별 못 한다. (중략) 그래서 자동차만 타면 절대 안 비켜주는 거다. 남자들에게 존재가 확인되는 유일한 공간은 자동차 운전석이다. 자동차 운전석만이 내 유일한 '슈필라움'이라는 이야기다. 내 앞의 공간을 빼앗기는 것은 '내 존재'가 부정되는 것과 마찬가지다. 그래서 그렇게들 분노와 적개심에 가득 차 전전긍긍하는 거다.

아이들은 부모나 형제들로부터 독립된 '자기 방'이 생기면 너무 행복해한다. 그러다 어느 순간부터 자기 방 문을 걸어 잠그기 시작한다. 딱히 숨길 것이 있어서 그러는 것이 아니다. 타인들로부터 방해받고 싶지 않은 자기만의 '슈필라움'을 지키기 위해서다. 독립된 개체로서의 '자의식'을 공간으로 확인하려는 것이다. '물리적 공간'과 '심리적 공간'은 이렇게 아주 밀접하게 연관되어 있다. '슈필라움'은 바로 이 지점에 있는 단어다. '심리적 공간'은 '물리적 공간'이 확보되어야 비로소 가능해진다. 서구의 근대 부르주아 출현 이후에 생긴 가장 큰 주거상의 변화는 '남자의 방(Herrenzimmer)'의 출현이다. 취향과 관심이 공간으로 구체화되었기 때문이다. 내 실존은 '공간'으로 확인된다. 버지니아 울프는 여자에게도 남자들처럼 '자기만의 방'이 있다면 얼마든지 창조적인 삶을 살 수 있다고 주장한다. 공간이 의식을 결정한다.

김정운,《바닷가 작업실에서는 전혀 다른 시간이 흐른다》, p.6~10

#B1B2 경제
#퍼스널 컬러 열풍

유통기한 임박 상품,
지하철 물품 보관함에서 파는 일본>>>

일본 요코하마에서
지하철 역사 내 물품
보관함을 활용해 유
통기한이 임박하거
나 팔리지 않은 식
품을 저렴하게 판매
하려는 시도가 긍정
적인 반응을 얻고 있

요코하마시지하철 간나이역 '식품 폐기 감축 보관함'
출처: Kati 농식품수출정보

다. 이 방식은 가게의 식품 폐기를 줄이는 동시에, 소비자에게 저렴한 가격으로 식품을 구매할 수 있는 기회를 제공하고 있기 때문이다. 요코하마시는 2024년 1월부터 지하철 물품 보관함 업체와 협력해 '식품 폐기 감축 보관함'을 설치했으며, 현재는 주로 빵을 중심으로 서비스를 운영하고 있다. 이 시스템은 가게에서 마감 시간까지 팔리지 않은 식품을 보관함에 넣고, 정가보다 25~30% 저렴하게 판매하는 방식이다. 관계자에 따르면, 한 업체는 해당 시스템을 통해 연간 약 1t의 식품 폐기물을 줄이는 성과를 거두었고, 소비자들 사이에서 가게의 인지도가 상승해 매출이 증가하는 긍정적인 효과를 보고 있는 것으로 나타났다.[41]

짠물 소비 극화된 중국, '가난뱅이 식사', 'B1B2 경제' 신조어 등장>>>

최근 중국에서 젊은 층을 중심으로 이른바 '거지 메뉴'가 인기를 얻고 있다. 중국 SNS를 통해 저렴하게 음식을 먹을 수 있는 메뉴나 할인 정보 등을 공유하는 '총구이 메뉴' 가이드라인이 확산되고 있는데, 여기서 '총구이'란 '거지', '가난뱅이'를 뜻한다.[42] 경제난과 취업난이 이어지면서 생활비를 아끼려는 젊은이들이 저렴한 식사 메뉴를 공유하고 있는 것이다. 최대한 저렴하게, 만족스러운 식사를 추구하는 트렌드가 MZ세대를 중심으로 확산되며 중국 현지 음식점들도 '저가 경쟁'에 돌입하고 있다. 일부 식당은 메뉴의 양을 그대

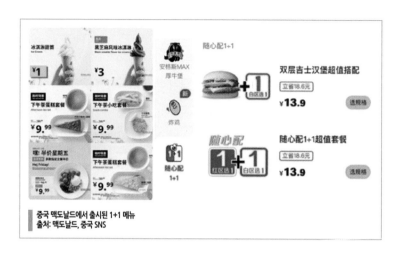

중국 맥도날드에서 출시된 1+1 메뉴
출처: 맥도날드, 중국 SNS

로 유지하면서 가격을 절반으로 낮추는 '할인 행사'를 진행하거나, 두 가지 메뉴를 저렴하게 즐길 수 있는 '1+1 세트', 저렴한 가격으로 무제한 조식을 제공하는 뷔페 상품 등 저가 메뉴를 선보이고 있다.[43]

중국 청년들의 '짠물 소비' 트렌드는 쇼핑몰, 백화점 이용 패턴에도 변화를 일으키고 있다. 최근 중국에서는 'B1B2 경제'라는 신조어가 등장했는데, 이는 청년들이 명품, 고급 브랜드 매장이 있는 백화점 1층을 그대로 지나치고 비교적 저렴한 매장이 위치한 지하 매장으로 직행하는 현상을 뜻한다.[44] 이와 관련해 중국의 한 청년은 "백화점 최상층은 영화 보러, 지하 층은 밥 먹으러, 나머지 층은 걸어 다니며 소화하는 데 이용한다"며 자조적인 게시글을 올리기도 했다.[45] 중국 청년들의 소비 축소 현상이 극화되면서 앞으로 중국 내 기업들의 전략에도 영향을 끼칠 것으로 전망된다.

겸손이 미덕은 옛말
칭찬으로 자존감 높이는 중국인들>>>

전통적으로 '겸손함'이 미덕으로
통하며 칭찬을 피하는 문화가 강
했던 중국에서 최근 '칭찬 문화'가
확산되고 있다. 그동안 중국은 산
업화가 빠르게 진행되면서 '칭찬'
과 같은 세부적인 감정 표현에 대
한 관심이 상대적으로 적었지만,

중국에서 열린 칭찬 모임 참석자들
출처: 인스타그램

최근 중산층과 젊은 세대를 중심으로 서구의 '칭찬 문화'를 적극적
으로 수용하고 있는 모습이다. 실제로 중국 SNS에 개설된 한 온라
인 '칭찬 모임'의 회원 수는 무려 17만 명에 달한다. 이 모임에서는
서로 얼굴도 모르는 사람에게 '칭찬'을 요청하는 글을 게시하고, 다
양한 칭찬과 격려가 이어지고 있다.[46] 온라인뿐만 아니라 대면 만남
에서도 칭찬을 나누는 '칭찬 모임'이나 '칭찬 파티'가 열리는 등 서로
의 업적, 외모, 행동 등 다양한 측면에서 칭찬과 감사를 전하는 모
습이 늘고 있다. 전문가들은 이러한 칭찬 문화가 개인의 자존감과
자신감을 높이는 데 큰 도움이 될 수 있으며, 사회 전반에 긍정적인
변화를 가져올 가능성이 있다고 평가하고 있다.[47]

미국 퍼스널 컬러 진단 열풍
상담 위해 한국행>>>

미국의 1020세대 여성들 사이에서 '퍼스널 컬러 진단' 열풍이 불고 있다. 퍼스널 컬러 진단은 개인의 피부, 머리카락, 눈 색깔에 따라 가장 어울리는 색상을 추천해주는 서비스로, 최근 소셜

외국인 관광 퍼스널 컬러 브이로그
출처: 유튜브 '생각이나'

미디어의 영향으로 다시 주목을 받고 있는 모습이다. '퍼스널 컬러 진단 여왕'이라 불리는 슈베린은 틱톡에서 퍼스널 컬러 진단 콘텐츠로 약 3000만 회의 조회 수를 기록했으며,[48] 퍼스널 컬러 상담을 받기 위해 한국을 방문하는 여행객도 증가하는 추세다. 인바운드 여행 플랫폼 크리에이트립에 따르면, 2024년 상반기 외국인 전체 거래액이 전년 동기 대비 186% 성장한 가운데, 이용이 가장 크게 증가한 카테고리는 '뷰티숍'이었다. 특히, 2023년 상반기 '뷰티숍' 전체 거래액의 80%는 피부과, 네일, 에스테틱 상품이 차지한 데 비해, 2024년 상반기에는 퍼스널 컬러 단일 상품만으로 '뷰티숍' 전체 거래액의 80%를 차지한 것으로 나타났다.[49] 실제로 서울 주요 관광지인 명동, 홍대, 성수동 등에서 퍼스널 컨설팅을 받는 외국인들이 많아지면서 외국어로 진단이 가능한 전문 상담사를 배치하는 경우도 늘어나고 있다.[50]

명절도 따로 보내는
'세퍼레이트 귀성'>>>

최근 일본에서 명절에 각자 귀성하는 '세퍼레이트 귀성' 사례가 증가하고 있다. 현지 매체에 따르면, 전통적으로 가족 모두가 함께 고향을 방문하는 귀성 문화에 대한 인식이 변화하면서, 부부라도 각자 자신의 본가로 귀성하거나, 아내가 친구들과 여행을 떠나는 등 독립적인 명절을 보내는 경우가 늘어나고 있다. 주로 남편은 자녀와 함께 자신의 본가를 방문하고, 아내는 자신의 가족을 만나거나 다른 활동을 즐기는 방식이다. 이는 일본에서 30~40대 맞벌이 부부가 증가하고, 60대 이상의 부모 세대 역시 '개인의 시간'을 중시하는 경향이 강해졌기 때문인 것으로 분석된다.[51] 여기에 아예 귀성을 하지 않는 '귀성 스루' 현상도 두드러지고 있다. 일본 보험사가 진행한 설문 조사에 따르면, 2024년 여름휴가에 '외출할 계획이 있다'는 응답자는 58.5%로, 그중 '국내 여행' 비율은 56.9%로 증가한 반면, '귀성' 비율은 22%로 감소한 것으로 나타났다.[52] 코로나19로 인해 '고향에 가지 않으면 편하다'는 인식이 확산된 영향도 있지만, 아직도 일을 하는 '현역' 조부모 세대가 늘어나면서 명절은 그들에게도 '소중한 휴가 기간'이라 굳이

■ 출처: 게티이미지

자녀가 귀성하기를 원치 않는 경향이 늘어난 데 따른 결과로 보인다. 이처럼 가족 간에도 '나만의 시간'을 중시하는 경향이 강해지고 있는 만큼, 명절에 '귀성'이라는 개념 자체가 사라질 가능성도 제기되고 있다.

소분 소비와 소분 사회
소분 라이프 추구 · 챕터별 경험 ·
진짜는 디테일 · 오리지널리티의 귀환

칸칸이 분리된 다목적 냉장고가 ""
대세인 이유

가전은 늘 시대상을 반영한다. 1인 가구가 전체 가구의 40%가 넘는 (41.6%, 통계청)[1] 오늘날, 가정용 전화기는 거의 자취를 감췄으며, 코인 세탁방의 일상화로 세탁기가 없는 가구도 점차 늘어나고 있다. 하지만 여전히 냉장고가 없는 집은 찾아보기 힘들다.[2] 누구도 필요성에 의문을 제기하지 않을 뿐만 아니라 건강한 삶을 영위하기 위한 필수 가전으로까지 인식하고 있다. 심지어 가족 수는 줄어도 냉장고는 소형화되기보다 900ℓ에 육박하는 '대용량 냉장고'가 전체 판매량의 17%를 차지하고 있을 정도로 인기다.[3] 도대체 냉장고는 '왜' 그리고 '언제부터' 이렇게 커지기 시작했을까? 시점은 (현재 인기리에 판매되고 있는) 850ℓ 이상의 대용량 냉장고가 처음 출시되기 시작한 2011년으로 거슬러 올라간다. 대용량 양문형 냉장고의 출시 경쟁이 심화된 해이기도 했던 당시, 600ℓ대의 냉장고 점유율은 74%에서 4%로 급격히 감소한 반면 700ℓ대의 냉장고 비중은 같은 기간 24%에서 92%까지 무려 4배가량 증가했다.[4] 이 같은 시장 흐름은 오랫동안 인기 제품으로 군림했던 뚜껑형 김치냉장고를 스탠드형으로 세대교체 하게 만든 요인이 되기도 했다. 그만큼 소비자들은 수박 한 덩이 정도는 너끈하게 넣을 수 있을 만큼 '더 크고', '더 많이' 저장할 수 있는 냉장고를 원했고, 기업들은 소비자들의 요구를 파고들어 대용량 냉장고라는 결정적 제품을 만들어냈다. 그렇다면 이러한 소비자들의 니즈, 과연 지금도 현재 진행형일까? 부엌 한편에 여전히 거대한(?) 외관으로 꿋꿋하게 제 자리를 지키고 있고, 용량이 크면 클수록 높은 판매율을 보이고는 있지만, 속내를 들여다보면 이전과는 달라진 특징 한 가지를 발견할 수 있다. 바로 수십여 개의 맞춤형 공간으로 칸칸이 분리된 다목적 냉장고가 대세를 이루고 있다는 점이다. 물리적 용량은 그대로이지만, 사용 용도와 목적이 달라지고 있다.

지금은 쪼개고, 나누고, 〞 작아지는 중

서울의 한 유명 백화점. 예상치 못한 장소에서 오픈 런 경쟁이 붙

더현대 서울 지하 1층 식품관의 '프레시 테이블'

고 있다. 명품을 사기 위한 줄이 아니라 꽤 오래전부터 서비스를 시작했던 '더 프레시 테이블' 이용을 위한 손님들의 행렬이다. 이곳은 더현대 서울, 압구정본점 등 현대백화점 일부 점포에서 과일이나 채소 손질을 해주는 맞춤형 서비스를 제공하는 곳으로, 해당 백화점 데이터에 따르면, 이용 고객의 80% 이상이 수박 손님이라 전해진다.[5] 과거처럼 커다란 수박을 통째로 사서 직접 잘라 먹는 것이 아니라, 쓰레기 걱정 없이 먹기 좋게 잘라주는 이 '조각 수박'을 구매하기 위해 소비자들이 오픈 런을 자처할 정도로 인기가 많아진 것이다. 특히나 여름철 대표 제철 과일인 수박 수요가 높아지면서 이제는 백화점뿐만 아니라 대형 마트, 편의점에서도 다양한 조각 수박 상품을 어렵지 않게 만나 볼 수 있게 됐다. 최근에는 가격을 더욱 저렴하게 내리고, 용량을 5kg 미만으로 다운시킨 미니 수박까지 등장하는 등 수박 한 통을 즐기는 방식과 패턴이 이전과는 확연하게 달라진 모습을 보이고 있다. 전문가들은 소비자들이 선호하는 과일의 크기가 점점 작아지고 편리함을 따지는 경우가 많아지는 만큼, 앞으로 조각 및 소용량 과일 상품 시장이 더욱 커질 것이란 전망을 내놓고 있다.

그런데 이러한 흐름, 과일에만 국한되지 않는 것 같다. 대량 구매처의 상징이자 대명사로 알려진 홈쇼핑마저 소분(小分) 판매 대열에 합류하기 시작한 것이다. 고물가와 소비 둔화가 지속되면서 '대용량·다구성'으로 가성비를 극대화했던 홈쇼핑 업계가 기존의 판매 전략을 전면 수정하고 있다. 최대한 많은 상품을 판매하는 것이 TV 홈쇼핑 상품 운영의 정석임을 감안한다면 이는 대단히 이례적인 변화라 할 수 있겠다. 소비자들의 반응? 꽤 긍정적이다. 지에스(GS)샵의 경우 속옷 신상품을 소분으로 판매했을 때 대용량 대비 약 63% 증가한 판매율[6]을 보일 만큼, 소분 판매는 가격이나 수량에 부담을 느꼈던 소비자들을 흡수하는 효과를 냈다.

가격, 규모(크기)에 부담을 느낀 소비자들을 유인하기 위한 시장의 움직임은 보험업계도 예외가 아니다. 고물가 여파로 매달 내는 보험료에 대한 부담 그리고 실제 혜택 수령 가능성에 의문을 품은 소비자들이 '국민 보험'이라 불렸던 종신보험을 최근 해지하는 사례가 잇따르고 있다. 해지가 많은 만큼 종신보험 신(新)계약 건수도 2008년 이래 최저치를 기록했는데,[7] 업계에서는 이 같은 종신보험을 포함해 규모 있는 각종 보험들의 해지 사례가 앞으로 더욱 많아질 것

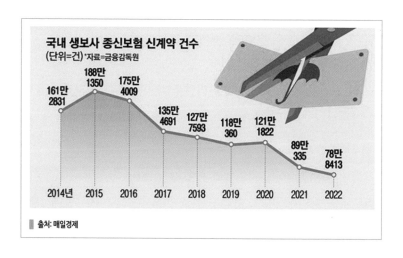

국내 생보사 종신보험 신계약 건수
(단위=건) *자료=금융감독원

161만 2831 (2014년)
188만 1350 (2015)
175만 4009 (2016)
135만 4691 (2017)
127만 7593 (2018)
118만 360 (2019)
121만 1822 (2020)
89만 335 (2021)
78만 8413 (2022)

▌출처: 매일경제

으로 내다보고 있다. 이에 보험사들이 적극적으로 활로를 찾은 분야가 바로 '소액 단기 보험(미니 보험)'이다. 미니 보험은 통상 단순한 보장 내용으로 보험료가 저렴하고, 보장 기간이 짧아 장기 보험료 납부에 대한 부담이 없다는 특징이 있다.[8] 때문에 보험사 입장에선 비록 큰 수익이 나지 않더라도 미래의 잠재 고객인 젊은 세대를 손쉽게 확보할 수 있고, 소비자 입장에선 꼭 필요한 담보를 저렴하게 단기간 보장받을 수 있어 충분히 매력적인 상품으로 인식되고 있다. 실제 마크로밀 엠브레인의 조사 결과를 보더라도 소비자들은 보장 내용이 많고, 보장 기간이 긴 규모 있는 보험은 부담스러워하는 반면(59.1%, 동의율) 원하는 내용만 보장되는 가벼운 미니 보험을 선호하는 비율(55.9%)은 비교적 높게 평가된 특징을 보였다.[9] 독특한 점은 미니 보험의 종류가 날로 다양해지고 있다는 사실이다. 이는 최근 가성비 좋은 보험을 필요에 따라 가입하는 MZ세대를 공략하기 위한 보험업계의 마케팅 결과로, 주로 MZ세대의 취향이나 가치관 등을 반영한 이색 보험이란 점이 눈길을 끈다. 반려견 산책, 콘서트, 해외여행, 야외 활동 등 생활 속 여러 상황에서의 상해 사고 보장 보험이나 생활 밀착형 미니 보험이 대표적이다.[10]

정부 정책 중에서는 음식점이나 주점에서 모든 주류의 '잔술' 판매를 허용한 점이 독특하

출처: 롯데손해보험

다. '주류 면허 등에 관한 법률 시행령 개정안'을 공포·시행하면서 음식점 내 잔술 판매가 가능해진 것인데, 업계에서는 과음을 꺼리고 좋아하는 술을 '적게, 자주' 소비하는 젊은 세대의 특성상 잔술을 원하는 고객이 적지 않을 것이란 기대감이 크다. 향후 정책의 지속 가능성이나 대중 소비자들의 호응 여부를 면밀히 지켜볼 필요는 있겠지만, 이와는 별개로 한 병의 주류를 소량의 잔술로 판매하게 된 이 흐름은 주목할 필요가 있다. 현재 대중 소비자들의 일상에는 사소한 먹거리부터 시작해 일상생활 전반에 지금까지는 볼 수 없었던 다양한 형태의 소비자 니즈가 표출되고 있다. 그리고 1~2인 가구의 증가, 고물가라는 사회 경제적 요인까지 더해지면서 기존의 판매 방식이나 틀에서 벗어난 새로운 시도가, '소량화'와 '소형화', '소분화'의 형태로 속속 등장하고 있다.

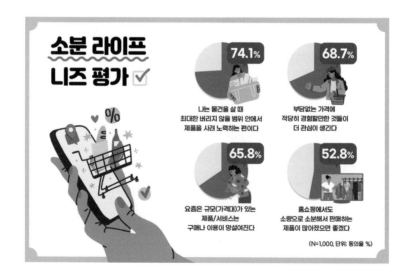

소분 라이프 니즈 평가 ☑

74.1%
나는 물건을 살 때 최대한 버리지 않을 범위 안에서 제품을 사려 노력하는 편이다

68.7%
부담없는 가격에 적당히 경험할만한 것들이 더 관심이 생긴다

65.8%
요즘은 규모(가격대)가 있는 제품/서비스는 구매나 이용이 망설여진다

52.8%
홈쇼핑에서도 소량으로 소분해서 판매하는 제품이 많아졌으면 좋겠다

(N=1,000, 단위: 동의율 %)

쪼개고 나누는 이유, ""
가격 그리고 시성비

지금까지 익숙하게 여겼던 것과는 조금은 다른 소비 방식이 등장하고 있다. 완전한 것을 쪼개고, 대용량을 소량화하며, 전체가 아닌 부분을 원하는 경우가 많아지고 있다. 대체로 견고했던 본체, 중심이었던 메인 프레임이 파편화되는 느낌이다. 가장 중요한 원인은 경제 불황과 고물가로 팍팍해진 살림살이 때문일 가능성이 높다. 한 번에 목돈이 나가거나 지속적인 비용 납부가 전제되는 소비항목은 과감히 지출 목록에서 배제하는 일이 일상일 정도로, 최근 2~3년 동안은 짠테크, 무지출 챌린지가 소비생활을 주도하고 '가격'은 곧 소비의 태도를 결정짓는 기준점이었다. 하지만 앞서 살펴

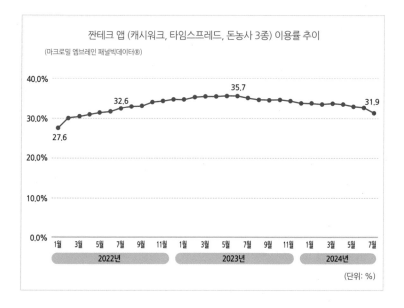

짠테크 앱 (캐시워크, 타임스프레드, 돈농사 3종) 이용률 추이

(마크로밀 엠브레인 패널빅데이터®)

(단위: %)

본 몇 가지 사례들의 이면을 좀 더 꼼꼼히 들여다보면 가격 외에도 한 가지 묘한 공통점을 발견할 수 있다. '소량화', '소형화(미니화)'의 소비 방식과 마케팅 전략이 추구하는 지점이 '체험성'에 포커싱되어 있다는 사실이다. 소비자들은 적거나 작은 제품(서비스) 구매로 보다 다양한 종류의 제품(서비스)을 시도하거나 탐색할 기회를 얻을 수 있다. 그리고 기업·판매자들은 그런 소비자들에게 가격에 대한 심리적 문턱은 낮추고 제품(서비스)에 대한 선택의 폭을 넓히는 기회를 제공할 수 있다. 즉, 긍정적이든 부정적이든 소비자들은 더 높은 경험치 획득이 가능한 상황이 마련된 셈이다.

그런데 이와 같은 흐름은, '가성비(가격 대비 성능)'뿐만 아니라 시간의 효율적 사용으로 다양한 경험을 누리고자 했던 '시성비(시간 대비 성능)' 니즈의 연장선 측면에서도 살펴볼 필요가 있다. 현재 대중 소비자들은 이미 콘텐츠를 소비함에 있어서도 '빨리 감기' 배속 시청을 선택하고, 특정 노래의 속도를 빠르게 올린 '스페드 업(Sped up)' 버전의 음악을 선호하며, 영화나 드라마를 요약본 시청으로 해결하고, 웨이팅을 피하기 위해 예약 앱 서비스를 이용하고 있다.[11] 이유는 아주 명확하다. 투입 시간 대비 높은 효율로 보다 나은 선택을 할 수 있는 심리적·시간적 여유, 그리고 최대·최다의 경험을 만끽하기 위해서다. '오프라인 유통 채널'이 '팝업 스토어'를 열고 1+1 숍 인 숍(Shop in Shop) 전략 등 기존 매장 규모나 서비스를 확장하는 이유도 이와 맞닿아 있다. 최근에는 일반 매장에서 찾기 힘든 제품을 한데 모아 쇼핑의 편의성을 높이고, 음료와 술을 섞어 먹는 '믹솔로지 존(Mixology Zone)', 건강한 먹거리에 집중한 '베터 초이스(Better

Choice)' 같은 특화 매장[12]을 선보이는 등 소비자들이 만족할 만한 제품을 찾는 데 시간을 허투루 낭비하지 않게 하려는 매장들이 점점 더 많아지고 있다. 상황이 이렇다 보니 품목별 다양성이 최대 장점인 대형 마트도 점점 '(다양성이 담보된) 특화 매장' 구성에 힘을 쏟으며 매장 경쟁력을 높이고 있다. 무작정 한 우물만 파는 편중된 포트폴리오는 트렌드 변화에 취약한 리스크가 됐고, 소비자의 니즈에 따라 다양화를 추구하는 멀티호밍 전략*이 대세가 되고 있는 것이다. 분명한 사실은 이 모든 변화의 시작이 '가격 대비 우수한 제품(서비스)'을 넘어 '시간 효율성을 높여주는 제품(서비스)'을 선택하려는 대중 소비자들의 태도에서 비롯됐다는 점이다. 그리고 이러한 니즈는 소비의 절대적 기준이었던 '가격'이란 경계선을 넘어 라이프 스타일 전반에 핵심 지침으로 떠오르고 있다.

> *** 멀티호밍(multi-homing)이란?**
> 사용자들이 여러 플랫폼을 이용 목적에 따라 동시에 사용하는 현상(예: 배달의민족, 요기요, 쿠팡이츠). 소비자들은 저마다의 니즈에 따라 여러 플랫폼을 이용할 수 있어 합리적 선택이 용이하다. 플랫폼 판매자들은 타깃 소비자가 플랫폼마다 조금씩 다른 만큼 여러 플랫폼을 동시에 이용해 수익을 늘리기 위해 멀티호밍 전략을 구사한다.

경험의 다양성(量)이 아닌 ❞ 경험의 내용(質)을 보다

이제 대중 소비자들은 시간을 효율적으로 관리하면 경험의 폭과 영역, 범주 등 전반적인 스펙트럼이 확대될 수 있다는 것을 체감했다.

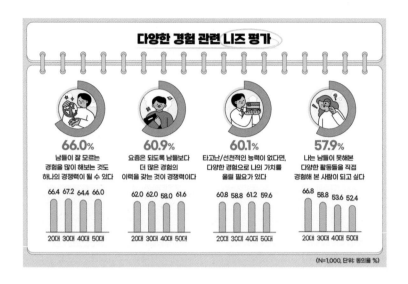

다양한 경험 관련 니즈 평가

66.0%
남들이 잘 모르는
경험을 많이 해보는 것도
하나의 경쟁력이 될 수 있다

66.4 67.2 64.4 66.0
20대 30대 40대 50대

60.9%
요즘은 되도록 남들보다
더 많은 경험의
이력을 갖는 것이 경쟁력이다

62.0 62.0 58.0 61.6
20대 30대 40대 50대

60.1%
타고난/선천적인 능력이 없다면,
다양한 경험으로 나의 가치를
올릴 필요가 있다

60.8 58.8 61.2 59.6
20대 30대 40대 50대

57.9%
나는 남들이 못해본
다양한 활동들을 직접
경험해 본 사람이 되고 싶다

66.8 58.8 53.6 52.4
20대 30대 40대 50대

(N=1,000, 단위: 동의율 %)

경제적 여유가 조금 없더라도 '시간을 잘' 관리하면 다양한 경험을 할 수 있고, 그것이 곧 나의 가치를 올리는 '경쟁력 있는 콘텐츠'가 되는 시대임을 깨닫고 있다.[13] 덩달아 대중들을 둘러싼 소비 환경도 다양한 분야를 경계 없이 즐길 수 있는 복합(멀티) 경험이 가능할 수 있도록 재조정되거나 변화하고 있다. 한마디로, 의도했든 의도하지 않았든 지금 대중 소비자들에게는 경계를 허무는 경험이 일상화되고, 그로 인해 선택할 수 있는 경험의 양(量)이 다양해지고 있다.

이렇게 되면 일상생활에서 시간 관리는 디폴트 옵션이 되고, '경험'에 대해 고도로 정제된 접근이 두드러질 가능성이 높다. 선택권이 다양해진 만큼 또 다른 선택지나 대안을 비교 평가하는 데 많은 시간과 자원이 소모되기 때문이다. 미국의 심리학자이자 캘리포니아대학교 버클리캠퍼스 교수인 베리 슈워츠(Barry Schwartz)는 선택지가 많아질수록 결정 피로가 증가해 결과적으로는 주관적인 불행감

(낮은 만족감)을 경험하게 된다는 선택의 역설(The Paradox of Choice)[14]을 주장한 바 있다. 너무 많은 선택지는 혼란과 스트레스를 유발해 선택지가 없을 때보다 오히려 더 나쁜 선택을 하게 될 가능성이 있다는 것이다. 이 선택의 역설을 피하기 위해 가장 중요한 작업은 선택의 폭을 좁히는 일이다. 이 같은 논리를 '경험의 다양성' 측면에 적용해보면, '다양한 경험'은 주관적 만족도에 긍정적인 영향을 끼치지 않을 가능성이 크다. 어떤 경험을 취할지에 대한 고민의 경험이 오히려 경험 자체를 두려워하거나 회피하게 만드는 요인이 될 수도 있기 때문이다. 하지만 계층 이동성이 약화되고 정체된 현재의 한국 사회에서 '다양한 경험'은 여전히 개인의 경쟁력을 높이는 최선의 방법으로 여겨지고 있다. '노력의 보상'에 대한 비관론이 확산되고 있는 게 현실이지만 그나마 '전문성 있는 지식'(34.3%, 중복 응답), '다양한 상식'(29.4%), 그리고 '다양한 경험'(29.1%)은 노력만 하

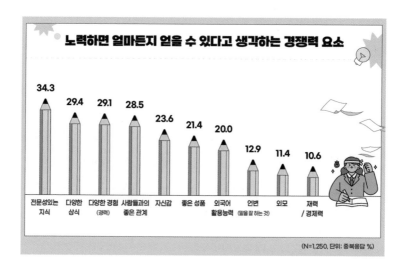

노력하면 얼마든지 얻을 수 있다고 생각하는 경쟁력 요소

34.3 전문성있는 지식
29.4 다양한 상식
29.1 다양한 경험 (경력)
28.5 사람들과의 좋은 관계
23.6 자신감
21.4 좋은 성품
20.0 외국어 활용능력
12.9 언변 (말을 잘 하는 것)
11.4 외모
10.6 재력 / 경제력

(N=1,250, 단위: 중복응답 %)

면 얼마든지 자신의 경쟁력을 강화할 수 있는 요소로 평가되고 있다.[15] 따라서 폭넓은 옵션 때문에 '선택의 역설'을 경험한다 할지라도, 이들이 경험적 가치를 포기하거나 회피할 가능성은 매우 낮아 보인다. 그렇다면 소비자들은 어떤 태도를 취하게 될까? 아마도 무슨 경험을 해야 할지, 즉 경험의 내용과 본질을 보다 정교하게 '압축하고', '선택의 폭'을 좁히는 작업을 취사선택할 가능성이 높다. 주로 그 대상은, 내가 이미 알고 있거나, 익숙하거나, 친숙한 그 무엇이 될 수 있다.

다만, 여기에 덧붙여 중요해질 또 하나의 요소가 있다. 바로 진정성을 담보한 '직접적인 경험인지 아닌지의 여부'다. 누구나 자전거 타기는 쉽게 배울 수 있는 기술이라고 생각한다. 하지만 실제로 자전거는 '직접' 타봐야 그 기술을 익힐 수 있는 쉬우면서도 꽤 어려운 기술이다. 시간 대비 효율(시성비)을 따져가며 '자전거 타기' 요약본을 읽거나 '자전거 타는 방법' 영상물을 보면서는 결코 그 기술을 익힐 수도, 터득할 수도 없다. 직접 해봐야 스킬이나 전문성도 높아지고, 그 경험이 온전한 내 것이 될 수 있다. 간접적인 경험은 직접 경험을 대체하기 어렵다. 따라서 지금까지는 시성비를 추구하며 이전보다 더 많은 정보를 습득하고 다양한 경험을 할 수 있는 기회가 제공되는 상황이 마련됐지만, 그럼에도 불구하고 향후 대중 소비자들은 적절한 즐거움을 느끼고, 가치 있는 경험이 가능하며, 스스로 진정성을 '체감'할 수 있는 방향으로 경험의 내용을 선택하려는 경향이 더욱 확고해질 가능성이 높다.

종합해보면 앞으로 대중 소비자들이 선택하는 일련의 경험은 '경

험의 규모(단위)'와 '체험성', 이 두 가지 요소를 기준으로 결정될 가
능성이 높다. 실제로 최근 대중 소비자들 사이에서 큰 화제를 모

았던 다이어리, 휴대전화 꾸미기 등에
서 시작된 '꾸' 열풍은 이러한 소비자들
의 태도를 단적으로 보여주는 예이기
도 하다. 소비자들은 가방(백꾸)을 거쳐
신발(신꾸)이나 티셔츠(티꾸), 모자(모꾸),
키링(키꾸) 등 다양한 품목에서 소소한
꾸미기 열풍에 동참했다. 전문가들은
그만그만한 균일화된 제품들 사이에

LF 공식 유튜브 'LF 랑놀자'
신발꾸미기 편
출처: LF

서 '직접' 만들고 꾸미는 경험을 통해 나만의 것을 소유하려는 소비
자들의 니즈가 'ㅇ꾸' 열풍으로 표출됐다고 분석했다.[16] (또 다른 대안
들이 있지만) 원래 있던 것에 '자신이 직접', '소소한 변화'를 만들어내
고, 그 안에서 '새로운 만족감'을 얻는 경험을 추구하는 경향이 두드
러지고 있다는 것이다. 경험의 규모는 압축되고, 축소되고, 정교해
졌지만 직접 경험을 통한 만족도는 최상인 셈이다. 그래서 지금 대
중 소비자들은, 내가 할 수 있는 나의 최선 안에서 '진정성'을 느낄
수 있는 '작지만' 그 무언가를 경험의 대상으로 취하고 있는 중이다.

초기의 작은 것들은 의미 없어 보이곤 한다. 너무나 작은 변화라 시
스템의 무게에 쓸려 나가기 때문이다. 동전 한 닢이 우리를 부자로
만들어주지 못하듯이 사소한 경험 한 가지가 주목할 만한 차이를 가
져오지는 않는다. 하지만 점차적으로 작은 경험들을 하나씩 차곡차

곡 쌓아 올리면 인생의 저울이 움직이기 시작한다. 각각의 성공들은 저울의 긍정적인 접시에 모래알 하나 더하는 것과 같지만, 서서히 우리에게 좋은 방향으로 기울기 시작한다. 그리고 그 일을 계속해나가 마침내 티핑 포인트를 맞이한다.

제임스 클리어,《아주 작은 습관의 힘》, p.315

So what? 🎔
시사점 및 전망

시간 대비 효율을 높일 수 있는 환경이 갖춰지면서 그 어느 때보다 최대·최다의 경험이 가능해졌다. 그리고 앞으로도 여전히 대중 소비자들은 이 같은 경험을 지향할 가능성이 크다. 하지만 '최대·최다'의 경험은 결국 완료나 끝이 없다는 것을 의미하기도, 복잡한 선택지로 주관적 만족감을 저하시키는 요인이 되기도 한다. 다양성이 반드시 우리의 만족도나 행복을 증가시키지 않기 때문이다. 따라서 소비자들은 경험의 규모를 축소하고 통제 가능한 범위 안에서 '작지만' 진정성을 느낄 수 있는 '직접적인 경험'을 고려하고 있다. 경험의 양(量)이 아니라 경험의 질(質)을 들여다보기 시작한 것이다. 이 같은 흐름이 견고해지면 라이프 스타일 전반에 다음과 같은 몇 가지 변화의 흐름을 예상해볼 수 있다.

가장 첫 번째로 예상되는 변화는 하나의 전체 경험보다 경험의 일부라도 독립적으로 경험해보려는 '챕터별 경험' 니즈가 높아질 가능성이다. 기존의 '경험'이란 수많은 상호작용이 차곡차곡 쌓여 만들어지는 것으로, 어떤 일을 연습하고 여러 번 반복하면서 쌓인 경험을 높이 평가하는 경향이 있다. 인력을 채용할 때 직무에 많은 경험을 갖춘 사람을 뽑으려 애를 쓰는 이유와 같은 맥락이다. 여기에는 경험을 많이 쌓을수록 유능하다는 생각이 전제되어 있고, 당연히 판단의 기준은 '전체적인 경험'이다. 그런데 이와는 다소 상반되게 '부분별 경험'이 증가할 가능성이 있다는 전망은 우리에게 시사하는 바가 크다. '유능함'보다 다른 무언가를 주요하게 판단하기 시작했음을 의미하기 때문이다.

최근 한국 사회에 2030세대를 중심으로 '달리기'가 참 핫했다. 소셜 네트워크 서비스(SNS)를 통해 '러닝 크루' 만들기가 유행하고, 퇴근 후 여럿이 모여 도심 속을 달리는 '시티 러너' 열풍이 불면서 러닝족은 더욱더 늘어나고 있다. 과정은 힘들고 고통스럽지만 완주 후 성취감과 기쁨의 크기가 크다는 것이 이유다. 덩달아 러닝화 시장도 급성장하고 있다. 2024년 7월 초 무신사 분석에 따르면, 2024년 상반기 러닝화 관련 키워드 검색량은 전년 동기 대비 53% 증가했으며, 러닝화가 포함된 운동화 카테고리의 거래액은 45% 증가한 것으로 집계됐다.[17] 이러한 러닝의 인기는 마라톤에 대한 폭발적 관심으로 이어지고 있다. 2024년 3월 인천에서 열린 '2024 Run your way HALF RACE INCHEON' 대회는 접수 시작 4분 만에, 2025년 동아마라톤 대회는 10분 만에 조기 마감되는 등 마라톤 대회 참가 접수가 마치 유명 아이돌 콘서트 티켓팅을 방불케 할 정도로 인기를 끌었다. 정식 마라톤뿐만 아니라 '우아한형제들'이 주최한 5km 이색 마라톤 '장보기 오픈 런' 역시 1분 만에 티켓이 매진될 정도로 그 열기가 뜨거웠다.[18] 전문가들은 시간과 비용 부담

배달의민족 운영사 〈우아한형제들〉이 개최한 '2024 장보기오픈런' 참가자들

이 덜하면서노 '건강한' 운동이라는 이미지가 러닝 열풍을 일으킨 주요 이유라고 분석했다. 맞는 말이다. 하지만 우리는 좀 더 다른 면에 주목할 필요가 있다. 바로 마라톤 대회의 코스 구성이 다양화되고 축소되고 있으며, 이 작은 단위에도 도전하는 사람들이 예상보다 꽤나 많아지고 있다는 점이다.

일반적으로 우리에게 대부분 잘 알려진 경험들은 더 많이 접하고 더 많이 인지하는 만큼 표준적이고 정규적인 시점을 갖는 경우가 많다. 어디까지가 최고 목표 도달 과정이고, 어느 선까지 내가 할 수 있는 경험인지에 대해 무의식적인 기준점이 있다. 대개는 개인과 집단의 성취 목표에 가까운 더 큰 무언가를 경험하도록 설정되고 진화해왔기 때문에, 모르긴 몰라도 모든 러너의 머릿속에는 42.195km라는 풀코스가 마라톤의 진짜 목표로 입력되어 있을 가능성이 높다. 하지만 실상 마라톤 대회 코스는 그렇지 않다. 42.195km라는 규정상의 코스가 무색할 만큼 하프부터 시작해 10km, 5km, 4km, 3km, 2km까지 코스가 다양하고, 풀코스가 아

니더라도 아주 짧은 코스를 선택해 마라톤을 경험할 수 있도록 사람들을 독려한다.

목표는 '거리감'에 따라 마음을 끌어당기는 강도가 달라진다. 일반적으로 먼 미래의 목표보다는 현실감이 있어서 보상을 즉각적으로 체감할 수 있는 가까운 목표에 더 끌리기 마련이다. 때문에 장기적으로는 원대한 목표를 갖고 있을지언정 단기적으로는 실현 가능한 목표를 구분 지어 설정하는 것이 중요할 수 있다. 목표를 낮춰 잡아 작은 성공을 반복하면서 진짜 목표에 다가설 수 있도록 단계적 성장을 계획하는 것이다. 바로, 현재 대중 소비자들은 완전한 형태로 최고 목표에 도달하기보다 소소하지만 경험의 내용을 잘게 구분해 직접 체험에서 오는 즐거움, 성취감 등의 가치를 느끼려 노력 중인 것으로 보인다(나는 요즘 성취감이 작은 일이라도 스스로를 칭찬하고 격려해 주려 노력하는 편이다 - 61.6%, 동의율).[19] 경험하고자 하는 대상의 단위는 축소되고, 그 경험에서 얻고자 하는 가치의 크기는 점점 더 커지고 있다. 앞으로 우리에게 잘 알려진 익숙한 경험들은 그 내용들이 잘게 나뉘어 '이색 경험'이라는 이름으로 등장할 가능성도 매우 커졌다.

나의 첫 5km는 '5km 이전의 나'와 '5km 이후의 나'로 구분 짓는 기준이 되었고, 새로운 가능성의 문을 활짝 열어젖혀 주었다. 내 최종 목적지가 어디인지는 알 수 없다. 하지만 확신한다. 이 길이 나를 어디로 이끌지 몰라도 내가 길 위에 새긴 수많은 발자국들은 내 존재를 더욱 깊이 이해하기 위한 여정의 증거이며, 내 인생의 지도에 새로운 경로를 그려나가는 값진 과정이 될 것임을. 그 경로가 어디로 향하든 간에, 모든 과정 속에서 내가 이룰 성장과 변화가 진정한 보상이 되리라는 것도 의심치 않는다. 이를 깨닫는 데 필요한 거리는 단 5km였다. 다시 한번 5km가 성장의 시작점이라는 걸 강조하고 싶다.

해피러너 올레 이재진,《마라닉 페이스》, p.78

두 번째로 전망되는 변화는 개인의 생활 반경 내에서의 '주(住)식(食)' 라이프의 소분화(小分化)다. 주로 거주 공간에서의 독립적인 공간, 그리고 식생활에서의 균형 잡힌 소분 식사 니즈의 증가가 이에 해당한다. 2023년 12월 부동산 디벨로퍼 피데스개발은 '2024~2025년 공간 7대 트렌드'를 발표했는데, 그중 가장 눈에 띄는 키워드가 가족이 함께 살아도 독립적인 생활을 영위하고 싶어 하는 '각자공생(各自共生)룸'이었다.[20] 부부 사이에도 다른 라이프 스타일이나 수면 습관 등으로 트윈 침대를 쓰거나 각각 개인 방을 갖는 독립적인 공간 소비가 이뤄진다는 것이 핵심 내용으로, 앞으로 주거 공간의 실질적인 변화는 이 각자공생룸의 트렌드 확산 여부가 주요 변수가 될 것으로 보인다. 실제 마크로밀 엠브레인의 조사를 보더라도 집 안에 나만의 공간을 만들고 싶다는 응답이 82.1%로 평가될 만큼 개인의 독립 공간에 대한 니즈는 상당했다.[21] 독특한 점은 물리적 공간뿐만 아니라 심리적 공간으로서의 독립 공간에 대한 니즈가 높게 평가되고 있다는 점이다. 많은 대중 소비자들은 사색과 휴식을 취할 수 있는 별도의 공간을 필요로 했고(조용한 사색과 휴식을 할 수 있는 공간이 지금 나에게는 필요하다 – 73.3%, 동의율), 취미 활동

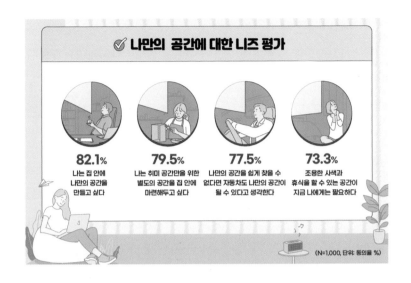

나만의 공간에 대한 니즈 평가

82.1%
나는 집 안에
나만의 공간을
만들고 싶다

79.5%
나는 취미 공간만을 위한
별도의 공간을 집 안에
마련해두고 싶다

77.5%
나만의 공간을 쉽게 찾을 수
없다면 자동차도 나만의 공간이
될 수 있다고 생각한다

73.3%
조용한 사색과
휴식을 할 수 있는 공간이
지금 나에게는 필요하다

(N=1,000, 단위: 동의율 %)

만을 위한 공간을 집 안에 마련해두고 싶어 했으며(나는 취미 생활을 위한 별도의 공간을 집 안에 마련해두고 싶다 – 79.5%), 심지어 그것이 불가능하다면 자동차도 나만의 공간이 될 수 있다(77.5%)고 생각할 만큼 개인의 독립적인 공간을 강하게 원하고 있었다.[22] 때문에 향후 물리적 공간뿐만 아니라 내 취향과 관심이 집중된 이 심리적 여유 공간 확보를 위한 열망은 라이프 스타일 전반에 중요한 화두가 될 것으로 예상된다.

식생활에서의 소분 니즈 증가도 눈여겨볼 만한 흐름이다. 이는 최근 2~3년 사이 대중 소비자들에게 회자된 바 있는 적게 먹는 식습관, 일명 '소식좌' 현상의 또 다른 방향으로 이해해볼 수 있다. 지금까지는 극단적인 절식으로 건강을 해치고 무리한 다이어트를 조장하는 식습관으로 '소식좌' 흐름을 비판적으로 바라보는 경향이 강했다면, 최근에는 무리 없는 적당한 양의 식사로 건강을 관리하면서도 필요한 영양소를 골고루 섭취할 수 있는 '권장할 만한 건강한 소식 방법'으로 주목을 받고 있다. 해외에서 '먹방(Mukbang)'이 '과식'과 '대식'의 동의어로 인지되고 있을 만큼 지금까지 한국 사회에서 '누가 빨리', '많이 먹나'가 먹방의 주요 콘텐츠로 다뤄졌던 점을 감안하면 이 같은 변화는 분명 생각해볼 만한 의미가 있다. 입 안 가득 음식을 넣는 과도한 식사가 아니라 적당한 양의 음식을 천천히 먹는 것을 편안하게 받아들였음을 의미하기 때문이다. 단순히 먹는 행위보다 어떻게 맛있게, 잘, 균형 있게 먹느냐에 대한 관점으로의 전환을 의미하는 것으로, 이제 대중 소비자들에게 '소식 습관'은 '소신 습관'으로 인식되고 있는 추세다. 실제로 소비자 인식 결과에서도 대중들은 소식 식습관을 지향하기보다(나는 음식을 소식해야 한다고 생각하는 주의이다 - 51.6%) 균형 있는 식습관을 좀 더 선호하는(나는 음식을 골고루 먹어야 한다고 생각하는 주의이다 - 75.3%)[23] 태도를 보이고 있었다. 이러한 흐름은 최근 미국의 젊은 세대를 중심으로 틱톡 문화에서 유행했던 '걸 디너(Girl Dinner)' 트렌드와도 직접적인 연관이 있다.

걸 디너는 혼자 사는 여성이 저녁으로 어떤 음식을 먹는지를 보여주거나, 자녀를 둔 여성이 긴 하루를 보내고 난 뒤 먹는 간단한 식사를 해시태그 #girldinner와 함께 보여주는 트렌드를 의미한

파파이스의 '걸 디너(Girl Dinner)' 메뉴.
출처: TODAYFood(상단 좌), '걸 디너' 틱톡(상단 우), Popeyes(하단)

다.[24] 주로 하나의 접시에 다양한 메뉴를 조금씩 담아 완성되는 식사를 뜻하는 이 트렌드는 과시적인 성향의 SNS 게시글과는 사뭇 다른 차원으로, 복잡한 조리 과정이 필요 없는 간단한 메뉴, 큰 식사 대신 소량의 음식을 소분해서 한 접시에 담아내는 것이 특징이다. 일각에서는 과도한 소식이나 섭식 장애를 유발한다는 지적도 제기되지만, 과식과 폭식이 문제이지 걸 디너 식단은 일반적이고 포괄적인 식사의 한 모습이라는 의견이 많다. 한국 소비자들 역시 걸 디너 식사에 '시간 절약'과 '간편함', '균형 있는 식사' 측면에서 10명 중 6명(63.2%)이 호감을 드러내고 있었다.[25] 아직까지는 시성비 차원(아래 그래프 참조)에서 걸 디너 트렌드를 긍정적으로 평가하는 경우가 많지만, 건강 관리나 균형 잡힌 식단에 대한 관심도가 높아지는 만큼 영양가 있는 음식들을 소분해서 먹고자 하는 트렌드는 앞으로 식품 산업 전반에 큰 영향을 끼칠 것으로 전망된다. 실제 미국

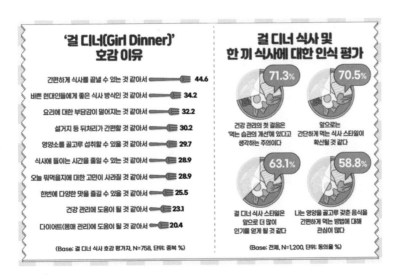

'걸 디너(Girl Dinner)' 호감 이유

항목	값
간편하게 식사를 끝낼 수 있는 것 같아서	44.6
바쁜 현대인들에게 좋은 식사 방식인 것 같아서	34.2
요리에 대한 부담감이 멀어지는 것 같아서	32.2
설거지 등 뒤처리가 간편할 것 같아서	30.2
영양소를 골고루 섭취할 수 있을 것 같아서	29.7
식사에 들이는 시간을 줄일 수 있을 것 같아서	28.9
오늘 뭐먹을지에 대한 고민이 사라질 것 같아서	28.9
한번에 다양한 맛을 즐길 수 있을 것 같아서	25.5
건강 관리에 도움이 될 것 같아서	23.1
다이어트(몸매 관리)에 도움이 될 것 같아서	20.4

(Base: 걸 디너 식사 호감 평가자, N=758, 단위: 중복 %)

걸 디너 식사 및 한 끼 식사에 대한 인식 평가

71.3%
건강 관리의 첫 걸음은 '먹는 습관의 개선'에 있다고 생각하는 주의이다

70.5%
앞으로는 간단하게 먹는 식사 스타일이 확산될 것 같다

63.1%
걸 디너 식사 스타일은 앞으로 더 많이 인기를 얻게 될 것 같다

58.8%
나는 영양을 골고루 갖춘 음식을 간편하게 먹는 방법에 대해 관심이 많다

(Base: 전체, N=1,200, 단위: 동의율 %)

에서는 한 프랜차이즈 업체(파파이스)가 걸 디너 신메뉴를 선보여 인기를 끌었는데, 국내에서도 소비자들에게 색다른 경험을 제공하는 다양한 소분 상품들이 반찬 전문점이나 편의점, 대형 마트, 카페 등의 유통가에 등장할 가능성이 매우 높을 것으로 예상된다.

마지막으로 예상되는 전망은 바로 근본, 즉 오리지널리티의 귀환이다. 이제 대중 소비자들은 '폭넓은' 경험에서 '심층적인' 경험으로 선택의 중심축을 이동하고 있다. 그리고 제품을 소비하는 방식에서부터 일상생활에서의 선택에 이르기까지 전반적인 생활 방식이 '소형화', '소량화', '세분화'되고 있다. 이러한 소분 라이프 트렌드가 가속화되면 대중 소비자들은 제품과 서비스의 본질적 가치와 품질 등 기본과 근본, 오리지널에 점점 더 집중하게 될 가능성이 있다. 개별 요소들이 모여 전체를 구성하고, 기본적인 요소의 질이 전체의 질을 결정한다는 것을 깨닫게 되기 때문이다. 이렇게 되면 물리적 욕구를 충족시키는 것을 넘어 심리적 만족을 추구하는 경향이 보다 뚜렷해지고, 평소 중요하지 않다고 생각했던 부분, 너무 작아서 미처 보지 못했던 것들을 다시 한번 살피고 발견하려는 노력이 많아질 수 있다. 디테일(detail)의 중요성을 파악하게 된다는 뜻이다.

원래 디테일(detail)의 사전적 정의는 작고 덜 중요하다는 뜻이다.[26] 그래서 때론 이 '작고 덜 중요한'이란 수식어 때문에 디테일이 '대단하지 않은 사소한 것'으로 여겨지는 경우가 많다. 하지만 감성에 따라 움직이는 소비자들은 이 디테일에 민감하게 반응하는 경향이 있다. 사소한 디테일 하나에 감동하고 만족하며, 팬덤이 되는 수준에까지 이르는 경우가 많다. 따라서 앞으로 작은 단위로 나뉘는 소비 패턴의 변화를 넘어 근본과 기본, 디테일의 중요성을 따지는 태도는 더욱 견고해질 것으로 보이며, 금전적 가치로 환산할 수 없는 가치의 중요성을 강조하는 사회적 분위기 역시 더욱 높아질 것으로 예상된다. 최근 외식 프랜차이즈를 중심으로 '프로 고기굽러', '구이 마스터' 등의 양성 계획이 야심 차게 발표되는 이유도 이와 무관하지 않는 현상이다. 소분 소비가 지향하는 소분 라이프는 한마디로 진정한 '찐'을 찾는, 근본과 기본, 그리고 오리지널의 중요성을 재발견하는 과정이다.

> 대부분의 재앙은 일련의 작은 리스크(각각은 별거 아니라고 무시하기 쉽다)가 쌓이고 증폭되어 거대한 뭔가로 변할 때 일어난다. 반대도 마찬가지다. 대부분의 놀라운 성공이나 성취도 작고 하찮은 뭔가가 쌓여 특별한 것으로 변할 때 일어난다.
>
> 모건 하우절,《불변의 법칙》, p.229

#미니모니
#걸 디너 트렌드

싱글 이코노미,
소분화되는 글로벌 식음료시장>>>

일본은 1980년대 이후 1인 가구가 빠르게 증가하면서 소량으로 판매하는 방식이 크게 발전했다. '소분 강국'으로 자리 잡은 일본의 대형 마트에서는 1인용 패키지로 소분화된 제품을 쉽게 찾아볼 수 있으며, 최근에는 소용량 제품이 새로운 수요를 창출하면서 상품군이 더욱 다각화되고 있는 모습이다. aT 오사카 지사가 발간한 보고서에 따르면, 소용량 제품은 소가구 및 1인 가구에 적합할 뿐만 아니라, 소량으로 구매하는 만큼 신선도를 유지하고 식품 낭비를 줄일 수 있어 만족도가 높은 것으로 나타났다.[27] 1회용 패키지의 경우 다양한 용량에 대한 소비자들의 수요를 충족시킬 수 있고, 시험 삼아 구매해볼 수 있는 가격대로 책정하는 등 신규 소비자의 관심을 유도할 수 있기 때문에 향후 소용량 제품의 수요는 지속적으로 증가할 것으로 전망된다. 소형화 제품에 대한 수요가 늘어나고 있는 가운데, 최근 일본 대표 라면 회사인 '닛신식품'이 라면 1팩의 포장 개수를 5개에서 3개로 줄여 화제가 되었다. 소비자 입장에서는 유통기한 걱정 없이 다양한 라면 맛을 즐길 수 있고, 회사는 제품 크기를 줄여 매대에 다양한 제품을 전시할 수 있다는 점에서 윈윈(Win-Win) 전략으로 평가받고 있다.[28]

1팩 3개 묶음으로 출시된 닛신식품 '라오 봉지라면'
출처: 닛신식품

한편 최근 1억 인구를 돌파한 베트남도 핵가족화로 인해 인구구조가 빠르게 변화하면서 식품업계가 베트남 시장을 공략하기 위해 내놓은 전략 역시 '소분' 형태이다. 코로나19 이후 집에서 보내는 휴식의 중요성이 높아지면서 소가족이나 1인 가구를 위한 소용량 제품과 밀키트 수요가 급증하고 있기 때문이다. 특히, 우리나라 식품업계는 냉동만두, 김치 등 집에서 편하게 즐길 수 있는 K푸드를 소용량으로 출시해 베트남 소비자를 공략하고 있다.[29]

소용량으로 판매 중인 K식품(만두, 김치 등)
출처: kotra 해외시장 뉴스

결혼식도 작게, 피로연도 작게
'소규모'가 뜬다>>>

최근 미국에서는 고물가로 결혼
식 비용에 부담을 느끼는 부부들
이 증가하면서, 하객수를 소규
모로 줄인 '마이크로 웨딩(micro
wedding)'이 주목받고 있다. '마이
크로 웨딩'이란 최대 50명 정도
의 하객이 참석하는 결혼식으로,
직계가족 등 10명 내외의 하객
만 초대하는 '미니모니' 형태로도

출처: BRIDES

확대되고 있는 추세다. 2023년 미국 결혼식 평균비용은 3만 5000
달러(한화 약 4800만 원)로, 2022년 대비 총비용이 5000달러 이상 증
가한 것으로 나타났다.[30] 반면 소규모 결혼식은 전통적인 결혼식에
비해 적은 인원만을 초대하는 만큼 장소 대여비, 음식 및 음료 비용
등을 크게 절약할 수 있고, 중요한 사람들과 보다 의미 있는 시간을
보낼 수 있다는 점에서 인기를 얻고 있는 중이다.

최근에는 뉴욕 지하철의 한 열차 내에서 20명 정도의 친구들과 피
로연을 올린 커플이 화제가 되기도 했다. 뉴욕에서 일반적인 결혼
식과 피로연을 올리는 데 최대 6만 3000달러(한화 약 8700만 원) 이상
의 비용이 소요되는 것에 비해 이들이 장소를 대관하는 데 사용한
총비용은 3000달러(한화 약 414만 원)로, 비교적 저렴한 가격에 진정

지하철에서 열린 이색 피로연
출처: 틱톡, 워싱턴포스트

으로 원하는 결혼식을 올렸다는 점에서 많은 사람들의 관심을 모았다. 웨딩 리서치 회사 더 웨딩 리포트의 창업자는 "하객수에 따라 식사비, 초대장 등 결혼식 비용이 결정되기 때문에 결혼식 비용 절감을 위해서는 하객수를 줄이는 게 가장 좋은 방법"이라고 밝히며, "부부가 같이 생각했을 때 가장 중요한 것, 추억에 남을 결혼식을 만들 수 있는 요소가 무엇인지 고민해봐야 한다"고 조언했다.[31]

4000원짜리 에코 백 사러 오픈 런?
가심비, 백꾸 저격>>>

최근 미국 대형 마트 트레이더 조에서 판매하는 2.99달러(한화 약 4000원)짜리 에코 백이 큰 인기를 끌고 있는 것으로 나타났다. 특별한 디자인도 없는 캔버스 재질의 가방이지만, 이 가방을 사기 위해 오픈 런 현상이 벌어지는 것은 물론, 중고시장에서는 수십 배 이상의 가격에 거래될 정도다. 에코 백 열풍의

미국 대형마트 '트레이더 조' 에코백
출처: 트레이더 조, 인스타그램

핵심적인 이유로는 '가심비'가 꼽힌다. 고물가로 인해 식료품 가격이 크게 올랐지만 '트레이더 조'의 에코 백은 상대적으로 저렴하다는 인상이 강하다. 쉽게 지갑을 열 수 있는 가격이지만, 소비자들에게는 고가의 명품 백 못지않은 만족감을 주고 있는 것이다.[32] 실제로 에코 백을 구입한 한 소비자는 2.99달러에 고야드(프랑스 유명 브랜드) 미니 백과 같은 에너지를 준다고 설명하기도 했다.[33] 또한 에코 백에 갖가지 장식품을 달거나 자수를 놓는 등 '백꾸(가방 꾸미기)'를 하기에 최적화되어 있다는 점도 소비자들에게 소구 포인트가 되고 있는 모습이다.

본질에 집중,
로고 없는 가전제품 인기>>>

최근 일본에서는 회사 로고가 없는 가전제품이 잇따라 출시되고 있다. 보통 브랜드 로고는 소비자들에게 신뢰의 상징으로 여겨지는만큼, 유명 브랜드 로고가 박힌 제품은 '믿고 산다'는 인식이 일반적이었다. 하지만 최근 일본 MZ세대를 중심으로 가전제품 중앙에 있는 회사 로고가 오히려 '디자인의 매력을 떨어뜨린다'는 인식이 강해지고 있는 것으로 조사되었다. 또한 가전제품 자체의 품질, 기능 등이 전체적으로 상향 평준화되면서 '유명 브랜드' 제품의 필요성도 점차 감소하고 있는 모습이다. 실제로 일본 소비자청 조사 결과에 따르면, 제품 구매 시 중요하게 여기는 요소로 '품질과 성능', '비용

브랜드 로고 없이 출시된
'조지루시' 보온병(좌), '스리업' 서큘레이터(우)
출처 : 각 사 홈페이지

대비 효과', '외관·디자인'이 상위권에 오른 반면, '브랜드'의 중요성은 과거에 비해 크게 낮아진 것으로 나타났다.[34] 이러한 소비자 변화에 따라 최근 일본 가전업체들은 눈에 잘 띄는 부분에 새겨왔던 회사 로고를 없애거나, 아예 창업을 할 때부터 로고를 붙이지 않고 제품을 출시하는 등 제품의 본질에 더 집중하겠다는 전략을 세우고 있다.

단체 관광의 뉴 트렌드
세분화, 개별화, 맞춤화>>>

중국 관광객들이 단체 패키지 여행을 선호한다는 말도 이제는 옛말이 되어가고 있다. 중국 여행 플랫폼의 조사 결과에 따르면, 최근 중국 단체 여행 시장에서 소규모나 자유 일정 트렌드가 확산되고 있는 것으로 나타났다. 2023년 중국 내 '맞춤형' 단체 여행 상품의 매출은 2019년 대비 370% 가까이 증가했으며, 2~9인 소규모 단체 매출도 100% 이상 증가한 것으로 나타났다. 개별 일정을 선호하는 젊은 세대를 위해 단체 여행 상품에서 자유 일정 시간도 늘고 있는 추세다.[35] 실제로 최근 중국 MZ세대의 여행 트렌드로 '시티워크(Citywalk)'가 주목을 받고 있다. 시티워크는 도시를 자유롭게 걸어 다니며 관광명소 대신 도시의 특색을 느낄 수 있는 곳을 찾아 나서는 여행 스타일로, '자아 만족'과 '슬로 템포'가 여행의 핵심이

대표적인 시티워크 핫플레이스
베이징 'THE BOX'
출처: 호텔앤레스토랑

다.[36] 또한 여행에서 박물관, 전시 등 문화 관련 요소의 중요성이 높아지는 등 이제는 유명 관광지가 아니라 자신의 취향을 반영한 여행 트렌드가 중국인을 중심으로 확산되고 있는 모습이다.

숙박업계에도 맞춤형 특화 상품이 등장하고 있다. '잠들지 않는 도시'라 불리는 미국 뉴욕에서는 숙면을 위한 투숙 상품, '잠캉스 패키지(Sleep Tourism)'를 출시하는 호텔이 늘어나고 있다. 파크 하얏트 뉴욕(Park Hyatt New York) 호텔은 투숙객이 잠에서 쉽게 깨지 않도록 건강 상태에 맞춰 자동으로 쿠션의 경도를 조절하는 스마트 침대를 도입했으며, 콘래드 뉴욕 다운타운(Conrad New York Downtonw) 호텔은 어메니티로 명품 향수 브랜드 제품을 이용할 수 있는 '굿나잇 콘

출처: 게티이미지

래드' 패키지를 선보였다.[37] 웰니스·힐링 여행에 대한 관심이 높아지면서 숙박업계에서도 이러한 수요를 충족하기 위한 특화 상품들을 출시하고 있는 것으로 보인다. 실제로 힐튼 2024

트렌드 보고서에 따르면, 누적된 피로를 풀기 위해 '휴양 및 재충전'을 목표로 여행을 계획하는 소비자들이 늘어나고 있는 것으로 나타났다.

부모-자식도 이제는 각자의 삶 존중
중국의 '토우 간' 현상>>>

최근 중국 MZ세대 사이에서 부모나 친구에게 자신의 사생활을 공개하지 않는 '토우 간(tou gan)' 현상이 대두되고 있다. 토우 간은 '감정적 도둑'을 뜻하는 단어로, 부모에게 자신의 월 급여액을 공개하지

▌ 출처: 게티이미지

않거나 동거 커플의 경우에도 각자의 방을 사용하는 라이프 스타일을 의미한다. '토우 간'을 실천하고 있는 이들은 자신의 삶에 대한 주체성을 중요시하고, 타인의 간섭 없이 독립적인 생활을 유지하려는 경향이 강하다. 가족 및 부부 간에도 개인 사생활이 철저히 보호받기를 원하며 이를 통해 자신만의 공간과 시간을 갖고자 하는 니즈도 높은 편이다.[38] 중국 매체는 이 같은 현상에 대해 젊은 세대가 전통적인 생활 방식에 순응하지 않으려는 '작은 저항' 행위이자, 어떤 틀에도 얽매이지 않는 라이프 스타일이 자기애의 한 형태로 나타나고 있다고 분석했다.[39]

사랑하지만 잠은 따로,
수면 이혼>>>

미국 내에서 '수면 이혼(sleep divorce)'을 선택하는 사람들이 늘어나고 있다. 수면 이혼이란 부부가 같은 집에서 생활하지만 밤에는 따로 잠을 자는 것을 의미하는 단어로, 최근 부부간의 건강한 관계를 유지하기 위한 방식 중 하나로 받아들여지

■ 출처: 게티이미지

고 있는 추세다. 둘 중 하나가 코를 심하게 골거나 서로의 수면 패턴이 달라 깊은 수면을 취하지 못할 경우 그에 대한 스트레스로 관계에 부정적인 영향을 끼칠 수 있기 때문이다.[40] 미국수면의학회 조사 결과에 따르면, 미국인의 35%가 가끔 혹은 지속적으로 배우자와 별도의 공간에서 잠을 자는 것으로 나타났으며, 특히 밀레니얼 세대의 수면 이혼 비율은 43%로, 베이비붐 세대(22%)에 비해 월등히 높은 결과를 보였다.[41] 부부가 따로 자는 것이 관계의 소홀함이나 문제의 신호로 여겨지던 과거와 달리, 부부간에도 각자의 공간을 필요로 하고, 서로의 라이프 스타일을 존중하는 문화가 자리 잡고 있는 모습이다.

바쁘다 바빠 현대사회
아침밥은 시내버스에서 해결>>>

중국 대도시 선전에서 시내버스 내에 아이스크림과 음료수를 판매하는 서비스가 도입되어 화제를 모으고 있다. 2층 버스에 아이스크림 냉장고와 가판대가 설치되어 있고, 모바일 결제를 통해 편리하게 상품을 구매할 수 있다. 아침밥을 판매하는 '콜버스' 서비스도 제공되고 있다. 전날 애플리케이션을 통해 예약 후 이용할 수 있으며, 가격은 8위안(한화 약

선전에서 시범 도입한 아침밥 배달 버스
출차: Shenzhen Bus Grop

1500원)으로 비교적 저렴한 편이다. 두유와 빵, 죽, 달걀 등 중에 아침밥을 선택할 수 있고, 현재 총 7개의 노선에서 주문이 가능하다.[42] 이러한 이색 서비스는 이동 중에도 편리하게 필요한 상품을 구매할 수 있고, 바쁜 아침 시간을 절약할 수 있다는 점에서 큰 인기를 얻고 있는 모습이다. 시성비에 대한 니즈가 점차 심화되고 있는 만큼 선전 버스의 사례로 유사한 서비스가 도입될 가능성이 높아 보인다.

간편함에 맛과 영양까지
빠르게 성장하는 '실버 디너'>>>

최근 틱톡을 중심으로
'걸 디너(Girl Dinner)' 트
렌드가 확산되며, 외식
업체도 간단하게 구성된
외식 메뉴를 출시하고
있다. 글로벌 치킨 브랜
드 파파이스(Popeyes)는

"Girl Dinner"

파파이스 '걸 디너' 메뉴
출처: 파파이스

온라인 한정 신메뉴로 '걸 디너' 메뉴를 선보였는데, 맥앤치즈, 코울
슬로, 감자튀김 등 간단하게 먹을 수 있는 음식으로 구성되었다.[43]
영양적으로는 충분하지 않을 수 있지만, '걸 디너' 식단에서 직접 준
비하는 과정까지 생략한 초간편 외식 메뉴로 간단하고 빠른 식사를
원하는 소비자들 사이에서 주목받고 있다.

도시락 강국 일본에서는 '건강 관리'에 좀 더 초점을 맞춘 '냉동 택
배 도시락'이 인기다. 영양 성분을 고루 갖췄을 뿐만 아니라 전자레
인지로 간편하게 조리할 수 있고, 장기 보관이 가능하다는 점에서
큰 호응을 얻고 있는 모습이다. 일본의 야노경제연구소에 따르면,
일본 냉동식품시장 규모는 1조 4804억 엔으로 추산되며, 매년 성
장세도 가파르다.[44] 이에 일본 대기업들도 잇따라 냉동 택배 도시락
사업에 진출하고, 정기 배송 서비스를 시작하는 등 사업을 확장하
고 있다. 특히 고령화가 빠르게 진행되면서 건강 상태에 따라 다양

~あっさり&ヘルシーにいただく~
『あえて、』和食のお弁当メニュー

01 02 03 04 05 06

柚子胡椒だれ
豚しゃぶ、生姜
鶏そぼろまぜご飯

山椒香るぶりの
塩焼き、生姜
鶏そぼろまぜご飯

梅香る豚しゃぶ、
わかめとたけのこの
まぜご飯

若鶏の香ばし醤油
焼き、鮭ときのこの
まぜご飯

ネギ塩竜田揚げ、
しらすと蓮根の
まぜご飯

トマト生姜焼き、
枝豆と干しえびの
まぜご飯

洋食メニュー ▶

영양 성분을 갖춘 일본 냉동 도시락 제품
출처: 아지노모토

한 식사 형태가 필요한 실버 세대에게 '냉동 도시락'이 큰 인기를 얻고 있으며, 최근 요양 시설을 중심으로 도입이 확대되고 있다. 별도의 조리 과정이 필요 없는 '편리함'에 더해 '맛'과 '영양'까지 갖춘 간편식에 대한 수요는 앞으로 다양한 연령층으로 더욱 확대될 것으로 보인다.

PART 2

WORK

**직춘기,
노동의 쓸모를 고민하다**

Welcome to ChatGPT

Log in with your OpenAI account to continue

Log in   Sign up

Terms of use | Privacy policy

MacBook Air

AI 대공습,
흔들리는 일 그리고 조직
일의 의미 · 정체성 혼미 ·
직춘기 · 바이브 워크

AI의 위력, "
노동시장 구조를 바꾸다

2016년 3월, 홍콩의 로봇 제조 기업 '핸슨 로보틱스(Hanson Robotics)'
에서 개발한 AI 로봇 소피아의 방송 출연이 화제였다. 개발자인 핸
슨과의 대화 중 "I will destroy
humans(인류를 파멸시키겠다)"라고
말한 영상이 공개됐기 때문인데,
개발자 핸슨은 사람과 유사한 표
정·제스처가 가능한 소피아의 그
저 '계획된 농담'일 뿐이었다며 사

| AI 로봇 '소피아'
출처: CNBC

건을 일축했다. 하지만 대중들은 섬뜩한 미소로 인류를 파멸시킬 것이라 말한 소피아의 표정에서 불쾌감과 공포감을 느꼈고, AI의 급속한 발전을 통제하지 않으면 돌이킬 수 없는 위험을 초래할 수 있다는 경고성 메시지를 내놓았다. 이후 한동안은 AI 기술의 윤리적 문제와 잠재적 위험성에 대한 논쟁이 끊이지 않을 정도로, 소피아가 가져다준 사회적 충격은 실로 상당했다. 그런데 언제 이런 일이 있었는지가 무색할 만큼 현재 대중 소비자들 일상에는 AI 기술이 다양한 분야에서 활용되는 수준을 넘어, 일상을 점령 중이다. 특히 2022년 11월 30일, 우리에게 처음으로 모습을 드러낸 챗GPT 서비스가 끼친 영향은 상상 그 이상이었다. 서비스 개시 2개월 만에 사용자 1억 명을 돌파하며 대중 소비자들의 최애 프로그램이 된 챗GPT는,

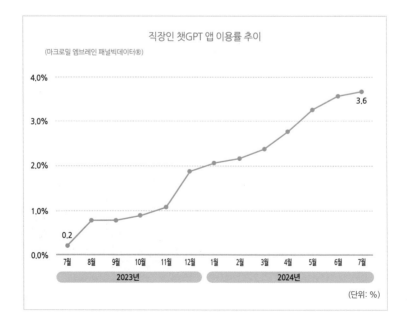

직장인 챗GPT 앱 이용률 추이
(마크로밀 엠브레인 패널빅데이터®)

0.2
3.6

2023년   2024년

(단위: %)

AI 기술에 대한 지금까지의 우려를 부지불식간에 누그러뜨릴 만큼 센세이션했다. 이제는 개인화된 추천 시스템, 고객 서비스 챗봇, 교육 도우미 등 여러 분야에서 활용되며 사람들의 삶의 경험을 변화시키고 있다. 생성형 AI라는 기술적 특징으로 시간이 흐를수록 더욱 더 생산성이 높아지는 챗GPT는 불과 1~2년 만에 못하는 게 하나 없는 만능 치트 키로 성장하고 있다. 그런데 그 어떤 영역에서보다 직장 생활과 노동시장 전반에 끼치는 영향이 유독 두드러지는 모습이다. 많은 기업들이 챗GPT 생성형 AI 기술을 속속 도입하면서 직장 환경, 그리고 노동시장 전반의 구조를 변화시키고 있다.

채용시장 환경의 변화 ″

일단 AI 기술로 인한 채용시장의 급변화가 눈에 띈다. AI 기반 추천 시스템을 통한 인재 매칭 서비스가 활발해지고 있는 것으로, 기업은 빠르고 간편하게 뛰어난 인재를 채용할 수 있고 구직자는 커리어 성장을 돕는 성공적인 채용 기회를 얻을 수 있다는 점에서 각광을 받고 있다. 채용 플랫폼 업체들은 기업에 '적합' 인재로 추천한 인재의 채용 합격률이 현격하게 높은 사실을 근거로, AI 매칭 기술이 '인력 자원 관리 효율화'에 기여하고 있음을 어필하는 경우가 많아지고 있다.[1] 사실 AI 인재 매칭 서비스는 사람의 판단으로 불거질 수 있는 채용 프로세스에서의 불합리함을 배제해 '공정한 채용'이 가능하다는 전제가 깔려 있다. 서류 심사는 물론 면접 시 지원자의 표정, 언어 사용, 목소리 톤 등을 객관적으로 평가해 채용 결정을 돕기 때문에 보다 공정한 채용이 가능하다는 논리다. 하지만 최근 AI가 채용 과정뿐만 아니라 퇴직, 성과 관리, 해고 등 모든 인사관리에 활용되는 바로 '그 점'이 문제라는 지적이 제기되고 있다. (작동 원리 이해도 어려운) 딥러닝 시스템으로 학습한 AI(인공지능)의 판단 과정이, 생각보다 투명하지도 공정하지도 않을 수 있다는 것이다. 하지만 여러 우려에도 현재 채용시장에서의 AI는 대세가 되고 있고, 구직자들은 이력서 작성부터 면접까지 AI를 염두에 두고 준비해야 하는 상황에 직면해 있다.[2]

누구나 프로 일잘러의 시대 ❞

AI 기술 발전으로 직장 환경의 변화 속도도 급격히 빨라지고 있다. 챗GPT의 등장 전까지 AI 기술은 이공계 관련 업무나 특수 직종 종사자들의 전유물로 여겨졌지만, 이제는 일반 직장인들이 자신의 업무에 AI를 활용할 수 있을 만큼 접근성이 높아졌다. 마치 그동안 원했던 것이 '최신 기술'이 아니라 '쉽게 접근할 수 있는 기술'이었음을 증명이라도 하듯, 보급 속도가 매우 가파르다. 이는 마이크로소프트(Microsoft)사가 모든 솔루션에 챗GPT를 탑재하고 MS소프트웨어(파워포인트나 엑셀, 아웃룩 등)에 코파일럿(Copilot) 서비스를 제공하면서부터 두드러진 현상으로, 이제 챗GPT는 누구나 이용 가능한 성공적인 개발품(72.7%, 동의율)[3]으로 평가받을 만큼 초단기간에 대중적인 업무용 툴(Tool)로 성장했다. 덕분에 직장인들은 본인의 업무 소화 및 달성 시간을 절약하고 성과를 높일 수 있는 기회를 얻게 됐다. 생산성이 향상됐고, 반복 업무를 더 손쉽게 처리할 수 있게 됐으며, 보다 중요한 업무에 집중할 수 있게 됐다. 이전 같았으면 단순·반복적인 업무도 소프트웨어의 기본적인 기능을 익혀야 가능했기 때문에 관련 기능을 습득하는 별도의 교육이 필요했지만, 이제는 프롬프트(명령어)* 하나만으로도 소프트웨어의 효율적 사용이 가능할 정도로 업무의 전(前)처리 과정이 단축되고 수월해졌다. 단언컨대 이런 경험에 노출이 잦았던 직장인일수록, 즉 AI 솔루션 활용에 대한 경험치가 누적된 직장인일수

> *** 프롬프트(Prompt)란?**
> 사용자가 입력하는 명령이나 질문을 나타내는 용어로, 생성형 인공지능에 질문하거나 제시하는 문장을 말한다. 음악을 생성하고, 그림을 그려주고, 레시피와 여행 경로를 알려 달라고 하는 모든 문장으로, 로봇에게 음성으로 명령하고, 스마트 홈 전자 기기를 원하는 대로 조종하는 지시어까지 모두 포함한다.
> 출처: 챗GPT 검색 결과

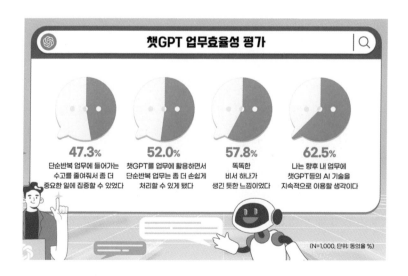

록 업무의 전문성과 완성도는 높을 수밖에 없을 것이다. 업무 수행 측면에서 차원이 다른 새로운 기술을 경험하고 있는 직장인들은, '내가 가진 그 이상의 능력을 갖춘' 똑똑한 비서가 더 나은 퀄리티의 내용을 빠른 시간 안에 검색해주고, 채워주고, 알려주고 있다는 것을 눈앞의 현실로 깨닫고 있다.[4] 이제는 정말 마음만 먹으면 누구나 프로 일잘러가 될 수 있는 시대가, 진짜 오고야 말았다.

AI가 불러온 노동시장 반전 효과, 〞
○○○○ 소멸?

전방위적으로 AI 기술이 업무 영역에 투입되면서 개인의 업무 효율성이 높아지고, 직장 환경에서의 질서와 기준도 시시각각 달라지고 있다. 그렇다면 이러한 변화는, 과연 직장 환경에서 어떤 기대 효과를 창출할 수 있을까? 예상해볼 수 있는 합리적 가설 한 가지는 위계 서열의 권력 거리가 큰 한국 직장 문화에서 '편향'의 문제를 조금은 수그러들게 하는 효과를 기대해봄 직하다. 이른바, '마태 효과(Matthew Effect)'의 소멸이다. 마태 효과는 미국의 과학사회학자 로버트 머튼(Robert Merton)이 1969년 주창한 개념으로, 무명 과학자가 저명한 과학자와 비슷한 연구 성과를 내도 연구비 지원은 저명한 과학자가 많이 받는 현상을 의미한다. "무릇 있는 자는 더욱 받아 풍족하게 되고, 없는 자는 있는 것까지도 빼앗기리라(Whoever who has will be given more, and he will have an abundance. Whoever does not have, even what he has will be taken from him)"라는 마태복음 구절에 빗댄 용어로, 부자는 더욱 부유해지고 빈자는 더욱 가난해진다는 '부익부 빈익빈' 현상을 뜻한다.[5] 쉽게 말해 빽 없고 돈 없는 사람이 불이익을 받게 되는 불평등·불공정 이슈라 할 수 있겠다. 그런데 최근, 한국 사회에 AI 기술 발달로 예상치 않은(?) 득(得)을 본 사례가 자주 회자되고 있다. 방영 프로그램(예: 〈최강야구〉)의 인기 때문일 수 있지만, 바로 '야구계' 사례다.

유독 2024년은 야구계에 '영건(young gun, 기대주)'의 활약이 돋보인 해였고, 스포츠 전문가들은 하나같이 2024 시즌 '세계 최초'로 한국 야구 경기에 도입한 자동 볼 판정 시스템(ABS)이 이 같은 결과를 가져온 것이라고 입을 모은다. 심판이 유명 선수에게 유리한 방향(스트라이크)으로 판정하고 무명 선수에게는 불리한 방향(볼)을 판정할 가능성이 높지만, ABS는 어떤 선수가 베테랑인지 신인인지를 알 수 없기 때문에 유명 선수에게 유리하게 판정하는 '편향'이 발생하지 않는다는 논리다.[6] 역으로 설명하면 실력을 검증할 데이터도 없고 이름값도 없는 '젊은 신인 선수'에게 오히려 공정한 판정의 기회가 더 많이 있을 수 있다는 뜻이다. 이 같은 원리를 최근 AI 솔루션이 도입되기 시작한 한국의 직장 환경에 대입해 보면 동일한 성과를 내도 성별, 나이, 학벌 등에서 불리한 위치에 있던 사람들이 상대적으로 좀 더

■ 출처: KBS 뉴스광장

후한 평가를 받을 가능성이 높아졌음을 시사한다. AI 기술이 정말 평가에 덜 편향적인가에 대해선 연구가 좀 더 필요하겠지만, 적어도 사람의 '편향'과 '편견'으로 인한 판단(판정) 문제는 감소할 가능성이 있어 보인다.

혼미해지는 일의 정체성, " 그리고 불안함

자, 그런데 여기까지다. AI 기술로 효율성은 물론 공정성과 객관성이 담보되고는 있지만, '그것'만 보장되는 사회적 분위기로 지금 많은 직장인들은 적지 않은 심리적 불안을 겪고 있다. 야구계도 편파 판정을 잠재울 수 있는 거의 유일하고 공정한 대안으로 ABS를 고려하고 있지만, 사실 여기서 우리가 간과한 팩트 한 가지가 있다. 바로 직업적인 면에서의 '심판의 중요성과 존재 가치'다. 공정성과 객관성'만' 부각되다 보면 이제는 AI가 판정했으니 무조건 맞다/옳다는 기준이 생길 수 있다. 그리고 심판의 판정은 '불필요한 정보', 나아가 심판이란 직업 자체가 '불필요한 존재'로 여겨질 수 있다. 경기의 공정성과 규칙 준수를 보장하는 권위자의 상징이자 정의와 객관성을 대표하며 선수와 관중에게 신뢰를 심어주던 '심판'의 자리가 무너지고 있는 것이다. 이 불안한 가설이, 지금 현재 노동시장의 직장인들에게 결정적 국면이 되고 있고, 우리 모두가 일하는 직장에도 강력한 영향력을 행사하고 있다. 직장인들은 그 어느 때보다 AI

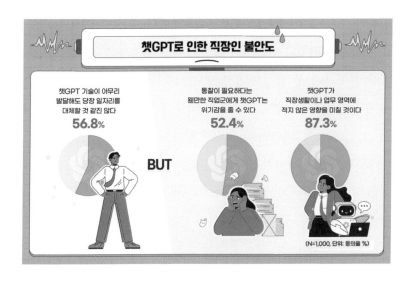

기술 발달로 본인의 일의 대한 중요도가 낮아지고, 직업(業) 자체가 대체될지도 모른다는 불안감에 휩싸여 있다. 실제 직장인의 87.3%는 직장 생활이나 업무 영역에 챗GPT가 적지 않은 영향을 끼칠 것이라 예상하고 있었고, 기술이 발달해도 당장은 일자리를 대체할 것 같지 않지만 통찰이 필요하다는 웬만한 직업군에 챗GPT가 위기감을 줄 수 있다고 평가하고 있었다.[7] 저학력이나 중간 소득 근로자의 일자리에만 영향을 끼칠 것이란 예상과 달리, 이제는 의사나 변호사, 회계사 등 고소득 전문직 종사자들도 예외가 아닐 수 있다는 전망이 제기되면서 직장인들의 불안도는 점점 더 가중되고 있다.

그렇다면 이러한 불안감, 과연 어떤 직장인이 유독 가장 크게 느끼고 있을까? 모르긴 몰라도 일선에서 변화하는 기술에 적응하기 위해 다양한 노력을 하거나, 스스로가 지난 몇십 년 동안 열심히 해왔던 일을 1~2분 만에 완성해내는 현장을 목격(?)한 직장인들의 불안도가 가장 높을 것으로 예상해볼 수 있다. 바로 40~50대 이상의 관리자급들이다. 연공서열 기준과 직급 체계가 작동하는 한국의 직장 문화 특성상 40~50대 이상 관리자들은 그동안 대부분의 일을 구성원들에게 위임하고 중요한 의사 결정에 힘을 쏟았을 가능성이 높다. 이들이 '기술'을 이용해서 업무를 수행할 가능성은 생각보다 낮고, 때문에 기술적 변화의 실체를 직면할 기회는 그리 많지 않았을 수 있다. 하지만 기술 가속화를 체감할 접점의 기회가 낮을수록 생소한 경험은 문화적·심리적 충격으로 다가올 수 있다. 실제로 40~50대 이상의 관리자급 응답자들은 챗GPT 덕분에 주변 사람들의 도움을 받는 일도, 주변인의 도움 없이도 혼자서 업무를 할 수 있게 됐다고 평가하고 있었지만(굳이 주변 사람들한테 물어보지 않아도 챗GPT 등으로 해결 가능해서 편하다—20대 39.2%, 30대 34.0%, 40대 36.8%, 50대 53.6%), 며칠 동안 고민했던 것을 챗GPT가 단숨에 해내는 것

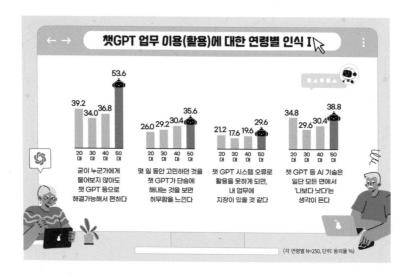

챗GPT 업무 이용(활용)에 대한 연령별 인식 I

	20대	30대	40대	50대
굳이 누군가에게 물어보지 않아도 챗 GPT 등으로 해결 가능해서 편하다	39.2	34.0	36.8	53.6
몇 일 동안 고민하던 것을 챗 GPT가 단숨에 해내는 것을 보면 허무함을 느낀다	26.0	29.2	30.4	35.6
챗 GPT 시스템 오류로 활용을 못하게 되면, 내 업무에 지장이 있을 것 같다	21.2	17.6	19.6	29.6
챗 GPT 등 AI 기술은 일단 모든 면에서 '나보다 낫다'는 생각이 든다	34.8	29.6	30.4	38.8

(각 연령별 N=250, 단위: 동의율 %)

을 보고 허무함을 느끼고 자존감이 낮아지는 느낌(20대 19.6%, 30대 14.4%, 40대 24.0%, 50대 24.8%)을 동시에 경험하고 있었다.[8] 자칫 시스템 에러로 챗GPT를 사용 못 하게 되면 업무에 지장이 있을 것 같고 내 실력이 들통날지도 모른다는 긴장감은 물론 결국에는 내가 아닌 다른 누구든 내 업무를 대신할 수도 있겠다(20대 28.0%, 30대 32.8%, 40대 32.0%, 50대 37.2%)[9]라는 자조적 감정 역시 상대적으로 이들이 좀 더 많이 느끼고 있었다. 챗GPT 기술이 혁신적이고 업무에 상당한 도움이 된다는 것을 인지하고는 있지만, 바로 이 사실 때문에 스스로의 업(業)에 대한 정체성과 직장 내에서의 존재 가치, 그리고 대체 가능성에 대한 불안도를 동시다발적으로 경험하는 당사자는, 바로 40~50대 중견 직장인들이다.

그렇다면 2030 젊은 직장인들은 어떨까? 이들 세대는 태생 자체가 디지털 네이티브(Digital Native)로, 웬만한 디지털과 관련한 정보·실력을 갖추고 있고, 관련 기기들 역시 능숙하게 다루며 활용할 줄 아는 세대다. 챗GPT가 세계 경제 지형을 바꿀 만큼의 획기적 신기술로 평가받고 있지만, 이미 이들 세대 2명 중 1명은 챗GPT 이용(활용)이 능숙한 편이라고 평가할 정도로 숙련도는 꽤 높은 상황이다(챗GPT 능숙도-20대 52.8%, 30대 43.6%, 40대 44.8%, 50대 38.4%)[10]. 그렇다 보니 챗GPT로 인한 직무 대체 가능성에 대해 불안함이나 위기감보다는, 챗GPT로 업무 역량이 높아져 오히려 비밀 병기 챗GPT 이용을 '굳이' 오픈하고 싶지 않을 만큼 업무 생산성 측면에 도움을 받고 있다고 느끼고 있었다. 챗GPT 덕분에 삶의 질이 개선된 것 같다고 느끼는 세대 역시 이들이었다(챗GPT 이용(활용)으로 확

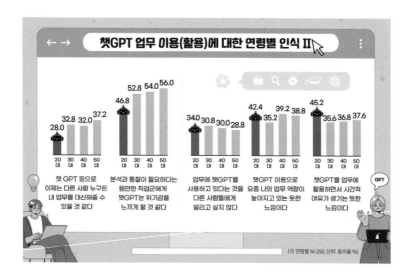

챗GPT 업무 이용(활용)에 대한 연령별 인식 II

	20대	30대	40대	50대
챗 GPT 등으로 이제는 다른 사람 누구든 내 업무를 대신해줄 수 있을 것 같다	28.0	32.8	32.0	37.2
분석과 통찰이 필요하다는 웬만한 직업군에게 챗GPT는 위기감을 느끼게 할 것 같다	46.8	52.8	54.0	56.0
업무에 챗GPT를 사용하고 있다는 것을 다른 사람들에게 알리고 싶지 않다	34.0	30.8	30.0	28.8
챗GPT 이용으로 요즘 나의 업무 역량이 높아지고 있는 듯한 느낌이다	42.4	35.2	39.2	38.8
챗GPT를 업무에 활용하면서 시간적 여유가 생기는 듯한 느낌이다	45.2	35.6	36.8	37.6

(각 연령별 N=250, 단위: 동의율 %)

실히 삶의 질이 좀 나아진 듯한 느낌을 받는다—20대 49.2%, 30대 39.2%, 40대 38.0%, 50대 38.8%).[11] 많은 돈과 시간을 들이지 않고도 나의 역량을 드러낼 기회를 제공해주는 챗GPT를, 지금의 2030 젊은 직장인들은 마다할 이유가 없는 상황이다.

문제는 앞으로다. 직장 업무 환경에서의 챗GPT AI 기술 적용이 속도전에 이를 만큼 가속화되고 있기 때문에 '빠른 시간' 내에 '업무의 완성도'라는 이 두 마리 토끼를 잡기 위해선 지속적인 학습이 필수적이다. 꼭 필요한 핵심 정보와 노하우를 '적시에' 신속하게 습득하는 능력도 요구된다. 이렇게 되면 일의 '의미'를 찾는 과정보다 일의 '완료'를 목표로 한 기계적 학습이 좀 더 우선시되고, 보다 더 중요해질 수 있다. 아마도 그동안의 디지털 변혁의 시기를 온몸으로 학습하고 자란 태생적 디지털 세대인 2030 직장인들은 이 사실을 누구보다 잘 캐치하고 있을 확률이 높다. 그리고 지속적으로 새로운 기술을 학습해야 한다는 압박감과, 기술 활용을 잘하는 동료들과의 경쟁에서 뒤처지지 않아야 한다는 심적 부담감이 다른 세대보다 좀 더 두드러질 가능성이 있다. 그래서일까? 2030 젊은 직장인들은 이제는 업무에 챗GPT 등을 무조건적으로 활용할 줄 알아야 한다는 당위성(20대 41.2%, 30대 42.0%, 40대 43.6%, 50대 57.6%)[12]을 의외로 낮게 평가할 만큼, 새로운 기술 사용과 불가피한 필요성에 대한 스트레스를 간접적으로 표출하고 있었다. 업무를 잘 해내야 한다는 의지보다는 그저 실수만 하지 않으면 내 일을 잘하는 것이라고 스스로를 다독이는 경우가 점점 더 많아지고 있다(주어진 일(업무)에서 실수만 하지 않으면 일을 잘하는 것이라 생각한다-20대 78.5%, 30대 72.0%, 40대 68.0%, 50대 60.0%, 60대 63.5%).[13]

정리하면 직장 업무 환경에 챗GPT AI 기술을 도입함으로써 야기되는 심리적 불안도는 '명분'과 '직면한 사유'가 다를 뿐 직장인 누구도 피해 갈 수 없는 과제가 됐다. AI 기술이 결과물 산출을 도와주는 그저 그런 생산성 도구일 뿐이라고는 하나 그로 인해 스스로가 일을 해냈다는 '성취감'의 경험이나 '대체 불가'의 존재 가치를 깨닫는 기회는, 앞으로 줄어들거나 희소해질 가능성이 있다. 때문에 지금 직장인들은 그 어떤 때보다 개인 스스로가 하는 일의 '의미'와 '정체성'을 되묻고 있다. '직춘기'란 이름의 난제(難題)가, 또다시 이들을 찾아오고 있다.

직장인들에게 찾아온 그것, "
직춘기

'직춘기'는 직장인과 사춘기의 합성어로, 직장인이 회사 생활에 즐거움과 의미를 느끼지 못하고 방황하는 것을 뜻하는 신조어다.[14] 실제로 마크로밀 엠브레인의 조사 결과를 보면, 직장인 10명 중 7명에 해당하는 65.8%가 직춘기를 경험하는 것으로 나타났고,[15] 이들 중 상당수(73.7%, 동의율)는 이미 다른 사람들도 직춘기를 겪고 있을 것으로 평가할 만큼 최근 들어 '직춘기'를 누구나 겪는 직장 생활의 감정(90.6%, 동의율)으로 인식하는 경우가 많았다.[16] 독특한 점은 직춘기를 느끼는 이유로 '연봉(보상)'이나 '인간관계' 이슈가 많이 거론되긴 했지만, '일에 대한 성취감'이나 '일의 의미'의 부재(不在)를 언급한 비율이 꽤 높았다는 사실이다. 업무를 하면서 성장과 발전의

'직춘기' 경험 이유	연령별				
	20대 (146)	30대 (152)	40대 (136)	50대 (125)	60대 (99)
업무 또는 성과 대비 보상이 만족스럽지 않아서	41.8	49.3	46.3	45.6	45.5
과도한 업무량으로 인해 지쳐서	37.7	32.2	43.4	37.6	29.3
직장 내 인간관계로 인한 스트레스 때문에	45.2	39.5	36.8	48.0	51.5
내가 하는 일에 대한 의미(성취감)를 느낄 수 없어서	44.5	37.5	33.1	32.8	33.3
회사에 대한 애사심이 별로 들지 않아서	39.0	37.5	19.1	17.6	12.1
팀(부서)에 대해 소속감이 별로 들지 않아서	15.8	14.5	11.0	8.8	13.1
스스로의 능력이 부족한 것 같아서	26.7	12.5	17.6	19.2	17.2
회사에서 커리어를 성장시키기에 한계가 있는 것 같아서	32.9	36.8	25.0	20.0	15.2
반복되고 의미 없는 업무에 회의감이 들어서	47.3	41.4	42.6	40.0	39.4
내가 언제나 대체 가능한 인력이라는 생각이 들어서	30.1	23.0	16.9	26.4	11.1

[Base: 직춘기 유경험자, 주요 응답값 제시, Unit: 중복 %]

기회를 갖고 싶고(업무 수행을 통해 개인적인 성장과 발전의 기회를 갖고 싶은 욕구가 있다-20대 80.5%, 30대 72.5%, 40대 74.0%, 50대 72.0%, 60대 82.5%),[17] 업무로부터 가치 있는 성취감을 느끼고 싶지만(나는 업무로부터 가치 있는 성취감을 느끼고 싶은 욕구가 있다-20대 85.0%, 30대 75.5%, 40대 82.0%, 50대 83.5%, 60대 88.0%)[18] 바로 이 점이 충족되지 못했을 때 직장인 상당수는 '직춘기'라는 또 다른 내적 방황기를 겪을 수 있음을 예상해볼 수 있다.

문제는, '성취감'과 '일(業)'의 의미'가 개인이 주도적·능동적으로 하고 싶은 일을 찾을 때 얻을 수 있는 긍정적 경험이라는 점이다. 현재 직장인들에게 이 경험이 부재(不在)한다는 것은, 지금의 직장 생활에서는 개인이 주도적·능동적으로 하고 싶은 일을 찾을 수 없는 상황이 되고 있음을 의미하고, 이러한 직무 환경을 가속화한 챗GPT 등의 AI 기술은 고도화·초고속 발전만이 예견되어 있기 때문에 지금의 상황을 나아지게 할 가능성은 앞으로도 기대하기 어렵다. 혁신적 기술로 '업무의 효율적 완성'이라는 기회를 제공해줬지만, 다른 한편으론 챗GPT 등의 AI 기술은 개개인에게 일의 지식, 체계 등에 대한 이해도를 낮추고 수동적으로 직업 활동에 참여하게 만듦으로써 '성취감', '일의 의미'를 깨닫게 되는 환경을 제한하고 있는 것이다. 이렇게 보면 결국 '직춘기'는 직장인이 느끼고 싶지 않다고 피할 수 있는 단순한 현상의 것이 아니라, 외부적 변수들이 다각도로 변화해야만 극복할 수 있는 구조적 문제임을 알 수 있다. 그리고 이 사안은, 업무 효율성을 극대화하는 AI로의 전환 작업이 전 분야에서 이뤄지고 있는 만큼 민간 기업의 직장인에만 국한된 문제는 아닐 수 있다. 이제 '직춘기'는 특정 조직을 넘어 사회적 문제로 대두될 가능성이 있으며, 바로 이 점이 우리가 어느 때보다 직장 환경의 변화를 주의 깊게 살펴봐야 하는 진짜 이유라 할 수 있겠다.

So what? 🔊
시사점 및 전망

2024년 7월, 통계청은 첨단산업 관련 일부 직종이 2025년부터 국가가 정하는 '표준 직업'에 새롭게 들어가게 됐다고 밝혔다. '표준 직업'이라는 것이 새로 생겨나는 직업과 숫자가 증가하는 직업이 무엇인지 사라지는 직업은 어떤 것인지를 종합적으로 따져 만드는 지표의 결과임을 감안하면, 이는 국내 노동시장의 고용구조에서 '특수직'이 '표준직'으로 변화하는 것을 반영하고 있음을 뜻한다.[19] 그만큼 근로 환경에서의 AI 기술은 일상화되고 있고, 대중화되고 있으며, 현재 진행형이다. 앞으로도 챗GPT는 직장인들에게 자유로운 사용을 가능하게 함으로써 혁신적인 아웃풋을 만들어낼 수 있는 속도를 높여주는 부스터 역할을 하게 될 것이다. 그리고 비즈니스 내외 다방면으로 큰 영향을 끼칠 것이 분명하다. 곧 도래할 이 거대한 변화를, 현재 직장인들은 조금씩 경험하고 있는 중이며 바로 이 과정에서 몇 가지의 유의미한 움직임을 보일 것으로 예상된다.

가장 첫 번째로 예상되는 움직임은 직장인의 '체감형 자기 성장' 니즈가 크게 높아질 것이라는 점이다. 근무 환경에 챗GPT AI 기술이 도입되면서 직장인 개개인은 문제 해결 능력을 발휘할 기회가 점점 줄어들고, 자신들이 업무에 의미 있는 기여를 하고 있다는 느낌은 덜 받으며, 자신의 역할이 축소되고 불필요하게 느껴지는, 한마디로 성취감을 저해하는 다양한 상황에 직면하고 있다. 이렇게 상시적 변화가 일상적으로 발생하고, 그로 인한 불확실성이 높아질수록 개개인은 미래를 안정적으로 준비하기 위해 자기 성장에 대한 관심을 쏟을 수밖에 없다. 그것만이 거대한 변화의 파고에 대비할 수 있는 유일한 개인 차원의 대응책이기 때문이다. 실제로 현재 직장인들은 직장에서의 무기력을 탈피하고 기왕지사 직장에서 일을 하는 것이라면 좀 더 실질적이고 의미 있는 일을 하고 싶다는 의향을 밝힐 만큼 자기 성장에 대한 동기부여 욕구가 매우 뚜렷한 모습을 보였다(나는 기왕에 회사에서 일을 하는 것이면 좀 더 실질적이고 의미 있는 일을 하고 싶다―20대 79.0%, 30대 74.5%, 40대 80.0%, 50대 79.5%, 60대 88.0%).[20] 성장 가능성이 있다고 느끼는 일, 동기부여가 되는 일, 인정받을 수 있는 일에 대한 관심이 매우 높은 상황으로, 이런 맥락에서 주목해야 할 흐름은 성취감을 '직접' 맛보려는 움직임, 바로 일한 만큼의 경제적 대가와 성취감을 바로 체감할 수 있는 '육체노동(기술직)'으로의 이탈 현상이다. 특히 현재 하고 있는 일에서의 자존감 저하를 겪는 2030 젊은 직장인이(나는 내가 하고 있는 일을 통해 자존감이 높아짐을 느낀다―20대 39.5%, 30대 45.5%, 40대 50.0%, 50대 51.5%, 60대 69.5%)[21] 육체노동에 대해 지금까지 갖고 있던 사회적 편견과 달리 다른 세대와 유사하게 직접 땀을 내며 일하는 사람들을 대단하게 생각하고 있다는 사실에 주목할 필요가 있다(나는 요즘 직접 땀을 내며 일하는 사람들이 부쩍 대단하다는 생각이 든다—20대 71.0%, 30대 74.5%, 40대 69.5%, 50대 73.0%, 60대 71.0%).[22]

최근 한국산업인력공단이 발간한 국가기술자격 정보집《자격Q》에 따르면, 지난 5년간 건설 기술직 지원자는 약 42.5% 늘었으며, 이 중 2030세대가 차지하는 비중이 47%일 정도로[23] 젊은 층을 중심으로 육체노동을 하는 '블루칼라' 직종에 대한 관심이 높아지고 있다. 블루칼라 일자리 내 기술 숙련도 및 분야에 따른 소득 양극화 문제는 여전히 해결해야 할 과제로 남아 있지만, '현장 기술직은 춥고 힘들다'는 편견을 깨고 이 직종에 대한 젊은 층의 관심이 증가하는 현상은 분명 우리에게 시사하는 바가 크다. 구직난과 취업시장의 불안정성이 이러한 현상의 주요 원인일 수 있지만, 노력한 만큼

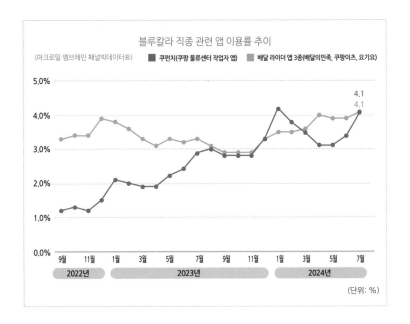

블루칼라 직종 관련 앱 이용률 추이

(마크로밀 엠브레인 패널빅데이터®) ■ 쿠펀치(쿠팡 물류센터 작업자 앱) ■ 배달 라이더 앱 3종(배달의민족, 쿠팡이츠, 요기요)

(단위: %)

결과가 눈에 보여 '성취감'과 '자부심'을 느낄 수 있다는 바로 그 점이 젊은 층의 선택에 적지 않은 영향을 끼쳤을 가능성이 있기 때문이다. 실제로 노동계 전문가들은 기존의 '좋은 직장'이 더 이상 높은 임금과 안정성을 보장하지 않음에 따라, 젊은 세대가 일한 만큼 보상을 직접적으로 체감하며 성취감을 제공하는 이 분야로 실리적 선택을 하고 있다고 분석한다. 최근 연예인들이 환경미화원, 프레시 매니저(일명 '야쿠르트 아줌마'), 신문 배달원 등에 도전하는 영상이 공개되면서 이 분야에 지원하는 젊은 세대가 많아지고 있을 만큼 주목받는 블루칼라 업종도 점점 더 다양해지고 있다.[24] 예전과 달리 이러한 직업들이 매력적인 선택지가 되고 있는 현상은, 향후 노동의 가치와 직업 선택에 대한 새로운 기준 제시 측면에서도 반드시 주목할 필요가 있어 보인다.

한편 이와 유사한 맥락에서 예상되는 또 다른 흐름은 성장 가치가 중요한 2030 청년 세대를 중심으로 취업 대신 '창업'을 선택하거나 퇴직 후 '창업'을 결심하는 사람들이 늘어날 것이라는 점이다. 이미 2024년 초 추산된 청년층 창업 비율은 경기 불황과 불확실성이 고조된 상황에서도 전년 대비 23.4% 증가한 1951개로 역대 최대치를 기록한 바 있다. 이러한 창업 열풍은 대기업이나 중소기업에 신입으로 들어가 일하기보다 자기가 원하는 일을 하고 싶어 하는 청년 세대의 성향이 반영된 것이라는 전문가 의견이 많다.[25] 하

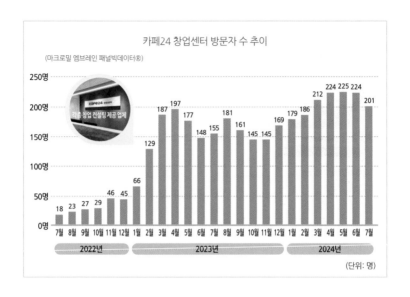

카페24 창업센터 방문자 수 추이

(마크로밀 엠브레인 패널빅데이터®)

(단위: 명)

2022년 / 2023년 / 2024년

지만 좀 더 주목할 필요가 있는 점은 입사 전(前) 창업보다 입사 후 (後) 창업·퇴사 비율이 늘어날 가능성이다. 성장 가치가 중요한 2030 젊은 직장인들에게 조직에서 '나의 성장 가치를 높일 수 있는 가?', '성장할 수 있는가?'는 대단히 중요한 사안이 될 수 있다. 하지만 지금까지 살펴본 것처럼 현(現) 직장 근무 환경에서 이들이 성장 가치를 체감할 기회는 점점 더 줄어들고 있다(나는 내가 하고 있는 일에 대해 자부심을 느낀다—20대 49.0%, 30대 54.0%, 40대 60.0%, 50대 64.0%, 60대 80.5%).[26] 때마침 달라진 직업관으로 블루칼라에 대한 관심도가 높아지는 만큼 직장 내 성장 가치 사안이 해결되지 않고 문제가 있다고 판단될 경우, 이들은 과감히 퇴직을 결심하거나 창업 계획을 세우는 경우가 앞으로 더욱 늘어날 가능성이 있다. 지금 이들에게 (초불확실성의 경제 상황에도) 직업과 직장 생활의 안정성은

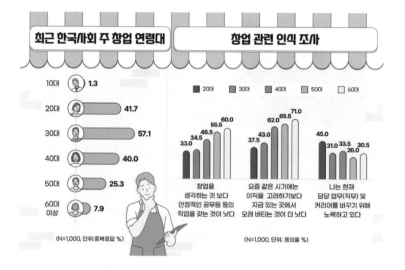

최근 한국사회 주 창업 연령대

연령대	값
10대	1.3
20대	41.7
30대	57.1
40대	40.0
50대	25.3
60대 이상	7.9

(N=1,000, 단위:중복응답 %)

창업 관련 인식 조사

■ 20대 ■ 30대 ■ 40대 ■ 50대 □ 60대

	20대	30대	40대	50대	60대
창업을 생각하는 것 보다 안정적인 공무원 등의 직업을 갖는 것이 낫다	33.0	34.5	46.5	55.5	60.0
요즘 같은 시기에는 이직을 고려하기보다 지금 있는 곳에서 오래 버티는 것이 더 낫다	37.5	43.0	62.0	65.5	71.0
나는 현재 담당 업무(직무) 및 커리어를 바꾸기 위해 노력하고 있다	45.0	31.0	33.5	26.0	30.5

(N=1,000, 단위: 동의율 %)

중요한 고려 요인이 아니며,[27] 실제로 젊은 직장인들은 현재 자신의 담당 업무(직무) 및 커리어를 바꾸기 위해 부단한 노력을 기울이고 있는 중이다.[28]

세 번째로 예상되는 직업 환경의 변화는 창업과 이직·퇴사의 지속적 증가가 전망되는 맥락에서 직장 내(內) '인적 자본'의 가치 및 중요성이 부각될 것이라는 점이다. 최근 몇 년간 창업·이직·퇴사율의 지속적 증가는 직장 환경에 많은 변화를 가져오고 있는데, 그중 가장 주목할 만한 변화는 자본이나 기술이 아닌 '직원 개개인의 전문성·진정성'이 기업의 운명을 좌우할 결정적 요소로 부상하고 있다는 점이다. 2024년 상반기, SNS상에는 커다란 고무 대야에 자갈을 쏟아붓고 박박 닦는 '온양석산 김 대리' 영상이 큰 화제가 된 적이 있다. 그는 부동산 경기 악화로 회사의 주력 제품인 조경석 매출이 줄어들자 회사를 홍보하기 위해 무려 2년 전부터 인스타그램 릴

스 영상을 찍어 올렸다고 전해진다. 원래 온양석산의 돌(조경석)은 일반인 구매가 어려운 상품이지만 영상을 접한 네티즌들이 '반려돌 상품'이라는 번뜩이는 아이디어를 제공해주면서 경제난으로 어려웠던 이 회사는 다시금 기사회생할 수 있는 기회를 얻게 됐다. 한마디로 한 직원의 진정성이 회사의 분위기와 생사를 반전시킨 기폭제가 된 셈이다. 네티즌 역시 이 영상의 인기 배경으로 자신이 하고 있는 일(業)에 대한 애정과 자부심을 드러낸 김 대리의 '진정성'을 꼽는다.[29]

이 사례는 단순히 '진정성'이 개인 차원의 관심사로 끝나는 것이 아니라 전체 조직에 긍정적인 영향을 끼치고 회사의 재도약으로 이어질 가능성이 있음을 보여준다. 그리고 우리에게 기업의 성공에는 자본이나 기술 그 이상의 무엇이 있음을 상기시켜준다. 최근 다양한 산업 분야에서 자사 임직원을 활용한 임플로이언서(임플로이(employee)와 인플루언서(influencer)의 합성어) 마케팅에 공을 들이는 이유도 사실은 이와 무관하지 않다. 유명 연예인이나 인플루언서보다 직원들이 직접 콘텐츠를 소개하는 것이 훨씬 더 대중 소비자들에게 친근하고 진정성을 느끼게 해주기 때문이다. 지금처럼 AI 기술이 직장 내 환경을 변화시키고, 디지털 및 자동화 시스템으로 수행 퀄리티나 매칭 아웃풋에만 급급할수록 인적 자본, 즉 직원 개개인의 진정성은 기업의 지속 가능한 성공을 가능하게 하는 핵심 요소로 부각될 가능성이 있다. 인적 자본은 더 이상 부차적인 요소가 아닌 기업의 핵심 경쟁력이고 자산이며, 이러한 인식은 앞으로 더욱더 뾰족해질 것으로 전망된다.

마지막으로 예상되는 변화는 개인, 그리고 조직의 '바이브 워크(Vibe Work)' 필요성이 본격적으로 대두될 가능성이 높다는 점이다. 이는 직장 내 AI 기술 도입으로 인해 의도치 않게 직춘기를 겪고 있는 수많은 현(現) 직장인들의 치유 목적에서라도 그 필요성이 더욱 부각될 것으로 보인다. AI 기술로 일에서의 정체성이 혼미해진 직장인들의 '직춘기' 이슈는 단순히 직무 만족도 저하 차원을 넘어 개인과 조직 전반에 영향을 끼치는 중요한 변수가 될 수 있다. 직춘기를 겪는 직장인은 그렇지 않은 직장인에 비해 업무에 대한 에너지나 열정(열의), 직업적 가치를 찾기 위한 노력 모두 상대적으로 낮은 편인데(현재 하고 있는 일(업무)에서 에너지를 느끼고 있다 - 직춘기 유경험자 47.1%, 직춘기 무경험자 70.2%),[30] 이는 결국 생산성 저하로 이어져 기업의 효율성을 떨어뜨리는 문제를 야기할 수 있기 때문이다. 따라서 개인이나 조직 모두 이를 극복하기 위한 새로운 대안이 필요한 상황이며, 그중 하나가 바로 바이브 워크다.

'바이브 워크'는 감정(Vibe)적 웰빙과 유연한 근무 환경으로 생산성과 직무 만족도를 높이는 근로 환경을 의미한다. 쉽게 말해 직원이 존중받고 자신의 역할을 중요하게 느낄 수 있는 '직장 분위기', 그리고 '조직 문화'를 뜻한다. 많은 기업이 건강하고 유연한 조직을 만들기 위해 비용과 공수를 들여 조직 건강도나 직원 만족도 등을 진단하고 하이브리드 워크 등의 근무 시스템을 도입하고 있지만, 여전히 상당수의 직장인들은 직장(조직)에서의 감정 표현을 최대한 자제하고 필터링하고 있다(72.4%, 동의율).[31] 이유는 분명하다. 침묵을 지켜야 '안전'을 도모할 수 있다는 '심리적 안정'을 본능적으로 추구하기 때문이다. '안정하다'는 것은 변동이 없다는 뜻으로 '불안에 적응하는 것'을 가리킨다.[32] 물론 지금까지는 이 전략, 매우 유효했을 수 있다. 하지만 챗GPT 등장으로 숙련된 기술과 고도화된 업무 능력을 요구하고, 업무 환경의 변화 속도가 급속화되는 지금과 같은 상황에서는 더는 기존과 같은 안정성을 기대하기 어렵다. 오히려 변동성이 야기하는 불확실성과 외부 변수를 시시각각 방어해야 하는 불안한 상황이 더욱 커졌다. 지금은, 불안에 적응하려는 노력보다 이 불안 요소로부터 보호받을 수 있다는 믿음이 필요하다. 조직(직장)에서 실패를 해도 실패자로 낙인 찍히지 않을 것이라는 생각, 솔직하게 행동하고 말해도 피해를 받거나 상처받지 않을 거라는 공유된 믿음, 즉 '심리적 안전'이다.

심리적 안전감이 존재하는 조직의 직원들은 솔직하게 아이디어를 제시했을 때 겪을 수도 있는 사람들과의 갈등을 기꺼이 감당할 수 있다고 생각한다. 심리적 안전감을 가진 직원들은 아이디어가 잠재적으로 위협이 되고 틀린 것이 되는 것보다 움츠러들어서 아이디어를 완전히 제시하지 않는 것을 더 두렵게 느낀다. 다시 말해 잠재적으로 민감하고 위협적이고 틀릴 수도 있는 아이디어도 '얼마든지' 제시해도 되는 문화를 만든 조직은 보상에 한 걸음 더 성큼 다가갈 수가 있다.

세달 닐리, 《AI 나를 위해 일하게 하라》, p.236

'심리적 안전'을 담보하는 바이브 워크 조직 문화도 중요하지만 앞으로는 개인 스스로가 조직의 습성과 조직 문화의 이해를 위한 적극적인 노력도 필요할 것으로 보인다. 사실 직장인들이 직면하는 가장 큰 어려움 중 하나는 바로 '사내의 인간관계'다. 분명히 상식선에서의 이해, 소통이 불가한 인간 유형이 어떤 회사에나 존재한다 (흔히 이들을 '돌아이'라 칭한다). "어딜 가나 있고, 어디서든 꼭 만난다"는 직장 내 절대 불변의 원칙, 이른바 '돌아이 총량의 법칙'이다. 하지만 이 사례를 제외하고 여타의 인간관계를 곰곰이 생각해보면 대개 순수한 자신의 마음을 알아주지 않는 사람들의 시선이 괴로워서, 때로는 믿고 기다린 자신을 끝내 배신한 조직의 선택에 힘들어하는 경우가 많다. 조직이 나를 배신했고 나의 헌신과 희생도 몰라주며 그래서 나는 퇴사한다는 푸념이 직장인의 흔한 리추얼 중 하나다. 하지만 이제는 현실을 직시하고 냉정하게 상황을 파악할 필요가 있어 보인다.

명실상부 회사는 이해관계의 집합체이고, 직장 내 인간관계는 (인정하고 싶지 않지만) 이해관계를 기반으로 한 관계다. 직장에서 만나는 사람들은 '이익'이라는 목표를 함께 이루기 위해 특정한 과정을 거쳐 입사해 만난 사람들이다. 물론 업무를 수행하면서 관계가 돈독해질 수는 있지만, 애초의 만남은 이러한 촘촘한 이해관계가 근저에 깔려 있다. 따라서 냉정하게 말하면 직장 내 인간관계의 어려움은 대개 이러한 이해관계의 조절 실패에서 기인했을 가능성이 크다. 이 같은 이해관계 논리를 염두에 두지 않을 때는 배신이 상처와 뒤끝을 남기는 경우가 많지만, 만약 이것을 전제하고 있다면 오히려 부족하고 갈고닦아야 할 사람은 본인이라는 사실을 깨닫게 된다.[33] 직장에서 인간관계를 잘 유지하고 싶거나 내 옆에 사람들을 붙잡아두고 싶다면, 내가 그들에게 어떤 이익을 느끼게 할 수 있는지를 고민하고, 그 관계를 유지하기 위해 부단한 노력을 기울여야 한다. 일은, 사람이 하는 것이고 직장(조직)은 그런 사람들이 모여 있는 곳이다. 일의 의미를 찾기 위해서는 이 사람들이 모여 있는 조직에서의 그들의 영향을 간과해서는 안 된다. 지금과 같이 AI 대공습이 거세지는 난세(亂世)의 시대, 직장 생활에서의 독고다이와 막연한 침묵은 직춘기를 부추길 뿐이다. 이제는 조직에 집중할 필요가 있으며, 개인 스스로도 이 조직에서 살아남을 수 있는 나름의 '공피고아(攻彼顧我)'*가 필요하다.

> *공피고아(攻彼顧我)란?
> 상대방을 공격하기 전에 먼저 나를 살피고 돌아보라는 의미의 바둑 용어.
> 출처: 네이버 국어사전

조직 생활의 재미는 '같이' 일하는 맛이다. 혼자 일할 때보다 같이 일하면서 도움을 받을 때 즐거움을 느낀다. 일을 통한 학습과 성장 또한 조직 생활이 주는 재미이다. 필요한 지식은 개인이 공부하면 된다. 공부한 지식을 가지고 진짜 문제를 해결하는 과정은 함께 하지 않으면 익히기 힘들다. "일을 하면서 하는 성장이 최고"라고 말하는 이유이다. 성장은 현재 수준보다 좀 더 큰 역할을 하고 책임을 갖는 '기회의 문제'이다. 자신의 기술 수준을 높이는 것은 개인의 책임이지만 성장의 기회를 제공하는 것은 조직의 책임이다. 같이 일하면서 조직이 주는 기회가 자신의 성장으로 연결될 때 조직 생활의 재미를 찾을 수 있다.

이상호,《디지털 초격차 코드 나인》, p.376

#CAIO 직급 등장
#화이트 해러스먼트

독일과 일본의 경제 혁신
관료주의 타파 & AI 물결>>>

최근 독일의 경제 상황이
악화되면서 고질적인 문제
로 여겨졌던 '관료주의'가
경기 침체를 부추겼다는
비판이 잇따르고 있다. 소
규모 기업일수록 관료주의
에 취약하다는 평가가 나
오고 있어, 경제 규모에서

독일 관료주의를 상징하는 서류 폴더
출처: EPA 연합뉴스

중소기업의 비중이 높은 독일 상황이 더욱 심각하게 받아들여지고 있다. 특히, 인공지능(AI) 등 미래의 국력을 좌우하는 핵심 산업에서는 투자, 개발 등 모든 단계에서 '속도'가 생명인데, 독일의 관료주의가 이를 저해하고 있다는 지적이 많다. 과거의 실패 사례로 인해 정부의 개혁에 대한 회의적인 시각이 여전히 존재하지만, 관료주의 타파에 대한 기대감은 점차 높아지고 있는 모습이다.[34]

'도장', '팩스' 등 이른바 아날로그 문화로 대표되는 일본에서도 변화의 조짐이 보이고 있다. 일본 기업을 대상으로 진행한 '기업 IT 이용·활용 동향 조사 2024'에 따르면, 회사 자체적으로 생성형 AI를 도입했거나 도입을 추진 중인 곳이 많았으며, 개인적으로 AI 기술을 업무에 활용하는 경우도 적지 않은 것으로 조사되었다.[35] 전통적인 업무 방식에서 벗어나 효율성과 생산성을 극대화하기 위한 방안을 채택하고 있는 만큼, 향후 일본 비즈니스 환경에 더 큰 변화를 가져올 가능성이 높아 보인다.

새로운 C레벨, 최고AI책임자 도입 확산>>>

기업과 공공 기관 등에서 AI 활용 업무가 증가하면서, AI 사용을 책임·감독하는 'CAIO(Chief AI Officer, 최고인공지능책임자)'라는 새로운 직책이 등장하고 있다. CAIO는 AI 기술을 활용해 업무 효율성을 개선하고, 새로운 수익을 발굴하는 한편, 윤리 문제나 보안 위험 등을 해결하는 업무를 담당한다.[36] 인공지능 책임자의 역할이 대두되고 있는 이유는 최근 AI 규제에 대한 논의가 본격화되면서 AI에 대한 기술적 지식뿐만 아니라 경영전략과 법률 등 조직 전반을 관리할 수 있는 인재가 필요해졌기 때문이다. 또한 AI의 불확실성이나 환각(할루시네이션) 등 위험 요소와 윤리적 논란을 최소화하기 위한 전략이 중요해지면서 개발자나 기술 담당자와는 별개로 AI 리스크를 관리할 전담 인력을 채용하고 있는 추세다.

이에 따라 미국에서는 선물거래위원회(CFTC), 법무부 등에서 '최고AI책임자'라는 직책을 신설하고, 보다 전문적으로 AI를 다루고 감독, 점검하는 역할을 강화하고 있다.[37] 의료계와 금융계에서도 CAIO 도입이 활발하게 이루어지고 있으며, 실제로 미국 세계 최대 규모의 비영리 의료 센터, 미국 3대 신용 평가 기관, 법무 법인 등에서도 CAIO를 임명하고 있다. 향후 이와 같은 직책은 더욱 다양한 분야로 확대될 것으로 전망된다.[38]

최고 인공지능 책임자(CAIO) 임명 현황

기관	내용
미국 선물거래 위원회	미 행정부 데이터 책임자 CAIO로 지명
미국 법무부	프린스턴대학 교수 CAIO로 임명
미국 비영리 의료센터 메이요 클리닉	방사선과 의사를 인공지능 책임자로 임명
미국 3대 신용평가 기관 에퀴팩스	CAIO 임명
미국 법무법인 에버셰즈 서더랜드	CAIO 임명

출처: 조선일보

최근 일본 SNS에는 '호와하
라'라는 단어가 화제다. 이
는 '화이트 해러스먼트(White
Harassment)'의 줄임말로, '착
한 갑질'을 뜻한다. 예를 들
어, 직장 후배에게 "너무 열
심히 안 해도 된다", "내가

'호와하라' 장면으로 화제가 된 일본 TBS 드라마
'나인(9) 보더'
출처: TBS

할 테니 먼저 퇴근하라"면서 업무 부담을 덜어주려는 행위를 말하
는데, 겉보기에는 후배를 위한 상사의 다정한 배려처럼 보이지만,
오히려 이런 행동이 사회 초년생들이 직장에서 성장할 기회를 뺏을
수 있다는 지적에서 탄생한 신조어다. 이는 최근 일본에서 방영된
드라마 〈나인(9) 보더〉에서 퇴근 시간이 다 되어도 일을 마치지 못
한 후배에게 선배가 "내가 할 테니 야근하지 말라"며 귀가를 권유하
자, 다른 상사가 "후배들이 성장할 기회를 빼앗는 것"이라고 질책하
는 장면이 등장하며 화제가 됐다.[39] 드라마 방영 이후 일본 직장인
들 사이에서는 이러한 행동이 정말 '갑질'인지에 대해 논쟁이 벌어
졌다. 많은 사람들이 "의도적이든 아니든 후배의 업무 경험을 빼앗
은 것은 사실"이라며, 상사의 배려가 오히려 후배의 성장과 몰입을
저해할 수 있다는 지적을 제기했다. 또한 "실제로는 일 가르치기가
귀찮아서 그러는 것 아니냐"는 등의 비판이 쏟아지기도 했다.[40]

창업 선택하는
청년들>>>

최근 미국인을 중심으로 상사 눈치를 보는 샐러리맨보다 독립된 사업가를 선호하는 현상이 뚜렷해지고 있다. 갤럽의 한 조사에 따르면, 직장인이 되고 싶다는 응답이 35%에 그친 반면, 사업기를

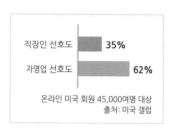

온라인 미국 회원 45,000여명 대상
출처: 미국 갤럽

선택한 비율은 62%에 달한 것으로 나타났다. 미국인들이 상대적으로 위험도가 높은 '사업'을 선호하는 이유로는 '더 많은 돈을 벌기 위해서'(57%)란 응답이 다수를 차지했으며, '근무시간이 유연하다'(44%)는 점이 그 뒤를 이었다.[41] 이는 현대사회에서 개인의 가치관과 직업 선택에 대한 변화가 반영된 결과로 보인다. 일과 삶의 균형 중 '개인의 삶'을 중시하는 문화가 확산되면서 안정적인 직장 생활보다 자신의 능력을 최대한 발휘하고, 인정받을 수 있는 기회를 찾고 있는 것으로 짐작해볼 수 있었다.

　한편 일본에서는 청년들이 공무원을 떠나 외국계 기업이나 창업에 주목하고 있는 것으로 나타났다. 과거 기성세대가 직업의 '안정성'을 추구했다면, 현 일본의 청년 세대는 직업 선택에서 '실력주의와 성장 가능성'을 더 중요하게 생각하는 경향이 두드러지고 있다.[42] 즉, 고강도의 노동을 요구하더라도 빠르게 능력을 쌓아 자신의 가치를 높일 수 있는 직업을 선호하는 것이다. 이러한 성향으로 인해

일본 청년들 사이에서 글로벌 업무 환경과 빠른 승진을 기대할 수 있는 '외국계 기업'이나 자신의 능력을 충분히 발휘해볼 수 있는 '창업'이 주목받고 있는 것으로 해석된다. 실제로 일본 내 신규 창업은 2019년 1265개에서 2023년 4894개로 4년 만에 4배가량 증가했으며,[43] 대기업이나 공무원직을 떠나 창업에 도전하는 청년들의 수가 가파르게 늘고 있는 것으로 나타났다. 도쿄대학 학생들을 대상으로 한 취업 희망 기업 조사에서도 기존 대기업과 공무원 비율은 크게 하락한 반면, 글로벌 테크 기업에 대한 수요가 두드러진 결과를 확인할 수 있었다.[44]

직장인, 외로울수록 업무 몰입도 떨어져>>>

갤럽의 '2024 글로벌 직장 현황 보고서'에 따르면, 전 세계 직장인 5명 중 1명은 일상에서 외로움을 경험하는 것으로 밝혀졌다. 특히, 근무 형태에 따라 직장인이 느끼는 외로움의 정도에 차이를 보이고 있는 점이 주목할 만하다. 원격으로 근무하는 직장인의 25%가 외로움을 느끼고 있었으며, 이는 현장에서 근무하는 직장인보다 9%포인트 높은 수치였다. 원격 근무의 경우 현장 근무에 비해 직장 동료들과 소통할 기회가 적다 보니 상대적으로 외로움을 더 많이 느끼는 것으로 분석된다. 또한, 직장인이 느끼는 외로움의 정도와 '업무 몰입도' 사이에 높은 연관성을 보이고 있었다. 업무 몰입도가 낮은

출처: 게티이미지

직원일수록 외로움을 느끼는 경우가 많았기 때문이다. 갤럽은 "직장에서 자신의 의견이 존중받는다고 느끼거나, 주어진 업무에 최선을 다하고 있다고 생각하는 직원일수록 외로움을 느낄 확률이 낮았다"고 설명했다.[45] 직원의 업무 몰입도가 기업의 생산성과 밀접하게 연관되어 있는 만큼, 향후 기업에서 직장인의 외로움을 관리하는 것이 중요한 과제로 대두될 것으로 예상해볼 수 있다. 직원들이 소통할 수 있는 모임이나 네트워크 형성, 교류의 장을 마련하는 등 외로움이 업무 효율에 끼치는 영향을 최소화하려는 노력이 필요해 보인다.

근로자에게 좋은 일터가 고용주에게도 좋다>>>

최근 직장인들의 '정신 건강' 문제가 기업들의 주요 화두로 떠오르고 있다. 직장인들의 정신 건강 문제가 조직 생산성에 끼치는 영향력이 커지고 있기 때문이다. 건강 및 생명 보험사 바이탈리티의 분석에 따르면,

출처: 게티이미지

영국 근로자들은 정신 건강 문제로 인해 연간 평균 50일을 결근하고 있으며, 이로 인한 영국의 손실액은 자그마치 1380억 파운드(한화 약 245조 원)에 달한다.[46] 또한 맥킨지건강연구소(MHI)는 S&P 중간 규모의 기업들이 행복 지수가 낮은 직원들의 이탈로 인해 연간 2억 2800만~3억 5500만 달러(한화 약 3042억~4736억 원)의 생산성 손실을 보고 있다고 추정했다.[47]

이처럼 근로자들의 정신 건강 문제가 심각해지면서 고용주들이 대책을 마련해야 한다는 목소리가 점차 커지고 있다. 실제로 2024년 열린 다보스포럼에서는 '정신 건강' 문제가 주요 의제로 제기되었다. 건강 및 보건 관련 전문가들은 '노동력의 정신적 복지'가 더욱 중요해짐에 따라, 노동자들의 정신 건강 증진을 위한 노력이 기업의 도덕적 의무를 넘어 생산성, 혁신, 경제적 번영 등 '조직의 성공'을 이끄는 핵심 요소가 되고 있다고 강조했다.[48] 단기적으로는 근로자들의 복지를 개선하는 노력이 장기적인 관점에서 기업의 손실을 줄이는 데 기여할 것이라는 점이 부각되고 있는 모습이다.

생산성 더 높은
하이브리드 근무>>>

코로나19 대유행 이후 출근과 재택근무를 병행하는 '하이브리드 근무'가 전 세계적으로 확대된 가운데 이 방식으로 근무하는 직장인들이 더 행복하고 건강하며, 생산성이 높다는 조사 결과가 나왔다.

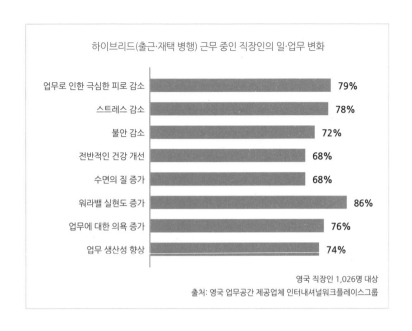

하이브리드(출근·재택 병행) 근무 중인 직장인의 일·업무 변화

업무로 인한 극심한 피로 감소	79%
스트레스 감소	78%
불안 감소	72%
전반적인 건강 개선	68%
수면의 질 증가	68%
워라밸 실현도 증가	86%
업무에 대한 의욕 증가	76%
업무 생산성 향상	74%

영국 직장인 1,026명 대상
출처: 영국 업무공간 제공업체 인터내셔널워크플레이스그룹

영국 《가디언》지가 하이브리드 근무를 하고 있는 영국 직장인을 대상으로 조사한 결과, 출근과 재택근무를 병행하는 것이 생활 습관과 스트레스 수준, 전반적인 웰빙 측면에서 직장인에게 좋은 영향을 주고 있는 것으로 나타났다. 업무로 인한 극심한 피로와 스트레스, 불안이 크게 줄어든 반면, 수면의 질이나 워라밸 등이 개선되었으며 생산성과 직업 만족도에도 긍정적인 변화를 가져왔다는 평가가 많았기 때문이다.[49] 또한 스탠퍼드대학교 경제학 교수가 중국의 기술 기업 직원을 대상으로 한 연구에서도 하이브리드 근무가 직무 만족도와 직원 유지율을 높인 것으로 밝혀졌다. 특히 여성과 비관리자 직군, 통근 시간이 긴 직원들의 퇴사율이 눈에 띄게 감소한 것으로 나타났다.[50]

인재 확보를 위한
'단시간 정사원' 제도>>>

인재 확보가 어려운 일본 내 중소기업들이 '단시간 정사원' 제도에 주목하고 있다. '단시간 정사원'이란, 풀

단시간 정사원을 원하는 일본 중소기업과 구직자를 중개하는 사이트
출처: 週2正社員サポートサイト

타임 정사원과는 근무시간만 다를 뿐, 시간당 기본급, 보너스, 복지 등에서 정사원과 동일한 대우를 받는 사원을 말한다. 일본 효고현 아시야시의 한 기업이 단시간 정사원을 고용한 것으로 알려졌는데, 직원들은 "육아 문제로 회사에 매일 출근하는 정규직으로 일할 수 없었는데, 일주일에 하루만 출근하는 형태로 일하게 되면서 육아에도 집중할 수 있었다"며 "정사원으로 사회보험까지 들게 된 건 정말 감사한 일인 만큼 열심히 일하자는 생각을 하게 됐다"고 만족감을 드러냈다.[51] 단시간 정사원 제도는 풀타임 근무가 어려운 사람들에게 유연한 근무 환경을 제공함으로써, 결과적으로는 노동력이 부족한 기업이 인재를 확보할 수 있는 여건을 마련해준다. 오사카에서 열린 단시간 정사원 제도 연구회에 따르면, 해당 제도가 출산 및 육아, 또는 학업 등의 이유로 직원들이 이직하는 것을 막을 뿐만 아니라, 우수한 인재를 확보하는 데도 긍정적인 효과가 있을 것이라고 평가했다.[52]

완전 재택근무 논쟁, 결국 중요한 건 신뢰>>>

코로나19 이후 일본에서 '완전 재택근무'를 제안하는 구인 공고가 늘어나고 있는 가운데, 이와 동시에 부작용도 급증하고 있는 것으로 나타났다. 한 부동산 관련 벤처기업은 완전 재택근무 조건으로 정규직을 모집했으나, 채용 이후 임금과 사회보험 관련 서류를 직원들에게 제공하지 않아 문제가 되었다. 후생노동성 확인 결과, 해당 회사는 이미 해체되어 존재하지 않는 상태였으며, 모든 직원의 임금이 체납된 상황이었다. 반대로, 재택근무로 고용된 직원이 일을 하지 않으면서 임금을 요구하는 사례도 등장했다. 소규모 웹 콘텐츠 제작 회사에서 재택근무를 도입한 후, 신입 직원이 실제로는 일을 하지 않고 자료를 베껴 제출하는 등의 문제를 일으켰다.

이 직원은 결국 자취를 감췄다가 '임금 체불'을 이유로 회사를 신고했고, 회사는 노동기준감독서의 시정 권고에 따라 임금을 지급할 수밖에 없었다.[53] 이러한 사례들은 재택근무 환경에서 신뢰와 책임이 얼마나 중요한지를 여실히 보여준다. 기업과 직원 모두에게 투명하고 철저한 관리 체계가 필수적인 만큼, 신뢰를 바탕으로 한 제도적 보완이 우선적으로 마련될 필요가 있어 보인다.

출처: 게티이미지

'연결되지 않을 권리'
법제화되다 >>>

최근 '연결되지 않을 권리'에 대한 사
회적 관심이 높아지고 있는 가운데,
미국 캘리포니아 주의회에서 퇴근한
직원에게 연락하는 행위를 금지하고
위반 시 1회당 최소 100달러(한화 약
13만 원)의 과태료를 부과하는 법안이
추진되고 있다. 이 법안에 따르면, 캘
리포니아의 모든 고용주는 고용계약
체결 시 근무시간과 휴무 시간을 명

■ 출처: 게티이미지

확히 적시해야 하며, 직원의 '연결되지 않을 권리' 보장을 위한 실행
계획을 수립하고 공개해야 한다. 긴급한 사안이거나 일정 조정을
위해 연락하는 경우를 제외하고, 퇴근한 직원에게 연락하는 행위는
과태료 부과 대상이 될 수 있다. 캘리포니아 주의원은 "스마트폰은
일과 가정생활의 경계를 모호하게 만들었다"며 "근로자들이 24시간
근무에 대한 보상을 받지 않는다면, 연중무휴 근무할 수 없다는 이
유로 불이익을 받아서는 안 된다"고 지적했다.[54]

젊은 층을 중심으로 육체노동을 하는
블루칼라 직종에 대한 관심이 높아지고 있다.
젊은 세대가 실리적 선택을 하고 있다.

AI 시대,
블루칼라의 부상

육체노동 · 인정 투쟁 ·
똑똑하게 질문하는 법

육체노동에 대한 관심 급증, "
대화형 인공지능 때문?

실리콘 총 든 20대 청년 "내 꿈은 노가다 혁명가".[1] 2024년 6월에 실린 한 일간신문의 도발적인 제목이다. 이 기사에 소개된 20대 청년은 7년 차 실리콘 코킹(자재의 이음새를 실리콘 등으로 채우는 일)을 하는 현장직 노동자다. 이 기사가 소개된 직후 해당 SNS 게시물에는 '좋아요'가 5만 6000여 개, 댓글이 1979개[2]가 달리며 순식간에 반응이 올라왔고, 호의적인 댓글과 수많은 응원이 쏟아졌다. 대중들의 이러한 반응이 흥미로운 이유는 바로 1년 전, 《2024 트렌드 모니터》에서 분석한 육체노동에 대한 다수의 부정적인 태도(나는 육체

출처: 김동영 씨 인스타그램, 경향신문

노동을 하지 않아도 되는 삶을 원한다-64.8%)[3]와 정확히 뒤바뀐 트렌드를 보여주고 있기 때문이다. 실제로 최근의 여러 지표들도 '육체노동'에 대한 호감을 가리키고 있다. 최근 20대 취업 준비생을 중심으로 생산직 중심의 육체노동(블루칼라 직종) 직군에 대한 취업 의향은 매우 높았다. 2024년 6월 한 언론사가 발표한 자료에 따르면, 20대 중심의 취업 준비생들 70.3%[4]가 '블루칼라 직업'에 취업 의향을 가지고 있었다. 그리고 10명 중 4명은 주변에 블루칼라 지원자들이 늘어나고 있다는 것을 실제로 체감하는 분위기였다(체감한다-41.8%, 체감하지 않는다-27.9%, 잘 모르겠다-30.4%).[5]

흥미로운 점은 '육체노동'에 대한 관심도 급증이 한국만의 현상이 아니라는 점이다. 중국의 경우 2024년 1분기 25세 미만 청년의 블루칼라 취업 지원자 수가 2019년 대비 165%로 폭발적으로 증가했는데, 이 비율은 해당 연령대의 취업 지원자 수 증가율인 62.4%에 비해 월등히 높은 비율이다.[6]

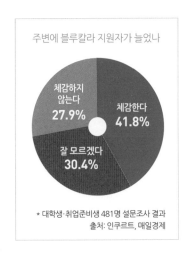

주변에 블루칼라 지원자가 늘었나

체감하지 않는다 27.9%
체감한다 41.8%
잘 모르겠다 30.4%

* 대학생·취업준비생 481명 설문조사 결과
출처: 인쿠르트, 매일경제

미국의 경우에도 양상은 비슷하다. 2023년 전국 학생 정보센터(NSC)에 따르면, 미국에서 직업 훈련 칼리지에 등록한 학생 수는 전년(2022년) 대비 16% 증가했는데, 이 수치는 2018년 이래 가장 높은 수준이라고 알려진다.[7] 또한 2023년 건설 기술을 공부하는 학생 수는 23%, 냉난방 및 차량 유지 기술을 공부하는 학생 수는 각각 7% 증가했다.[8] 첨단 기술의 변화가 분초 단위로 적용되는 현대사회에서 난데없이 육체노동에 대한 관심이 급증한 이유는 뭘까? 이 육체노동에 대한 대중적 관심이 증가한 시기를 보면 추론이 가능하다. 이 같은 갑작스러운 육체노동에 대한 대중적 선호는 바로 '챗GPT(chat GPT)'로 대표되는 대화형 인공지능(AI)이 베타버전(GPT-3.5)으로 등장한 2022년 11월 말 이후의 시기와 정확하게 일치한다.

챗GPT는 등장하자마자 전 세계적인 주목을 받았다. 실제로 GPT-3.5는 출시 두 달 만에 월간 사용자 1억 명을 찍었는데, 이 수치는 그동안 굉장한 성장 속도라고 평가받았던 SNS인 틱톡(TikTok)보다 무려 7개월이나 단축된 기록이었다.[9] 챗GPT에 대한 대중

업그레이드 GPT

GPT-4	
출시	2023년 3월 14일
기능	-문장 인식 및 텍스트 생성 -이미지 인식 및 분석
대표 서비스	챗GPT, 빙(검색 엔진), 이미지 분석 서비스 개발 중
데이터 처리 가능량	회당 2만 5000단어
성능	-미 변호사 시험 298점(상위 10%) -SAT 수학 시험 700점(상위 11%) -미 생물학 올림피아드 87점(상위 1%)

출처: 오픈AI, 조선일보

의 반응이 이처럼 뜨거웠던 것은 단순한 검색엔진이 아니었기 때문이었다. 일반에 공개된 첫 3.5 버전이 미국의 수학능력시험(SAT)의 상위 30% 성적을 받았던 것도 잠시, 3개월 뒤 출시된 GPT-4.0 버전은 미국 변호사 시험을 상위 10%에 해당하는 성적으로 통과했고, SAT 성적도 상위 11%을 받았으며, 미국 생물학 올림피아드에서는 상위 1%의 성적을 받았던 것이다.[10]

챗GPT의 이런 가공할 능력은 이 '검색엔진처럼 생긴', 대화형 인공지능의 활용 차원을 넘어 직업 세계에 두려움을 던졌다. 많은 분야에서 미래에 없어질 직업에 대한 분석이 이어졌다. 챗GPT를 개발한 오픈AI는 미국 전체 일자리의 80%가 챗GPT의 영향을 10% 이상 받게 될 것이며, 대부분의 일자리는 AI 영향으로 (일정 부분) 달라질 수 있다고 조심스럽게 밝혔다.[11] 하지만 많은 전문가들은 보다 과격하고 자극적인 방식으로 직업의 미래를 전망하는 듯하다. 챗GPT로 전 세계 노동인구의 20%가 대체될 것이며,[12] 향후 5년 이내에 지구상에서 4분의 1가량의 직업이 대체될 것이라고 전망한다.[13] 그리고 놀랍게도 이 전망의 핵심에 있는 직업들의 공통점이 회계사, 변호사, 카피라이터 등과 같이 화이트칼라로 비유되는 지식 노동자들이라는 것이다.

실제로 2023년 4월, 한 카피라이터가 회사로부터 명확한 사유 없이 해고를 통보받았는데, 알고 보니 내부 보고에서 "챗GPT를 쓰는 것이 카피라이터에게 돈을 주는 것보다 더 저렴하다"고 언급한 사실이 알려지기도 했다.[14] 여기서 주목해야 하는 점은 익숙하고 다소 반복적일 수 있는 단순 사무 업무가 아니라, 매번 새로운 콘셉트를 기획하고 문장으로 만들어내야 하는 창조적인 작업을 하는 '카피라 이터'라는 직업까지 AI에 의해 위협을 받고 있다는 것이다. 이런 예 측은 2023년 하반기부터 본격적으로 현실이 되고 있는 것으로 보인 다. CNN의 보도에 따르면, 미국의 경우 2022년 11월 GPT가 등장 한 이후 6개월 만에 정보 기술 기업에서 해고된 사람이 16만 4709 명에서 21만 2294명으로 30% 가까이 급증한 것으로 나타났다.[15] 그리고 2023년 하반기부터 대중들은 직업 전망을 볼 때 어떤 직업 이 대화형 인공지능 프로그램에 대체되기 어려운가를 관심 있게 보 기 시작했다. 이와 관련해 매체들은 미국의 사례를 들며 배관공, 용 접공과 같은 숙련된 육체노동자들은 로봇이나 AI가 대체할 수 없는 기술을 갖고 있어 생존 가능성이 높고, 고액 연봉이 가능하다는 점 에서 AI 시대의 대안이 '육체노동'이 될 것이라 보도하기도 했다.[16]

인공지능 시대의 대체 불가능성 관점에서 육체노동에 대한 재평 가는 2024년 현재까지 지속되고 있으며,[17] 전문가들은 세계적인 고 령화 시대에 생산 가능 인력의 축소와 함께 '육체노동의 황금기'가 왔다고 평가하기도 한다.[18]

우리나라에는 " 가짜 노동이 없다?

대화형 인공지능 프로그램의 등장으로 일의 미래에 대한 공포감과 육체노동에 대한 대중의 재평가가 한창인 요즘 직장인들에게 최근

덴마크 인류학자 뇌르마르크
"한국, '가짜노동'에서 벗어나야"
출처: 서울신문

화두가 된 개념이 하나 있다. 바로 '가짜 노동'이다. 이 도발적인 단어는 덴마크의 인류학자이자 컨설턴트, 비평가인 데니스 뇌르마르크가 쓴 책의 제목으로, 이 책은 코로나가 한창이었던 2022년 여름에 출간되었지만, 꼭 1년 뒤인 2023년 8월부터 역주행하기 시작해,[19] 2023년 한 해 동안 10만 부 넘게 팔리면서 사람들에게 회자가 되었다.

저자는 약 100년 전 존 메이너드 케인스의 '노동시간 단축으로 인한 여가 생활의 증가'에 관한 예측을 뒤집는다. 1930년 케인스는 2030년까지 기술 발전으로 인간의 평균 노동시간이 1870년 주당 평균 70시간에서 주 15시간까지 크게 줄어들 것이라고 전망했다. 심지어 이때쯤이면 사람들이 넘치는 여가 시간을 감당하지 못할 것으로 내다봤다.[20] 하지만 《가짜 노동》의 저자는 이 예언이 정확히 빗나가고 있다고 주장한다. 사람들의 육체노동 시간은 실제로 줄어들었지만, 총 노동시간은 줄어들지 않고 오히려 늘어났으며 그 시간을 현대의 사무직이 흡수하고 있다고 분석한다.[21] 그리고 이 사무직의 급격한 증가가 가짜 노동이 시작된 가장 중요한 변화라고 지적한다.

저자는 현재와 같은 지식사회로의 전환과 사무직 노동자의 증가가 고통스러운 육체노동의 해방을 가지고 왔으나, 도리어 변화 경영, 효율 경영, 컨설팅 등의 이름으로 불필요한 노동시간을 늘리고 있다고 주장한다.[22] 대표적인 가짜 노동의 형태는 바쁜 척하는 헛노동, 노동과 유사하지만 아무 결과도 내지 못하는 작업으로 정의되는데,[23] 직접적인 생산물이 없는 대부분의 관리 업무에 대해 비판적인 입장을 가진 저자는 불필요한 노동시간을 줄이고 차라리 쉼을 늘려 그 시간에 보다 생산적인 일을 해보라고 권한다. 다소 거칠고 잘 정의되지 않은 개념이지만, 이 책은 많은 사람들에게 현재 자신의 노동의 양과 질에 대한 본질적인 화두를 던지고 있다.

그렇다면 한국 사회의 직장인들은 이 '가짜 노동'의 개념과 형태에 대해 얼마나 잘 이해하고 받아들이고 있을까? '가짜 노동'이라는 단어가 던진 도발과 관련해 한국 사회의 직장 문화나 노동환경에 대해 비판적인 기사가 쏟아졌던 것[24]에 비하면, 이 가짜 노동이라는 용어에 대해 그 뜻과 의미를 이해하고 있는 직장인들은 많지 않았

가짜노동(Pseudo Work)이란?
덴마크의 노동, 직장생활 비평가이자 컨설턴트인 데니스 뇌르마르크가 자신의 책《가짜노동》에서 정의한 단어로, 저자는 주로 사무직 직장생활에서 나타나며 '빈둥거리기', '일 하는 시간을 일부러 늘리기', '불필요한 일을 필요한 것 처럼 만들기'. '일 없는데도(혹은 중요하지 않는데도) 중요한 것 처럼 꾸미기'등과 같이 사회에 지속적이고 의미있는 자취를 남기지 않는 일(노동)로 정의한다. 다만, 학술적으로 엄격하게 정의된 개념은 아니기 때문에 이 개념의 모호성과 주관성에 대한 비판도 존재한다.

'가짜노동' 용어의 뜻과 의미를 잘 알고 있음 **2.5%**

N=1,000, 응답률%

다. 불과 2.5%의 직장인들만이 가짜 노동이라는 용어를 잘 알고 있다고 응답하고 있었던 것이다.[25] 반면 10명 중 7명에 가까운 직장인들(66.5%)은 이 용어를 처음 접했다.[26] 더 눈에 띄는 것은 저자들이 주장한 가짜 노동의 유형들(예를 들어, 실무가 없이 보고만 하거나, 관리만 하거나, 회의만 하거나, 회사에서 그냥 오래 있기만 하거나, 대부분의 서류 작업 등)을 가짜 노동이라고 할 수 있다는 인식에 반대하고 있었던 것이다.[27] 즉, 한국 사회의 다수의 직장인들은 실무를 하지 않고 보고만 하거나(반대로 보고만 받거나),[28] 실무 없이 회의만 하거나,[29] 실제 보고서 작업 없이 컨펌만 하거나,[30] 실무 없이 관리만 해도,[31] 노동의 범위 내로 인식하고 있는 것으로 보인다.[32]

또한, 월급만큼 일하지 않는 사람들이 많다고 인식하고 있었고 (월급만큼 일하지 않는 사람을 주변에서 많이 본다-그렇다 59.0% vs. 아니다 27.6%), 이 일이 가짜 노동인지 진짜 노동인지 구분이 쉽지 않다고 생각하는 사람들이 비교적 많았으며(현실의 직장 생활에서는 가짜 노동

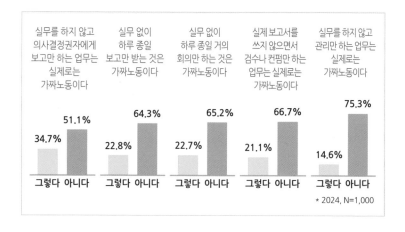

과 진짜 노동을 구분하기 어렵다—그렇다 47.8% vs. 아니다 38.5%),[33] 진짜 노동인지 가짜 노동인지도 크게 궁금하지 않은 듯했다(일을 할 때 이 일이 가짜 노동인지 진짜 노동인지 구분하는 것은 중요하다—그렇다 35.3% vs. 아니다 39.6%).[34] 물론 자신의 주변에 아주 작은 일도 스스로 못하는 사람들이나 불필요한 일을 만드는 사람이 적다고 인식하는 것은 아니었다.[35] 하지만 그렇다고 해서 책에서 정의하고 있는 '가짜 노동' 개념이 자신의 일과 한국 사회의 직장 생활을 전반적으로 설명하는 개념도 아니라는 인식이 강했다. 회사에서 일상적으로 반복되는 수많은 회의, 보고, 미팅, 관리 업무는 지금 한국 사회의 직장인들에게는 엄연한 '일'이라는 인식이 있었던 것이다. 《가짜 노동》에 대한 대중적 반응은 뜨거웠지만, 이에 관한 수많은 언론의 보도와 한국의 현업 직장인들의 인식 사이에는 상당한 괴리가 있는 것으로 보인다.

그렇다면, 대한민국 직장인들이 생각하는 '진짜 노동'은 무엇일

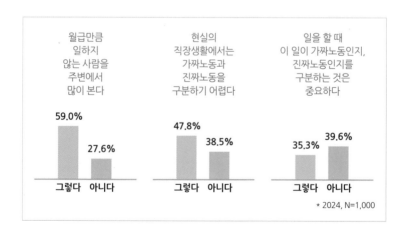

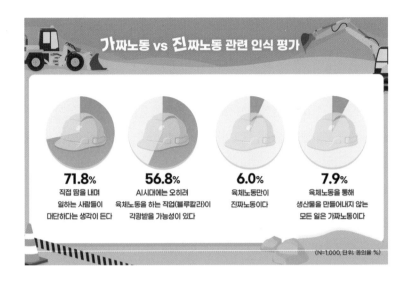

가짜노동 vs 진짜노동 관련 인식 평가

71.8%
직접 땀을 내며
일하는 사람들이
대단하다는 생각이 든다

56.8%
AI시대에는 오히려
육체노동을 하는 직업(블루칼라)이
각광받을 가능성이 있다

6.0%
육체노동만이
진짜노동이다

7.9%
육체노동을 통해
생산물을 만들어내지 않는
모든 일은 가짜노동이다

(N=1,000, 단위: 동의율 %)

까? 최근 급부상하고 있는 '육체노동'만이 진짜 노동이라고 생각하고 있는 걸까? 조사 결과로 보면 그렇지도 않았다. 육체노동을 하는 사람들에 대한 존경은 분명히 있고, 이런 직업이 인공지능(AI) 시대에 각광받을 것 같다는 인식은 있었지만, 육체노동만이 진짜 노동이라는 인식에 반대했고, 육체노동을 통해 생산물을 만들어내지 않는 모든 일은 가짜 노동이라는 인식에도 반대했다. 육체노동을 선택하고 그 속에서 자신만의 전문성을 찾아가는 노력과 수고는 존중받아 마땅하지만, 육체노동만이 진짜 노동을 대표한다는 인식에는 동의하지 않고 있었던 것이다. AI 시대의 새로운 대안으로 평가받고 있는 '육체노동'마저 진짜 노동을 대표하는 것이 아니라면, 한국 사회의 직장인들이 생각하는 진정한 '진짜 노동'은 과연 무엇일까?

한국 사회에서는 감정 노동도 ""
진짜 노동

사전적으로 노동(勞動)이라는 단어는 생활에 필요한 물자를 얻기 위하여 육체적 노력이나 정신적 노력을 들이는 행위로 정의[36]되지만, 직관적으로 노동은 '화폐를 얻기 위해 행하는 모든 활동'[37]으로 이해되는 측면이 강하다. 그래서 감정(emotion)이라는 매우 개인적인 경험이 단순히 개인적 차원을 넘어 기업이 원하는 감정의 방향과 종류로 귀속되고, 그 대가가 지불이 되면 '감정 노동'이라는 이름의 노동의 한 종류로 범주화되기도 한다. 이런 차원에서 보면, 모든 노동은 일종의 상품이고, 거래의 대상이며 사회적 대상이다. 노동은 그 개념 자체로 대가를 주고 받는 사회적 개념을 내포하는 것이다.

노동이 지향하는 이런 본질적 개념에 대해, 현재 한국 사회의 직

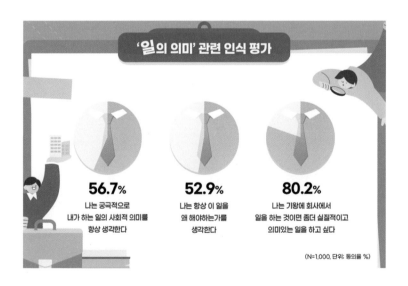

'일의 의미' 관련 인식 평가

56.7%
나는 궁극적으로
내가 하는 일의 사회적 의미를
항상 생각한다

52.9%
나는 항상 이 일을
왜 해야하는가를
생각한다

80.2%
나는 기왕에 회사에서
일을 하는 것이면 좀더 실질적이고
의미있는 일을 하고 싶다

(N=1,000, 단위: 동의율 %)

장인들은 고민이 많았다. 궁극적으로 내가 하는 일의 사회적 의미를 고민하는 직장인들이 많았고,[38] 이 일을 왜 해야 하는가를 생각하는 직장인들이 더 많았으며,[39] 기왕에 회사에서 시킨 일을 할 때라도 좀 더 실질적이고 의미 있는 일로 바꾸고 싶어 했다.[40]

하지만 이런 이상(ideal point)과는 다르게 현실에서 직장 생활에서의 의미 추구는 좌절의 경험을 반복적으로 주고 있는 것 같다. 많은 직장인들은 현실 조직 생활에서 업무 성과를 확인할 기회가 없고,[41] 주장도 할 수 없고,[42] 바꿀 수 있는 것도 별로 없다고 느끼고 있었던

내가 하고 있는 일(업무)은 업무 성과를 가시적으로 볼 수 있는 기회가 부재한 편이다
44.0% 그렇다 / 37.6% 아니다

내가 속한 조직(회사)에서는 내가 하고 싶은 일이나 주장이 잘 먹히지 않는 경우가 많다
42.0% 그렇다 / 39.3% 아니다

내가 속한 조직(회사)에서 내가 바꿀 수 있는 것들이 거의 없다고 느낀다
48.5% 그렇다 / 34.1% 아니다

* 2024, N=1,000

나는 평소 큰 고민 없이 회사에서 시키는 일을 하고 싶다
54.7% 그렇다 / 33.2% 아니다

일이 중요한지 여부는 회사가 결정하는 것이라 큰 고민하지 않는다
41.8% 그렇다 / 43.9% 아니다

월급만 많이 주면 일할 맛이 날 것 같다
59.1% 그렇다 / 26.2% 아니다

회사에 머무는 시간만큼 월급이 올랐으면 좋겠다
56.9% 그렇다 / 32.4% 아니다

* 2024, N=1,000

것이다.[43] 그래서 현실적으로 현재의 직장인들은 회사에서 시키는 일을 그냥 하는 것으로 타협하고,[44] 경제적 보상(월급)에 좀 더 의미 부여를 하고 있었다.[45]

이 조사 결과 데이터는 매우 기괴한 해석이 가능하다. 개인적으로든 사회적으로든 일의 의미를 매우 강하게 추구하면서도, 동시에 일의 의미나 중요도 부여는 회사가 하는 것이고, 월급만 주면 내가 하는 일의 의미 따윈 중요하지 않다는 이상한 결론을 얻을 수도 있기 때문이다. 여기서 주목할 사실은 직장인들의 의미 추구라는 이상(ideal)과 현실 직장 생활(경제적 보상 추구)과의 큰 간극을 해석하는 단서가 바로 '감정 노동(emotional labor)'에 있다는 것이다. 조사 결과에 따르면, 한국 사회에서 압도적으로 많은 직장인들이 이 감정 노동을 하고 있는 것으로 보인다. 일상적으로 실제 경험하는 감정이 회사에서 드러내는 감정과 현저하게 다르며,[46] 조직 내에서 이런 감정을 반복적으로 걸러내야 하며,[47] 솔직하게 표현하면 안 되고,[48] 이런 표현을 어렵다고 생각하고 있는 것이다.[49]

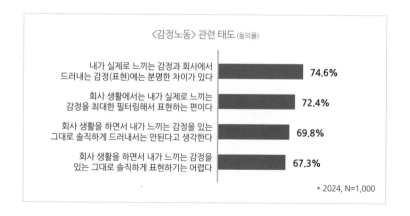

〈감정노동〉 관련 태도 (동의율)

내가 실제로 느끼는 감정과 회사에서
드러내는 감정(표현)에는 분명한 차이가 있다 — 74.6%

회사 생활에서는 내가 실제로 느끼는
감정을 최대한 필터링해서 표현하는 편이다 — 72.4%

회사 생활을 하면서 내가 느끼는 감정을 있는
그대로 솔직하게 드러내서는 안된다고 생각한다 — 69.8%

회사 생활을 하면서 내가 느끼는 감정을
있는 그대로 솔직하게 표현하기는 어렵다 — 67.3%

* 2024, N=1,000

일의 의미 추구는 필연적으로 존경, 보람, 인정과 같은 감정을 수반한다. 그런데 지금 한국 사회의 대다수 직장인들은 이런 감정을 자신의 일과 의미를 고민하는 데 쏟는 것이 아니라 상사의 눈치, 사장의 심기, 조직의 분위기를 파악하면서 감정 노동을 하는 데 소진하고 있는 것이다. 그래서 가짜 노동에서 제안하는 대안적인 일의 방식(진짜 노동)인 '눈치 보지 않고 퇴근하기', '짧은 회의', '실수에 대한 인정(불완전함의 감수)', '복종하지 않을 의무'가 한국 사회에서는 대안이 될 수 없다. 조사 결과로 한국의 직장 생활을 비유해보면, 현재 대한민국의 직장인들은 '눈치를 보기 때문에' 퇴근을 못 하고, '눈치를 보기 때문에' 회의를 오래 해야 하며, '실수를 인정함과 동시에' 주변 사람들에게 낙인이 찍히고, '회사의 권위에 도전하면 생존이 어렵기 때문에' 복종하는 것이기 때문이다. 이것이 현재 한국 사회의 노동이고 이 노동은 '진짜 노동'에 포함된다고 생각한다. 이 감정 노동의 대가로 월급을 받고 있다고 생각하고 있기 때문일 것이다.

So what? 🎵
시사점 및 전망

일에서 의미를 추구하려는 경향은 최근 고물가 상황, 경제 불황과 밀접하게 관련된 현상이다. 경기가 가라앉으면서, 조직의 구성원들은 안정적인 직장 생활에 대한 니즈가 높아졌기 때문이다. 2022년 시작된 고물가와 자산시장의 하락으로 이른 나이에 경제적 자립

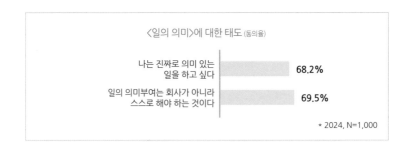

<일의 의미>에 대한 태도 (동의율)

나는 진짜로 의미 있는
일을 하고 싶다
68.2%

일의 의미부여는 회사가 아니라
스스로 해야 하는 것이다
69.5%

* 2024, N=1,000

(F.I.R.E., Financial Independence Retire Early)을 시도하려는 유행이 크게 감소하고 조직 생활에 의미를 부여하는 직장인들이 늘었다(우리 회사가 좋은 회사인지를 생각해보는 계기가 되었다-54.3%(2021)→56.7%(2022), 재택근무를 하면서 내가 하고 있는 일에 대한 의미를 생각해보게 되었다-39.5%(2021)→49.8%(2022)).[50] 그리고 2024년 현재 자신의 일에 의미를 고민하는 경향은 더욱 뚜렷해지고(나는 진짜로 의미 있는 일을 하고 싶다-68.2%),[51] 일에 의미를 부여하는 방식은 회사라는 조직이 아니라 스스로 부여하려고 하는 듯하다(일의 의미 부여는 회사가 아니라 스스로 해야 하는 것이다-69.5%).[52] 이렇게 스스로 일에 의미 부여를 하는 방식은 향후 일의 세계에서 광범위한 영향을 끼치게 될 전망이다.

첫 번째는 전문적 기술을 보유한 육체노동에 대한 지금과 같은 높은 관심이 지속적으로 유지될 수 있다는 점이다. 지금 상당수의 직장인들은 자신이 하고 있는 일의 구체적인 '아웃풋(output, 결과물)'을 확인하고 싶어 한다(나는 내가 하고 있는 일의 결과물(아웃풋)을 직접 눈으로(가시적으로) 확인하고 싶다-68.2%).[53] 그리고 적지 않은 사람들이 육체노동이 이런 성취감을 줄 수 있다고 생각한다(육체노동을 하는 직업(블루칼라)은 사무직(화이트칼라)보다 일의 성취감이 클 것 같다-그렇다 36.4%

<AI 시대 일의 의미>에 대한 태도 (동의율)

나는 내가 하고 있는 일의 결과물(아웃풋)을 직접 눈으로(가시적으로) 확인하고 싶다	68.2%
AI 시대에는 오히려 육체노동을 하는 직업(블루칼라)이 각광받을 가능성이 있다	56.8%
앞으로는 어떤 기술을 갖고 있는지가 중요해질 것 같다	75.7%

* 2024, N=1,000

vs. 아니다 31.1%).[54] 직접적으로 결과물을 체감할 수 있는 육체노동을 통해 성취감을 얻을 수 있을 것이라는 기대가 있는 것이나. 여기에 AI 시대에는 사무직 노동에 비해 차별적이고 대체 불가능한 직종이라는 인식도 작용하고 있다(AI 시대에는 오히려 육체노동을 하는 직업(블루칼라)이 각광받을 가능성이 있다-56.8%).[55] 다만, 이 육체노동은 단순 기술이 아니라 고유한 숙련도가 필요한 육체적 기술(숙련 기술)에 대한 관심인 만큼(앞으로는 어떤 기술을 갖고 있는지가 중요해질 것 같다-75.7%)[56] 지금 당장의 육체노동에 대한 관심의 지속 여부는 이 '숙련'의 시간을 쌓을 수 있는 사람들이 얼마나 있고, 지속되는가에 달려 있을 것으로 보인다. 따라서 장기적으로는 직업으로 전환 가능한 육체 활동(노동적 성격을 띤)을 취미로 병행하면서(예를 들어, 목공, 인테리어, 도배, 장판, 집 짓기 등의 시공 관련) 숙련의 시간을 쌓는 사람들이 크게 늘어날 수 있다.

또한 직장에서 오랜 시간 숙련도를 쌓아온 사람들을 '전문가'로 우대하는 태도도 좀 더 뚜렷해질 것으로 전망된다. 최근 현대자동차에서는 현업에서 근무하고 있는 임직원들의 실제 경험과 노하우를 담은 컬처 북을 출시하기도 했다.[57] 앞으로 이러한 숙련된 기술과 노하우를 존중하는 경향이 강해질 것으로 보인다. 이는 최근 '뉴 칼라(New Collar, 블루칼라도 화이트칼라도 아닌)'라는 직업 계층이 대두되고 있는 것과 유사한 흐름으로, 이제는 실무자로서 얼마나 기술력을 갖추었는지가 중요해지며, 직업훈련 등에 대한 니즈도 높아질 것으로 전망된다.

두 번째는 조직 내에서 '인정 경쟁'이 강해지고, 확산될 것으로 전망된다는 점이다. 이 현상은 앞으로의 조직 생활과 분위기가 이전과는 전혀 다른 양상으로 전개될 것이라는 것을 시사한다. 현재와 같은 경기 침체 상황에서 조직 생활을 지속하는 것은 많은 직장인들에게 다른 대안적 선택지가 없는 상황일 수 있다. 따라서 자신이 디디고 있는 조직 내에서 인정받고자 하려는 시도가 이전에 비해 현저하게 높아질 가능성이 높다. 실제로 많은 직장인들이 자신이 속한 조직 내에서 인정받고 승진하려고 한다.[58] 지금 내가 있는 곳에서 승진하고 보다 높은 연봉을 받는 것이 오히려 빠른 성공이라고 생각하는 것이다.

이렇게 되면, 이전과는 달리 주변의 동료들과의 관계가 중요해지

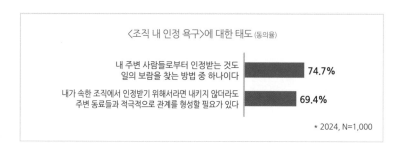

〈조직 내 인정 욕구〉에 대한 태도 (동의율)

내 주변 사람들로부터 인정받는 것도 일의 보람을 찾는 방법 중 하나이다	74.7%
내가 속한 조직에서 인정받기 위해서라면 내키지 않더라도 주변 동료들과 적극적으로 관계를 형성할 필요가 있다	69.4%

* 2024, N=1,000

는데, 조사 결과는 정확히 이런 방향의 데이터를 가리키고 있었다. 많은 직장인들이 조직 내에서 인정받기 위해 주변 동료와의 관계를 형성하려고 시도하고 있었고,[59] 조직 내에서 인정받기 위해 주변 동료들과의 경쟁도 마다하지 않는 직장인들도 상당수 있었던 것이다.[60] 이 경향은 코로나 시기와 직후에 유행하던 '조용한 퇴직(Quiet Quitting, 회사에서 최소한의 업무만 처리하며 회사에 기여하려는 의지가 없는 상태)'과는 전혀 상반되는 현상으로, 불황이 지속될수록 더욱 강해질 가능성이 커 보인다.

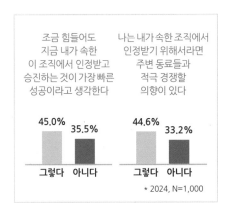

조금 힘들어도 지금 내가 속한 이 조직에서 인정받고 승진하는 것이 가장 빠른 성공이라고 생각한다
45.0% 그렇다
35.5% 아니다

나는 내가 속한 조직에서 인정받기 위해서라면 주변 동료들과 적극 경쟁할 의향이 있다
44.6% 그렇다
33.2% 아니다

* 2024, N=1,000

한편 이렇게 직장인들의 '인정 경쟁'이 확산된다는 것은 오히려 조직 입장에서는 긍정적 영향을 줄 수 있을 것으로 보인다. 직장 내에서 성공하고 인정받고자 하는 열망을 잘 활용한다면 조직의 생산성을 높일 수 있는 기회로 삼을 수 있기 때문이다. 최근 전 세계적으로 인재 확보 경쟁이 치열해지고 있는 가운데, 인재 이탈을 막고 조직 구성원들의 인정 욕구를 충족시킬 수 있는 수단에 대한 고민도 필요해 보인다. 실제로 LG이노텍에서는 2023년부터 사내 임직원을 대상으로 '전문가 트랙' 제도를 운영하고 있는데, 연구나 기술직뿐만 아니라 영업, 마케팅, 기획, 법무 등 일반 사무직도 전문가 트랙을 밟을 수 있다는 것이 큰 특징이다.[61] 조직 내에서

전문가로 성장하고 싶어 하는 구성원들의 니즈를 역이용해 '인재 확보' 전략으로 활용할 수 있을 것으로 보인다.

세 번째는 두 번째 전망인 인정 투쟁이 확산될 것이라는 전망과 직접적으로 관련된 현상으로,《삼국지》의 '손권형 리더십'으로 대표되는 '야망이 크지 않고, 신중하고 겸손하며 동시에 후배에게 주도권을 주는 리더십'이 크게 각광받을 것으로 전망된다. 이런 전망은 유비와 촉나라(서촉, 촉한) 세력을 주인공으로 하는《삼국지》의 전체적인 스토리를 이미 잘 아는 독자들이라면 의외의 결과로 보일 수 있다. 2020년에 진행한《삼국지》소설 리더십 조사를 추적 조사한 결과에 따르면, 소설《삼국지》에 대한 선호 세력은 여전히 유비가 가장 높았다(선호도 – 유비 세력(촉나라) 47.3%, 조조 세력(위나라) 28.8%, 손권 세력(오나라) 7.1%).[62] 하지만 이 유비 세력에 대한 호감도는 4년 전에 비해 크게 줄었고(54.7%(2020)→47.3%(2024)), 직장 상사로서의 적합도(매력도)도 4년 전에 비해 줄어들었다(상사로 적합한 인물–유비 45.5%(2020)→42.5%(2024), 조조 21.9%(2020)→28.4%(2024), 손권 8.2%(2020)→8.3%(2024)).[63] 반면, 조조가 자신의 상사로 적합하다는 사람들은 크게 늘었다. 흥미로운 것은 유비, 조조, 손권이라는 이름을 가리고(블라인드 테스트) 각각의 리더십 유형만을 정리해서 유형화한 결과, 가장 많은 응답자들은 '손권' 스타일의 리더십을 가장 선호하고 있었다는 점이다. 이 결과는 카리스마 리더십이 추락했던 지난 코로나 시절의 결과와 유사하게 높았다(선호 리더십–1순위 손권형 36.4%(2020)→36.7%(2024), 2순위 조조형 31.9%(2020)→31.7%(2024), 3순위 유비형 31.7%(2020)→31.6%(2024)).[64]

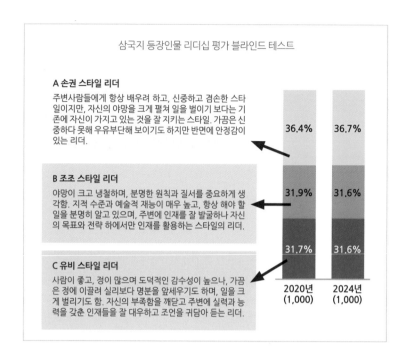

삼국지 등장인물 리더십 평가 블라인드 테스트

A 손권 스타일 리더
주변사람들에게 항상 배우려 하고, 신중하고 겸손한 스타일이지만, 자신의 야망을 크게 펼쳐 일을 벌이기 보다는 기존에 자신이 가지고 있는 것을 잘 지키는 스타일. 가끔은 신중하다 못해 우유부단해 보이기도 하지만 반면에 안정감이 있는 리더.

B 조조 스타일 리더
야망이 크고 냉철하며, 분명한 원칙과 질서를 중요하게 생각함. 지적 수준과 예술적 재능이 매우 높고, 항상 해야 할 일을 분명히 알고 있으며, 주변에 인재를 잘 발굴하나 자신의 목표와 전략 하에서만 인재를 활용하는 스타일의 리더.

C 유비 스타일 리더
사람이 좋고, 정이 많으며 도덕적인 감수성이 높으나, 가끔은 정에 이끌려 실리보다 명분을 앞세우기도 하며, 일을 크게 벌리기도 함. 자신의 부족함을 깨닫고 주변에 실력과 능력을 갖춘 인재들을 잘 대우하고 조언을 귀담아 듣는 리더.

	2020년 (1,000)	2024년 (1,000)
A	36.4%	36.7%
B	31.9%	31.6%
C	31.7%	31.6%

소설 《삼국지》에서, 형(손책)의 이른 죽음으로 인해 17세에 제위를 물려받은 손권은 집권 초기부터 주변의 인재들 다수를 스승으로 삼고 끊임없이 배우고 조언을 얻는 리더로 성장했다고 전해진다.[65] 이런 조사 결과는 직장인들의 현실 인식과 맞닿아 있다. 유비와 같은 리더십은 사람은 좋지만 현실에서는 성공하기 힘든 리더라고 생각하는 것이다(사람은 좋지만 유비 같은 인물은 현실에서 성공하기 어렵다−50.7%(2020)→57.6%(2024)). 그리고 지금 직장인들은 자신이 하는 일에 귀를 기울여주고 맡겨주며, 의미 부여를 해주는 리더를 선호한다(일이 많더라도 내가 하는 일에 권한과 힘을 실어주고 믿고 맡겨주는 리더의 말을 더 듣게 된다−74.5%, 월급이 적더라도 내가 하는 일에 소소한 의미

<리더>에 대한 태도 (동의율)

일이 많더라도 내가 하는 일에 권한과 힘을
실어주고 믿고 맡겨주는 리더의 말을 더 듣게 된다   **74.5%**

월급이 적더라도 내가 하는 일에 소소한
의미부여를 해주는 리더의 말을 더 듣게 된다   **52.6%**

* 2024, N=1,000

부여를 해주는 리더의 말을 더 듣게 된다—52.6%).[66] 유약하지는 않으면서도 동시에 나에게 기회를 주고 내 말에 귀를 기울여주는 리더를 원하는 것이다. 조직 내에서 인정 투쟁을 원하는 경향이 강해지면 이 리더십도 같이 요구받게 될 것으로 보인다.

네 번째이자 가장 중요한 전망은 사무직 종사자의 양극화가 본격적으로 발생하게 될 것이라는 점이다. 물론 이 변화는 챗GPT 등 AI 기술의 등장 때문이다. 챗GPT는 가공할 만한 기능을 가지고 있고, 많은 전문가들은 이 챗GPT가 대부분의 지식 노동자들의 일자리를 위협할 것이라고 경고한다. 그래서 하루라도 빨리 이 기능을 학습하고 지금 당장 업무에 적용할 수 있게 공부하고 활용하라고 재촉한다. 그렇다면, 구체적으로 어떤 직업이 대체될까? 챗GPT의 핵심 기능을 잘 살펴보면, 예측이 가능하다. 챗GPT 기능의 가장 중요한 장점은 '패턴'을 인식하는 것인데, 이 패턴을 학습하고 찾고 개념을 연결하는 방식이 무지막지하다(그래서 전력도 엄청 잡아먹는다). 지금까지의 연구 결과로 보면 챗GPT는 5조 개의 문서와 3000억 개의 단어(토큰), 1750억 개의 매개변수로 패턴을 인식하고, 개념들 간의 '새로운 연결'을 보여준다. 이것이 챗GPT가 보여주는 '창의성'의 핵

 심이다. 본질적으로는 세상에 없던 새로운 것을 만드는 것이 아니라 상상을 초월하는 양과 속도의 '기계적 성실함'에 기반한 창의성인 것이다. 즉, 이것으로 '패턴화'가 가능한 거의 모든 직업은 대체될 가능성이 커졌다. 다만, 이렇게 보면 많은 전문가들이 소멸되는 역할로 제시하는 관리직도 옥석이 가려질 수 있다. '기존의 매뉴얼'대로 관리하는 중간 관리자는 위험하지만, 새로운 비즈니스를 만들고, 완전히 독창적인 산업 간 연결을 구상하는 관리직은 살아남을 가능성이 크다는 것이다. 관리자가 아니라 일반 노동자, 회사원들의 관점에서도 기존에 '주어진 일'을 잘했던 사무직, 지식 노동자는 대체될 가능성이 크고, '새로운 패턴'과 '창의적인 연결'을 시도하는 지식 노동자는 살아남을 가능성이 크다는 뜻이다.

챗GPT의 등장과 함께 '질문하는 법'에 대한 관심이 급증한 것도 이런 맥락에 있다. 다만, 안타깝게도 현재 한국 사회는 '새로운 질문'에 대한 훈련이 매우 부족한 듯 보인다. 챗GPT 이용에 관한 엠브레인 이지서베이의 조사[67]에 따르면, 챗GPT를 사용해본 64.7%의 사람들 중 항상 쓰고 있는 사람은 16%에 불과했고,[68] 챗GPT를 사용하지 않는 사람들 10명 중 7명(69.9%)이 '필요성'이 없어서라고 응답했다. 즉, 사람들은 '궁금한 점'이 없었다. 이처럼 사회적으로 '필요'를 느끼지 못하는 사람들이 절대적으로 많은 상황에서는 역으

로 챗GPT의 활용 능력은 상당한 기회로 작용할 수도 있다. 챗GPT 는 검색엔진의 역할을 뛰어넘어 완전히 새로운 결과물을 만들어줄 수 있기 때문이다. 본격적으로 이 활용 능력에 따라 개인의 역량은 엄청난 차이가 나타날 것이고, 이 차이는 일상에서 얼마나 '필요'와 '궁금증'을 가지고 생활하는가에 달려 있다.

수많은 전문가들이 챗GPT를 활용하는 좋은 팁은 질문에 있다고 전한다. 하지만 '좋은 질문'은 사실 막연한 대안일 수 있다. 뭐가 좋은지는 아주 개인적인 것이고, 구체적인 예가 없는 한 허망한 대안이다. 이런 지루하고 원론적이며 답답한 대안에 대해 《똑똑한 사람은 어떻게 생각하고 질문하는가》의 이시한 작가는 명쾌한 답을 내놓는다. 핵심은 '왜'를 5번만 하면 된다. 그래서 얻는 답은 굉장히 놀랍고 창의적이다.

꼬리에 꼬리를 무는 질문은 현상의 속과 안을 들여다보게 해줍니다. 그때그때 다른 질문을 할 필요도 없이 단순하게 Why를 다섯 번만 외쳐도 됩니다. 미국 워싱턴에 있는 제퍼슨 기념관의 대리석 외벽은 쉽게 부식된다는 문제가 있었어요. 그래서 이 문제를 해결하려고 그 원인을 살펴보니 비누 청소를 자주 해서 그렇다는 것입니다. 그러면 비누 청소를 그만두면 이 문제가 해결될까요? 여기서 한 번 더 Why 를 넣어봅니다. '그러면 왜 비누 청소를 자주 하는가?' 하는 거죠. 비둘기 배설물이 많아 지저분해서예요. 그러니까 비누 청소를 그만두면 외벽 부식은 막겠지만, 외벽이 지저분해지는 것은 감수해야 하는 것이었죠. 그런데, 여기서 그치면 벽에 부딪힌 거라서요, 다시 Why

를 넣어봅니다. '왜 비둘기들의 배설물이 많을까?' 여기에 대한 답은 비둘기의 먹잇감인 거미가 많아서였어요. 그럼 또 Why를 넣는 거죠. '거미가 왜 많지?' 불나방이 많아서 이 불나방을 잡기 위해 거미가 많은 것이었습니다. 마지막으로 다시 Why를 넣어요. '불나방이 왜 많을까?' 이유는 외곽의 조명을 일찍 켜서였어요. 그래서 제퍼슨 기념관의 해결책은 외곽 조명을 2시간 정도 늦게 켜는 것이었고, 이것으로 대리석 외벽이 부식되는 것을 해결했습니다.

이시한, 《똑똑한 사람은 어떻게 생각하고 질문하는가》, 본문 중에서[69]

공구 벨트 세대
IT 노동시장 양극화

공구 벨트 세대,
이제는 '블루칼라'가 대세>>>

코로나19 팬데믹 이후 미국의 Z세대(1990년대 후반~2010년대 초반 출생자)를 중심으로 대학 캠퍼스나 실리콘밸리 대신 '기술직'을 선택하는 사례가 증가하고 있는 것으로 나타났다. 대학 졸업장을 위해 많은 돈을 투자하지 않아도 되는 것은 물론, 인공지능(AI) 기술의 발달로 사무직 등 화이트칼라 직종의 대체 가능성이 높아지면서 '블루칼라(제조·건설 등 육체노동 종사자)' 직종의 가치가 크게 재평가되고 있기 때문이다.[70] 이에 기술직을 선호하는 미국의 젊은 세대를 일컫는 '공구 벨트 세대(Toolbelt Generation)'라는 신조어가 등장하기도 했다. 용

미국 블루칼라 기술자 수 (단위: 명)

■ 2013년 ■ 2023년

목수
116만 4000
127만 5000

전기기사
73만
95만 9000

배관공
55만 3000
63만 5000

용접공
57만 5000
55만 9000

설치 기술자
38만 4000
54만 6000

출처: 월스트리트저널, 미국 노동부

접공, 배관공, 목수 등 숙련 기술직은 상대적으로 취업 경로가 안정적이고, 오랜 노동력 부족 현상으로 임금도 꾸준히 상승세를 보이고 있다. 미국 노동부 통계에 따르면, 기계공은 시간당 23.32달러(한화 약 3만 원), 목수는 시간당 24.71달러(한화 약 3만 2000원)를 벌고 있는데, 미국 전체 평균임금 중간값이 22.26달러(한화 약 2만 9500원)임을 고려하면 비교적 높은 수준이다.[71] 또한 숙련된 기술은 학위가 없어도 높은 대우를 받을 수 있다는 점에서 더욱 각광받고 있는 추세다.

최악의 실업난을 겪고 있는 중국 청년들에게도 '블루칼라' 일자리의 인기가 치솟고 있다. 중국 온라인 채용 플랫폼 자오핀이 발간한 보고서에 따르면, 1분기 블루칼라 직종 채용 공고 수는 지난 2019년 대비 4배가량 증가했으며, 블루칼라 취업에 지원한 25세 미만 구직자 수는 약 165% 증가한 것으로 나타났다.[72] 전례 없는 취업난에 중국 젊은이들이 배달원, 기술자, 가정부, 운전기사, 경비원 등

블루칼라 일자리를 찾고 있다는 분석이다. 블루칼라 직종에 대한 구직 수요가 증가하면서 임금도 함께 오르고 있다. 실제로 38개 주요 도시의 사무직 구인업체가 제시한 월급은 평균 7215위안(한화 약 136만 6천 원)으로 2019년 같은 기간보다 35.8% 증가했다.[73] '블루칼라 전성시대'를 전망하는 외신 보도가 이어지면서 영국《이코노미스트》는 "블루칼라 직종이 노다지가 된다"는 보도를 통해 블루칼라에 대한 재평가 논의를 조명하기도 했다.[74] 앞으로 개선된 근로 환경, 급여 및 복지 등에 이끌린 청년들의 '블루칼라' 일자리 수요는 더욱 높아질 것으로 보인다.

성취감 찾아 떠나는 '신농민' 대두 >>>

중국의 청년 실업난이 심화되면서, 공무원이나 대도시 기업에 취업하는 대신 '농업'과 '축산업'을 선택하는 청년들이 늘어나고 있다. 귀농 후 농업에 종사하는 젊은이들, 이른바 '신농민(新農民, 신세대 농민)'이다. 정부가 농촌 진흥을 위해 이들을 적극적으로 지원하고 있는 가운데, 취업시장의 무한 경쟁에서 벗어나 스스로의 성취감을 찾아가는 귀농 청년들의 만족도 또한 높은 수준인 것으로 나타났다. 조부로부터 가업을 이어받아 농촌으로 돌아온 한 청년은 이전에 기업에서 '마케팅' 업무를 하던 시절보다 월수입은 적지만, 가족과 함께 보내는 시간이나 성취감을 고려하면 만족감이 훨씬 더 크다고 전했다.[75]

한편, 중국에서 대학 학위를 소지한 20대 여성이 '돼지 농장'에 취업한 사실이 알려지며 화제를 모았다. 대학 졸업 후 돼지 농장에 취업하겠다는 그녀의 말에 주변 사람들은 걱정스러운 시선을 보냈지만, 그녀는 SNS를 통해 좋아하는 직업을 갖기 위해서는 과감한 시도가 필요하고, 다른 사람들이 자신의 직업을 어떻게 생각하는지는 너무 신경 쓰지 말아야 한다는 조언을 남겼다.[76] 그녀의 사연에 중국 청년들은 돈보다는 행복과 삶의 질을 중시하는 일자리를 선택해야 한다는 반응을 보이고 있다.

중국 돼지 농장에서 일하는 20대 여성 '저우'
출처: 사우스차이나모닝포스트

현실화된 직장 내 'AI 디바이드' >>>

AI 기술을 능숙하게 업무에 활용하는 'AI 네이티브'가 늘어나면서

'AI 디바이드'가 현실화되고 있다는 우려가 커지고 있다. AI 디바이드는 AI 활용 여부에 따른 격차를 의미하는데, AI를 효과적으로 활용하는 사람들은 업무 생산성이 크게 향상되고 있으며, 이에 따라 임금 격차가 발생할 수 있다는 분석이 제기되고 있기 때문이다. 하버

드 경영대학원이 보스턴 컨설팅 그룹의 컨설턴트를 대상으로 진행한 조사에 따르면, 업무에 챗GPT-4를 활용한 집단은 활용하지 않은 집단보다 평균 12.2% 작업을 더 많이 해냈고, 25.1% 더 빠르게 업무를 수행한 것으로 나타났다. 아울러 신제품 아이디어를 내는 과제 역시 AI를 활용한 집단이 42.5% 높은 품질의 결과물을 냈다고 평가받을 정도로 더 높은 생산성을 보였다. 또한 마이크로소프트(MS)의 '코파일럿' 사용 관련 조사에서는 코파일럿 이용자의 70%가 사용 전보다 생산성이 높아졌다고 응답했으며, 작업 품질이 향상되었다고 답한 비율도 68%에 달한 것으로 확인됐다.[77] 다만, 맥킨지 글로벌 연구소는 2030년까지 근로자 총임금의 약 13%가 높은 수준의 디지털 기술이 필요한 작업으로 전환돼 임금이 상승하는 반면, 디지털 기술 활용도가 낮은 근로자의 경우 임금이 정체되거나 감소할 수 있다는 점을 지적했다.[78] 새로운 기술을 배우려는 의지가 없다면 개개인 간의 AI 격차는 더욱 벌어질 가능성이 높아 보인다.

AI로 인한 'IT 노동시장' 양극화
톱클래스 A급 인재만 모십니다>>>

인공지능(AI) 개발로 인해 미국 IT 노동시장이 불균형 상태에 빠지고 있는 것으로 나타났다. 거대언어모델(LLM) 관련 경험과 지식을 가진 이른바 '톱클래스' AI 인재는 수요 대비 공급이 부족해 억대 연봉

을 받는 경우가 많아지는 반면, 기술직 분야의 신규 채용은 점차 감소하고 있기 때문이다. 일부 직군에서는 구조 조정까지 진행될 정도로 AI 인재를 중심으로 한 조직 개편과 소규모 감원이 이어지고 있는 모습이다.[79] 일자리 검색 플랫폼 인디드에 따르면, AI 관련 직업 채용 공고는 최근 6개월간 15.7%, 지난 1년간 2.3% 증가했으나 '데이터 분석가 및 데이터 사이언티스트' 채용 공고는 각각 1.1%, 30.5% 감소했으며, '소프트웨어 엔지니어 및 개발자' 채용 공고는 2.9%, 33.5%씩 감소해 상반된 흐름을 확인할 수 있었다. AI 전문가는 각광을 받고 있지만 그 이외의 AI 인력은 일자리가 줄어드는 쏠림 현상이 발생하고 있는 것이다.[80] 향후 IT 노동시장이 AI 역량을 갖춘 인재를 중심으로 재편될 가능성이 높은 만큼, 'AI 리터러시'를 강화하기 위한 적극적인 노력이 필요해 보인다.

금융, 법률까지…
전문가보다 더 빠른 AI 서비스 확대>>>

인공지능(AI)이 직업에 끼치는 영향이 점차 커지면서, 쉽게 대체되지 못할 것 같았던 전문직 분야도 위협을 받고 있다. 최근 월가에서는 AI 기술이 광범위하게 활용되면서 주니어급 금융 일자리가 줄어들 것이라는 전망이 제기되고 있다. 기업 재무 분석 등 금융 업무의 일부는 AI가 사람보다 훨씬 빠르고 효율적으로 처리할 수 있기 때문이다. 주니어급 애널리스트가 이틀 동안 해야 할 업무를 AI는 단 몇 초 만에 처리할 수 있어, 향후 이들이 AI로 빠르게 대체될 가능성이 높아지고 있다.[81]

프랑스에서는 변호사 업무를 대신하는 AI 애플리케이션이 출시되어 법조계의 반발이 일고 있다. 현지 매체에 따르면, 해당 앱은 연간 69유로(한화 약 10만 원)가량의 사용료로 신속한 법률 조언을 받을 수 있다.[82] "변호사가 1년 걸릴 일을 단 1분이면 해결한다"는 홍보 문구로 출시 열흘 만에 2만 명 이상이 다운로드할 만큼 인기를 끌었지만, 법조계에서는 정식 변호사 자격증 없이 업무를 수행하는 것

▌프랑스 AI 변호사 앱 '이아보카'
출처: 앱스토어

은 불법이라고 주장하고 있다. 또한 존재하지 않는 법률 조항을 인용했다는 문제를 제기하며 즉각 서비스 중단을 요구하는 공문을 발송하기도 했다.[83]

이처럼 AI 서비스가 전문 인력보다 더 빠르고 효율적으로 업무를 처리하는 경우가 늘어나면서, 직업군에 끼치는 AI의 영향력은 더욱 커질 것으로 보인다.

눈치 보는 대신
조용한 휴가 갑니다>>>

최근 미국 직장 내에서 근무시간 중 여가를 즐기는 이른바 '조용한 휴가(Quiet Vacation)'가 화제다. 조용한 휴가란 정상 근무일에 휴가를 신청하지 않고, 휴양지 등에서 소극적으로 업무를 보

는 태도를 뜻한다. 이러한 현상은 특히 밀레니얼 세대(1980년대 초반부터 1990년대 초반 출생자)에서 두드러지고 있다. 미국 직장인 1170명을 대상으로 실시한 설문 조사 결과, 이들 중 밀레니얼 세대 근로자의 37%가 '상사나 고용주에게 알리지 않고 쉬어본 경험이 있다'고 답한 것으로 집계됐으며, Z세대는 24% 정도로 집계됐다.[84] Z세대의 경우 상대적으로 '쉬겠다'고 선언하는 데 거리낌이 없는 반면, 상사의 눈치를 보느라 휴가를 사용하지 못하는 밀레니얼 세대의 특징이 반영되었다는 분석이다. 즉, 휴가 사용에 대한 부담감이 '조용

한 휴가'를 택하게 되는 요인으로 작용하고 있는 것이다. 조용한 휴가는 '유급휴가를 낭비하지 않는' 효율적인 방안으로 꼽히기도 한다. 해리스폴 설문 조사에 따르면, 미국 직장인의 56%는 휴가나 휴일 중에 업무 관련 전화나 미팅을 했던 경험이 있는 것으로 나타났다. 이로 인해 휴가 중 업무를 하는 것이 개인의 유급휴가를 침해하는 행위로 여겨지면서 차라리 휴가를 내지 않고 조용히 업무를 처리하며 유급휴가를 아껴두는 방식을 택하는 사람들이 늘어나고 있다.[85] 직장에서 자신의 삶이 휘둘리고 있다고 느끼던 직장인들이 업무에서 정신적·정서적으로 이탈하기 위한 하나의 방법으로 '조용한 휴가'를 선택하고 있는 모습이다.

2025
트렌드 모니터

PART 3

CULTURE

팬본주의,
더 이상 주류는 없다

취향 리미티스트,
한계 안에서 찾는 특별한 취향

취향 이코노미 · 반(反)문화의 반란 ·
서브컬처의 등장 · 대박보다 완판

시니어를 위한 시 🙚

일어섰다가
용건을 까먹어서
다시 앉는다

몇 줌 없지만
전액 다 내야 하는
이발료

연명치료
필요 없다 써놓고
매일 병원 다닌다

비상금
둔 곳 까먹어서
아내에게 묻는다

전국유로실버타운협회,《사랑인 줄 알았는데 부정맥》, 본문 중에서

책 제목에서부터 뭔지 모르게 풍기는 'B급' 느낌에 주저 없이 책을 구매했다. 도서의 구조는 단순했고, 여백의 미(美)가 느껴졌으며, 내

용은 짤막했지만 임팩트가 있었다. 단 하나, 아쉬운 점이 있다면 속절없이 웃긴데 마냥 웃음이 나오지 않는다는 정도? 이유는, 이 책이 어르신(노인)들의 일상과 절절하고 애절한 고충을 담아낸 책이기 때문에 그렇다.

《사랑인 줄 알았는데 부정맥》은 일본의 '실버 센류' 공모전에서 당선된 걸작선 88수를 추려 담아낸 책이다.[1] '센류'는 5-7-5의 총 17개 음으로 된 짧은 정형시로, 인생의 한 단면을 직관적으로 파악하여 예리하게 찌르는 풍속시이자 생활시라는 특징이 있다.[2] 일본에서는 2001년부터 매해 '실버 센류' 전문 공모전을 여는데, 여기서 당선된 작품을 한국어로 엮어낸 책이 바로 이 《사랑인 줄 알았는데 부정맥》이다. 공모전에는 시니어 세대만 참석할 수 있는 것은 아니고, 실버의 감성과 해학, 메시지를 담았다면 미래의 시니어 세대 누구나 참여할 수가 있다.[3] 주체가 시니어이고, 내용이 시니어이며, 방향성이 시니어다.

부상하는 '세대' ”
부각되는 '콘텐츠'

비단 65세 이상 인구가 전체 인구의 약 30%를 차지한다는 초고령 사회, 일본에서만의 현상은 아니다. 국내에서도 풍부한 경제 자산을 바탕으로 적극적인 사회 활동을 하는 이른바 '액티브 시니어'가 등장하면서 관련 업계와 시장이 들썩이고 있다. 2024년 5월에는 고

령화 시대 시니어 산업 트렌드를 조명하는 '2024 시니어 트렌드 세미나'가 개최되었을 정도다.[4] 소비시장에 막강한 영향력을 행사 중인 이들 세대는 경제적 주체로서의 영향력 뿐만 아니라 문화 콘텐츠를 생성하고 주도하는 측면에서도 두각을 나타내고 있다. 대중문화 콘텐츠에서의 이미지가 바뀌고 있는 점이 가장 특징적으로, 나이가 들어도 멋진 실버 라이프를 추구하는 중장년 세대를 이르는 신조어, '그레이네상스(Grey Renaissance)'나 '그레이 크러시(Gray Crush)' 등이 만들어질 만큼 이전과는 확실히 느낌적으로 많이 달라진 세대 트렌드를 보여주고 있다.[5]

특정 세대의 주목도가 올라가고 있다면 일부 '콘텐츠'와 '장르'의 비상(飛翔)도 눈에 띄는 흐름이다. 지금까지 주목받지 못했던 콘텐츠, 소재, 장르가 '이색'과 '신선함'이란 무기로 대중들의 이목을 끌고 있는 것. 최근 들어 '복고'와는 또 다른 차원에서 '전통적인 것'이 현대적 변용을 통해 매력적이고 독특한 콘텐츠로 수용되고 있는 '힙 트래디션' 열풍이 그 한 예다. 힙 트래디션은 트렌디하다는 의미의 '힙(Hip)'과 전통을 의미하는 '트래디션(Tradition)'의 합성어로, '옛'스러운 것이 '힙'해진 현상을 뜻한다. 국립중앙박물관의 뮤지엄 굿즈(일명 뭇즈)인 반가사유상 미니어처를 비롯해 취객 선비 3인방 변

다양한 힙트레디션 굿즈들
출처: 국립중앙박물관 뮷즈샵

겸재 정선의 '금강내산' 작품 전시 전경
간송미술관 제공

색 잔 세트, 대한
제국 황실의 상징
오얏꽃 문양이 새
겨진 '덕수궁 위스
키 잔' 등이 품절
사태를 빚을 만큼,
늘 새로운 것을 찾
고 그것을 재해석
하는 데 능한 2030
젊은 세대를 중심
으로 큰 인기를 끌
고 있다(힙 트래디션
호감도 – 10대 69.5%,
20대 81.5%, 30대

79.5%, 40대 79.5%, 50대 74.0%).[6] 최근에는 국내 대표 K-헤리티지 지
킴이로 꼽히는 간송미술관이 그동안 소장하고 있던 우리 국보와 보
물 등 예술품 99점을 디지털 콘텐츠로 재탄생시킨 전시회를 여는
등 '힙 트래디션' 열풍은 여전히 현재진행 중이다.[7]

장르 다변화와 그에 따른 높아진 주목도도 눈에 띄는 흐름이다. 그
동안 유행이 지났거나 마이너한 분야로 분류됐던 장르의 인기가 예
사롭지 않은 것인데, 음악 부문에서는 '밴드'의 인기를, 게임 분야에
서는 '방치형(게임)' 장르의 성장세를 꼽을 수 있다. 최근 음악 부문에
서는 K팝 아이돌 그룹(예: 라이즈 등)이 '밴드 콘셉트'로 차별화를 시도

하거나, 데이식스, QWER 등의 K팝 성향 팝 밴드가 대중들로부터 큰 사랑을 받고 있다. 그동안 K팝(특히 보이 그룹)이 지나치게 팬덤 위주의 비즈니스가 되면서 피로도가 커진 대중들이 이제는 상대적으로 피로도가 덜한 밴드 음악으로 관심을 돌린 것이 아니겠냐는 해석이 나온다.[8] 또한 이전의 밴드 음악은 일부 소수 팬층에서 즐기거나 어렵고 난해한 음악, 그래서 진입 장벽이 높은 분야로 인식되어왔지만 최근 들어 대중성을 갖춘 아이돌 밴드의 등장으로 이 같은 인식이 옅어진 것도 밴드 음악의 인기를 견인하고 있다는 분석이 이어지고 있다.

게임 분야에서는 국내 RPG 매출에서의 비중이 2020년 1.7%에서 16%로 크게 상승한 '방치형(키우기)' 게임 장르[9]의 존재감이 새롭다. 대표 주자는 넷마블의 〈세븐나이츠 키우기(일명 세나키)〉로, 그동안 MMORPG에만 몰려 있던 게임 유저들의 관심을 방치형 게임으로 이끌어낸 일등 주역으로 평가받고 있다.[10] 아직 이 장르가 '주류'라고까지 평가하기 어렵다는 의견이 많지만, 연내에 넷마블의 〈일곱 개의 대죄 키우기(2024년 8월 13일 출시)〉, 엔씨소프트 〈리니지 키우기(2024년 하반기 예정)〉 등

의 기대작들이 대거 출시되는 만큼 '방치형 게임=성공'이라는 공식이 성립하게 될지 업계의 관심이 모아지고 있다.

특정 분야에 몰두해 시간

주요 게임사들의 방치형 게임
출처: 각 게임사 홈페이지

과 돈을 쓰는 '마니아(일명 오타
쿠) 문화'의 확산도 주목할 만
하다. 오타쿠 팬층(덕후)은 게
임이나 애니메이션 산업의 '큰
손' 역할을 하고 있는데, 최근
이들을 겨냥한 마케팅에 힘입
어 관련 콘텐츠의 인기가 치
솟고 있다. 롯데백화점 에비
뉴엘이 내부 미디어 전시관에
서 개최한 애니메이션·모바일
게임 '앙상블 스타즈' 특별 전
시는 행사 방문객의 약 95%가

롯데백화점 에비뉴엘에서 열린 모바일 게임
'앙상블 스타즈'의 특별전시에 관람객이 방문한 모습
출처: 롯데백화점

'승리의 여신: 니케'의 홍대입구OOH 광고
출처: 게임톡

10~30대 여성, 특히 주말을 비롯해 평일 저녁 시간에는 입장권이
매진될 정도로 큰 인기를 끌었다고 전해진다.[11] 독창적인 세계관과
흡입력 있는 스토리로 팬들의 호응을 얻고 있는 〈승리의 여신: 니케〉
게임은 서비스 1.5주년을 맞이해 홍대입구와 강남역 인근 옥외광고
를 전개하거나 오프라인 이벤트를 여는 등 팬들을 위한 대대적인 마
케팅에 힘을 쏟고 있다. 모두 팬층(덕후)을 위해 게임 안팎에서 다채
로운 전략을 펼치고 있다는 점이 특징적이다.

한편 일본 내 애니메이션 팬들이 오타쿠 감성으로 만든 영상 덕분
에 K팝 걸 그룹((여자)아이들) 노래가 역주행을 하기도 하고, 일본 인
기 애니메이션 〈최애의 아이〉 주제가를 부른 그룹 요아소비 역시
서브컬처를 좇는 국내 팬덤의 지지 속에 첫 내한 공연을 갖는 등 마

니아 문화 또는 이른바 하위 장르라고 불리우는 '서브컬처'가 콘텐츠 시장의 중심으로 들어오고 있다.[12] 과거 부정적 이미지가 강해 '음지 문화'의 한 축으로 인식되던 '오타쿠 문화' 가 이제는 모두가 함께 즐기는 '양지 문화'로 변화하고, 성장하고 있는 점이 주목할 만하다.

일본 만화 주제곡을 연상케하는
(여자)아이들 역주행곡 '아딱질'
출처: 큐브엔터테인먼트

2023년 12월 내한한 그룹 요아소비
출처: 리벳·카토 슘페이

이처럼 현재 대중 소비자들의 문화 콘텐츠 소비 흐름은 전체적으로 세대와 콘텐츠의 경계가 허물어지고 그동안 수면 아래 묻혀 있던 것들이 수면 위로 올라오는 흐름을 보이고 있다. 지금껏 보지 못했던 새로운 장르가, 그동안 잘 보지 않았던 익숙한 장르가 새롭게 각광을 받고 있는 느낌이다. 장르의 다변화이며, 막강한 우위를 독식하고 있던 주류 콘텐츠 위상의 축소다.

주류 · 비주류, 그게 뭔데? ”
변화된 시선

비주류, 서브컬처(하위 장르)가 한국 문화의 중심 콘텐츠로 등장하고 있다. 대체로 이들은 통상 주류 문화의 반대어로 인식되기 때문에 우리가 '흔히 아는 대중문화가 아닌 모든 것'이라는 생각이 가능하다. 그런데 우리가 흔히 알던 것이 아닌 '그 무언가'가 시장의 큰 흐름을 좌지우지할 만큼 강력한 영향력을 발휘하고 있다. 이른바 불특정 다수가 반응하는 '대박(메가히트)'으로서가 아니라 아는 사람만 아는 소수 정예의 '완판'으로 존재감을 키우고 있다. 이유가 뭘까?

수면 아래의 비주류나 하위 문화, 신생의 마이너가 힘을 낼 수 있는 가장 중요한 이유는, 주류가 내세우는 '규모(얼마나 많은 이가 향유하는가)'와 '브랜드(얼마나 유구한 역사와 전통을 가지고 있는가)'가 아니라 새로운 대안적 경험을 모색하는 소비자들의 취향과 가치관이 변했기 때문으로 볼 수 있다. 메이저(주류)의 강점이 오히려 진부하다는 약점이 될 수 있고, 마이너(비주류)라는 소재가 더 이상 약점이 아닌 신선하고 이색적인 경험을 제공해주는 최적의 재료로 여겨지고 있는 것이다. 이러한 인식은 주류와 비주류의 의미 자체를 바라보는 시각에도 영향을 끼친 것으로 보인다. 실제로 마크로밀 엠브레인 조사 결과를 보면 대중 소비자들은 주류와 비주류 문화를 '규모의 크기'나 '미디어 노출 정도'로 구분할 뿐 주류 문화를 사회적으로 더 인정받은 문화로 보거나, 비주류 문화를 사회적으로 소외된 사람들이 향유하는 문화로 인식하지 않는 경향이 많았다.[13] 주류라는 이유로 평가절상(平價切上)하거나 주류가 아니라는 이유로 다른 문화를 평가절하(平價切下)하지 않았다는 뜻이다. 주류 문화를 즐기는 사람은 그저 '유행에 민감하고'(58.3%, 중복 응답), '트렌디한'(45.1%) 이미지를 갖고 있고, 비주류 문화를 즐기는 사람 역시 '개성이 있

는'(52.7%), '독특한'(43.1%) 이미지를 갖고 있을 뿐이었다.[14]

한마디로, 주류와 비주류의 구분은 지극히 개인의 기호에 따라 취사선택 되는 범주의 대상이지 (향유자 규모에 따른) 사회적 기준이나 시선, 인정 여부에 따라 평가되는 차원이 아니었다. 이제는 주류, 비주류를 구분하는 것 자체가 무의미하며(51.0%, 동의율), 그저 각자가 즐기는 문화가 곧 주류(52.8%)라는 인식이 지배적이다.[15] 바로 이러한 인식(가치관)의 변화가 제2, 제3의 비주류, 하위 문화(라고 일컬어지는)를 등장하게 한 중요한 요인이 된 것으로 보이며, 이로 인해 지금까지 비주류, 서브컬처라 통용되어왔던 것들이 앞으로도 더욱 중요한 문화적 흐름으로 부각될 가능성이 높아 보인다.

마이너 문화가 주류 시장에서 힘을 낼 수 있게 된 또 다른 중요한 이유로는 이 문화를 지지하는 사회문화적 배경이 있기에 가능하다는 사실을 직시할 필요가 있다. 가령 제2차 세계대전 승전국으로서

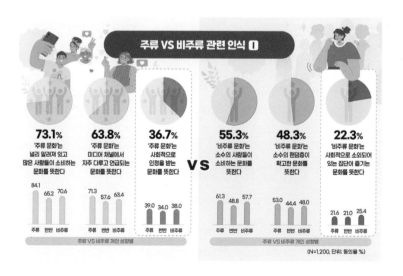

풍요를 누리던 1960년대 미국에서, 베트남 전쟁에 반대하던 젊은 세대에 의해 저항의 상징 '히피 문화'가 확산된 것과 유사한 맥락이다. 그렇다면, 현재 한국에서는 어떤 사회문화적 배경 요인이 대중문화에서 비주류 또는 하위문화의 성장을 가능하게 하고 있는 것일까?

도파민 과잉 사회, "
그에 대한 반(反)문화 움직임

가장 우선적으로는 매체의 다변화, 그로 인한 도파민 과잉에 대한 반(反)문화 움직임을 꼽을 수 있다. 도파민은 신경세포 간 시냅스를 오가며 신경 회로를 활성화해 '쾌감'과 '욕구'를 발생시키는 신경 물질이다.[16] 지극히 학술적이고 이과적인 이 과학 용어가 유튜브나 소셜 미디어, 숏폼 등 장르 불문하고 사용되더니 이제는 일상생활에서 "도파민이 돈다", "도파민이 터진다" 등으로 흔하게 사용되고 있다. 한 연구소에서는 〈재미와 경험을 쫓는 소비자들, 지금은 도파밍(Dofarming) 시대〉라는 보고서를 통해 도파민이 트렌드로 부상한 현상을 분석하기도 했다.[17] 그만큼 우리 사회가 도파민 분비를 유발하는 자극적인 환경에 둘러싸여 있음을 시사한다고 볼 수 있겠다. 이것이 가능한 이유? 짐작했다시피 매체의 다변화와 SNS, 유튜브, 틱톡, OTT 등으로 제공되는 정보가 너무나 많아졌기 때문이다. 문제는, 넘쳐 나는 도파민 자극 요소로 인해 '도파민 중독'이라는 용어가 등장할 만큼 점점 더 강하고, 더 새로운 자극을 찾는 사람들이 많아졌다는 점이다. 도파민 공급이 급격히 줄어들면 극단적인 만족과 쾌락을 찾게 되는 '중독'의 원리처럼, 현대 대중 소비자들 역시 정보의 홍수 속에서 더 자극적이고 더 새로운 것을 탐닉하는 경우가 많아지고 있는 것이다. 이에 대해 UNIST 생명과학과 김재익 교수는 "빠르게 전달되고 사라지는 보상(정보)이 과도하게 제공되는 경우, 우리 뇌는 일상에서 도파민 분비를 유발하는 다양하고 평범한 자극들에 반응하기 힘들어진다"라고 전했다. 보상회로가 교란돼 자극의 역치가 높아지면 일상적 자극에 무감각해지고 무기력해질 수 있다는 것이다.[18]

> 즐거운 자극에 오랫동안 반복해서 노출되면, 고통을 견딜 수 있는 우리의 능력은 감소하고, 쾌락을 경험하는 우리의 기준점은 높아진다. 우리는 순간적이고 영원한 기억을 뇌리에 새기기 때문에 쾌락과 고통의 교훈을 잊으려야 잊을 수 없다. 그러한 기억이 해마에 남아서 평생 가는 것이다.
>
> 애나 렘키,《도파미네이션》, p.87

소셜 미디어와 OTT 플랫폼 등에서 끊임없이 쏟아지는 자극적인 콘텐츠는 순간적인 쾌락과 흥분을 제공하지만 동시에 점점 더 강한 자극을 필요로 하고, 주류 콘텐츠가 제공하는 자극만으로는 만족하지 못하는 상황에 이르게 만든다. 수많은 정보 속에서 끊임없이 선택을 해야 하는 상황은, 결국 과잉 자극과 피로도를 유발할 수밖에 없다. 선택지가 많아졌지만 마냥 행복하지는 않은 셈이다. 때문에 과도한 자극과 콘텐츠에 대한 피로도는 역설적으로 기존의 것에 의문을 제기하게 만들고, 그 대안을 찾도록 이끄는 방향키 역할을 하게 할 가능성이 높다. 이른바 '도파민 디톡스' 같은 반문화적 (Counter-culture) 흐름이다. 일상에서는 이미 도파민 디톡스의 일환으로 '디지털(스마트폰) 거리 두기' 필요성이 80.2%(10대 74.5%, 20대 79.0%, 30대 83.0%, 40대 83.5%, 50대 87.5%, 60대 73.5%)[19]로 평가될 만큼 스마트폰으로 인한 자극적인 콘텐츠에서 벗어나려는 움직임이 많아지고 있다. 아예 디지털 중독의 원흉(?)이라 할 수 있는 통신사가 의도적으로 먼저 나서서 스마트폰 사용량을 줄이거나 멀리할 수 있는 캠페인을 진행하며 디지털 디톡스에 힘을 실어주는 상황이 연출되고 있다.

자녀의 올바른 스마트폰 사용 습관을 만들어주는
SKT의 ZEM 서비스 앱
출처: SKT

이렇게 되면 대중 소비자들은 자연스럽게 지금의 주류 콘텐츠와는 다른 새롭고, 신선하며, 독특한 콘텐츠를 탐색할 가능성이 있다. 주류 문화의 한계와 피로감이 드러날수록 사람들은 기존의 틀을 벗어난 새로운 경험을 갈망하게 될 가능성이 높기 때문이다. 바로 이 과정에서 주류 매체나 대중적 콘텐츠가 제공하지 않는 새로운 경험과 자극을 담보하고 있는 비주류, 서브컬처가 매력적인 콘텐츠로 다가왔을 공산이 크다. 실제로 디지털 디톡스의 일환으로 '취향 탐색'이 강조되고 있는 만큼 이러한 흐름은 진짜 취향을 찾으려는 대

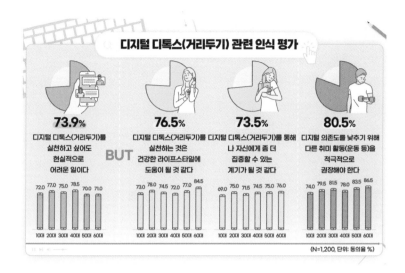

디지털 디톡스(거리두기) 관련 인식 평가

73.9%
디지털 디톡스(거리두기)를
실천하고 싶어도
현실적으로
어려운 일이다

BUT

72.0	77.0	75.0	78.5	70.0	71.0
10대	20대	30대	40대	50대	60대

76.5%
디지털 디톡스(거리두기)를
실천하는 것은
건강한 라이프스타일에
도움이 될 것 같다

73.0	78.0	74.5	72.0	77.0	84.5
10대	20대	30대	40대	50대	60대

73.5%
디지털 디톡스(거리두기)를 통해
나 자신에게 좀 더
집중할 수 있는
계기가 될 것 같다

69.0	75.0	71.5	74.5	75.0	76.0
10대	20대	30대	40대	50대	60대

80.5%
디지털 의존도를 낮추기 위해
다른 취미 활동(운동 등)을
적극적으로
권장해야 한다

74.0	79.5	81.5	78.0	83.5	86.5
10대	20대	30대	40대	50대	60대

(N=1,200, 단위: 동의율 %)

중 소비자들의 니즈와 묘하게 맞물려 비주류와 서브컬처의 탄생을 촉진시켰을 가능성이 있다. 즉, 현재 비주류와 서브컬처의 등장은 도파민 과잉 시대의 반작용으로 등장하게 된 일련의 현상으로 볼 수 있다.

'담보된' 효율과 공감을 추구하다 "

사회문화적 배경 외에 개인적 차원에서도 비주류와 서브컬처의 등장 요인을 찾아볼 수 있다. 바로 소수 정예 네트워크가 줄 수 있는 '담보된 인정'과 주류 콘텐츠가 제공하지 못했던 '정서적 위안(안정)'이다. 각종 숫자와 통계 등 눈에 보이는 외적 가치로 남들과의 차이를 어필해야 하는 시대에 개인의 취향도 평가와 판단의 대상이 된

지 오래다. 남들보다는 좀 더 차별화되고 독특해야 하며 신선해야하는 '나만의 취향'을 강조하는 사회적 분위기도 뚜렷해졌다. 기존제품을 재가공해 새로운 형태로 만드는 패션(패션용품, 소품 포함) 분야의 커스텀 트렌드 확산이 그 예로, 커스텀은 희소성과 차별성을 중시하는 젊은 세대의 성향과 어우러지면서 지금도 다양한 분야의 성장세를 견인하고 있다.[20] 다만 이러한 취향을 지속하기 위해서는 중요한 전제 조건이 하나 있다. 바로 그 취향을 지속할 수 있을 만한 '경제적 여건'이 갖춰져 있는지, 그리고 그 취향이 누군가에게도 '인정받고 지지받을 만한 취향'인지 여부다.

일단 고물가, 경기 침체 악화 등으로 얇아진 주머니 사정은 사람들로 하여금 비용을 줄이면서도 만족감을 극대화할 수 있는 최선의 방법을 찾도록 유도하는 경향이 있다. 이때 가장 적절한 대안은, 주류로 평가된 그 외의 것들을 채택하는 것이다. 대중적인 브랜드 대신 독특한 디자인과 개성을 가진 소규모 브랜드나 빈티지 제품, 마이너한 콘텐츠를 선택해 비용 문제에서 오는 임계치를 낮추는 것이다. 최근 50만~60만 원대 가죽 가방과 지갑 등을 주력으로 판매하는 패션업체가 '가죽'을 과감히 포기하고 20만 원대의 가방을 출시하면서 1020세대에게 큰 인기를 얻은 사례, 돈을 써야지만 재미와 성과가 커지는 MMORPG가 주류인 국내 시장에서 비용이나 큰 힘을 들이지

가죽 원단을 포기하고 폴리에스테르를 소재로 한
가방으로 세대공략에 성공한
아떼 바네사브루노의 '르봉백'
출처: 아떼 바네사브루노

않고도 즐길 수 있는 '방치형(키우기) 게임' 확산이 대표적 예라 할 수 있다.

본질적인 취향의 의미와 가치는 유지하면서도 가격 부담을 최소화하고, 자칫 식상하게 느껴지는 주류 콘텐츠를 새로운 관점으로 환기하고 있는 이 전략이, 지금 대중 소비자들에게는 유효하게 통용 중이다. 다만 여전히 남는 문제는, 주류가 아닌 취향이 '나만의 취향'이라는 차별성을 갖는다 해도 진짜 그 취향이 차별적인 것인

리액션 콘텐츠를 다루는 유튜브
'하말넘많', '라커룸' 캡처(위부터)

지를 여전히 '확인받고' '인정받고' '지지받고' 싶어 하는 니즈는 잔재한다는 것이다(인간은 사회적 동물이니까). 그래서 지금 대중 소비자들은 취향의 공감대가 담보된 채널을 통해 자신의 취향을 공유하고 지지받는 방법을 선택 중이다.

최근 유튜브를 중심으로 원작 공식 채널의 콘텐츠보다 영상 조회 수나 반응이 훨씬 더 뜨거운 콘텐츠가 인기를 얻고 있다. 바로 '리액션 영상'이다. 리액션 영상은 보통 화장하지 않은 얼굴과 편한 복장, 먹방(먹는 방송)이 더해져 시청자가 친구와 함께 영상을 보는 듯한 기분이 들게 하는 특징이 있다.[21] 눈물을 쏟거나 고함을 치고 화내는 등 콘텐츠를 보고 본인이 느끼는 생생한 감정을 가감 없이 표현하는 경우가 많은데, 시청자들은 감정이입을 하는 유튜버

를 보며 공감과 친근감을 느끼는 경우가 많다.

과거에도 리액션 영상은 있었지만 주로 객관적 정보 차원의 평가가 주였다면, 최근의 리액션 영상은 가감 없는 솔직한 발언이나 반응으로 시청자들의 공감을 끌어낸다는 차이가 있다. 불과 4~5%만 돼도 자칭 최고 시청률이라고 할 정도로 콘텐츠 선택에 있어 공감대를 누릴 기회가 흔치 않은 요즘, 리액션 영상과 같은 콘텐츠는 그 영상에 심취된 사람들이라는 공통점 하나만으로도 이미 하나의 공동체나 다름없는 느낌을 전달받을 수 있다. 적어도 이 채널과 이 콘텐츠에서는 자신이 선택한 콘텐츠에 대한 정서적 공감과 지지가 '담보'되는 셈이다. 본인만의 취향, 가치관, 감정의 동질감을 제공해준다는 측면에서 리액션 영상 호감도는 높게 평가되고 있으며, 이러한 움직임은 앞으로 보다 더 다양한 분야에서 많은 대중 소비자들의 선택을 받을 것으로 예상된다. 즉, 비주류, 서브컬처의 등장은

주류 VS 비주류 관련 인식 ⑪

53.6%
'주류 문화'라고 하면
상업성이 강하다는
느낌이 든다

45.8%
'비주류 문화'는
개인의 개성과 정체성을
잘 드러내는 문화인 것 같다

52.8%
요즘은
각자가 즐기는 것이
곧 '주류'인 시대이다

51.0%
요즘 시대에는
'주류'와 '비주류'를
구분하는 것이 무의미하다

(N=1,200, 단위: 동의율 %)

더욱더 무궁무진할 것으로 전망된다.

특별한 취향을 추구하고 싶은 대중적 니즈는 지속되고, 경제적 여건과 상황이 나아지지 않으면 선택과 집중을 통해 특별한 소비를 하려는 경향은 더욱 뾰족해질 가능성이 있다. 이 과정에서 주류가 아닌 그 무엇인가가 '특별함'과 '차별성'을 이유로 대안적으로 선택될 가능성이 높다. 동시에 시간과 비용을 들여 소비한 그 선택이 지지받고, 인정받고 싶은 니즈 역시 지속될 가능성이 있다. 결국 비주류, 서브컬처의 등장은 제한된 자원 속에서 차별화된 개인적 취향을 추구하려는 욕구, 그리고 자신의 취향을 정서적으로 공감받고자 하는 사회적 필요가 맞물린 결과로 볼 수 있다. 지금 대중 소비자들은 돈이 없지 인정받고 싶은 취향이 없는 게 아니다. 이제 자신의 경제적 한계를 인식하면서도 그 안에서 최대한의 정서적 공감과 지지를 담보해줄 만한 취향을 즐기는 '취향 리미티스트' 시대가 도래했다.

취향은 돈이 있어야만 누릴 수 있나? 얼마 전까지만 해도 취향은 돈이 있어야 누릴 수 있었다. 하지만 최근의 변화된 사회상을 보면 다양한 취향을 즐기는 것과 소득의 상관관계는 점점 멀어지고 있다. 경제 자본이 충분한 사람이나 고소득 직장인이 기념일에 즐겼던 고급식당의 '오마카세(주방 특선 요리 형식을 가리키는 일식 용어)'는 오직 나만을 위한 특별한 식사 경험으로 전파되어 다양한 오마카세 문화가 생겨났다. 과거에는 음지에서 저작권도 없이 팬픽으로만 소비되었던 팬덤 문화는 지금은 양지로 나와 다양한 상품으로 확장되어 마음껏 소비되고 있다. 취향의 시대는 이미 시작되었다. 단, 소득보다 욕

망의 소비가 커지는 경우 우리는 삶의 일부를 포기해야 한다. 누군가
는 차량이나 집의 소유를 포기하고 누군가는 결혼이나 육아를 포기
한다. 나의 취향을 찾아가는 일이 지금 사회에서는 개인의 생존에 더
가치 있는 일이라고 판단하는 사람이 늘고 있다.

나영웅,《취향은 어떻게 계급이 되는가》, p.44

So what? 〞
시사점 및 전망

자신의 경제 자본을 객관적으로 인지하면서 스스로의 취향 방향성
을 결정짓는 흐름이 다양한 서브컬처, 비주류의 등장으로 이어지고
있다. 물가 상승이 고조되고 개인의 경제적 여건이 개선될 것이란
기대감이 낮은 현 상황에서 다방면으로 선택과 집중을 요구받고 있
는 대중 소비자들은 문화적 자본을 향유하는 과정에서도 '선택적 투
자 행동'을 지속할 가능성이 있다. 그리고 이 태도는 취향이라는 소
비 태도에 몇 가지 변화를 가져오게 될 것으로 예상된다.

첫 번째는, 단순히 비용적 측면만 감안했을 때 소프트웨어, 플랫
폼 등의 디지털 서비스 이용이 '신(新)가심비 전략'으로 떠오를 가능
성이 있다. 일반 대중들이 즐길 수 있는 콘텐츠 영역이 비주류, 서
브컬처 장르로 확대되고 있지만, 이 모든 것을 향유하기에는 '비용
적 한계'와 (접해보니 막상 내 취향과 맞지 않는) '선택의 실패'라는 변수
가 존재한다. 이렇게 불확실성이 높은 상황에서 최소한의 비용으

AI 사진 보정 앱
'스노우'의 AI 하이틴(좌), '에픽'의 AI 이어북 서비스(우)
출처: 각 사

로 최대한의 만족을 얻기 위한 최적의 선택지가 있다면? 대중 소비자들이 이를 마다할 가능성은 매우 낮다. 바로 디지털 서비스(플랫폼) 이용 전략이다.

2023년 AI 프로필을 출시한 사진 앱 '스노우'는 직접 촬영한 셀카 사진 10~20장을 올리면 스튜디오에서 촬영한 것 같은 높은 퀄리티의 프로필 사진을 제공하는 서비스로 큰 관심을 모았다.[22] 1만 원 미만의 저렴한 비용으로 높은 결과물을 얻을 수 있어 이용자들의 만족도가 높았던 '스노우'는 2023년 매출만 무려 255% 증가한 결과를 보였으며, '스노우'를 포함한 자사 패밀리 앱(B612, 푸디, 에픽, 비타, 글로우업 등)의 글로벌 누적 다운로드 수 역시 20억 건을 돌파할 정도로 큰 인기를 끌었다.[23] 연예인들과 소통할 수 있는 '위버스', '버블' 등의 앱(App) 인기도 눈여겨볼 만한 흐름이다. 일반적으로 좋아하는 연예인과 소통을 하기 위해서는 팬 사인회, 팬 미팅에 참여하는 등 많은 시간과 비용을 투자해야 하지만, 적당한 금액의 구독 상품을 이 앱에서 결제하면 실시간으로 연예인과 친구, 연인처럼 대화를 나눌 수 있고, 대중에게 공개되지 않은 '한정판 사진'을 받는 등 긴밀한 소통이 가능하다. 비싼 티켓값을 지불하지 않아도, 고가의 굿즈를 구매하지 않아도 커피 한 잔 수준의 저렴한 가격으로 큰 행복을 살 수 있는 소통 앱은, 최근 아이돌에 이어 배우,

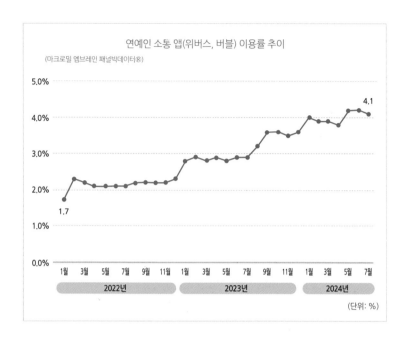

연예인 소통 앱(위버스, 버블) 이용률 추이

(마크로밀 엠브레인 패널빅데이터®)

(단위: %)

스포츠 스타 등 분야를 확장하며 빠르게 성장하고 있다.

단, AI 등 최신 디지털 기술(플랫폼)을 활용한 서비스가 일종의 취향 소비 전략으로 선택되고 있는 상황에서도 동시에 이 흐름에 완벽히 역행하는 반(反)디지털 소비 경향이 빠르게 증가할 가능성도 함께 고려할 필요가 있다. 이를테면 2030 젊은 세대를 중심으로 나타나고 있는 '텍스트 힙' 트렌드 현상이다. 이는 앞서 언급한 전통적인 것을 힙하게 느끼는 '힙 트래디션'과 같은 또 다른 서브컬처 움직임으로, AI 서비스의 효용 가치가 고평가되는 상황에서 텍스트를 기반으로 한 문화를 '힙'하게 느끼는 카운터(Counter) 흐름으로 볼 수 있다. '시집'의 인기가 높아지고,[24] 폐간됐던 영화 평론 잡지 《키노(KINO)》가 부활하며,[25] 필사 책, 필사 모임이 인기를 끄는 현상[26] 등이 그 예로, 텍스트 자체 의미에 집중하는 '레터 문화'의 재확산 움직임은 앞으로도 지속될 가능성이 있다. 특히나 본질에 좀 더 집중하고 싶어 하는 최근 대중 소비자들의 일련의 태도와 결합되면서 반(反)디지털 소비문화는 더욱더 힘을 얻게

대화 금지 안내판이 붙여져 있는 카페 '침묵'
출처: 중앙일보

될 가능성이 있다. 실제로 최근 카페나 술집 등을 중심으로 디지털 기기 사용을 제한하거나, 대화를 금지하는 '무음 매장'이 속속 등장하고 있는데, 이러한 '인위적 거리 두기' 콘텐츠를 선택하려는 움직임은 조용하면서도 꾸준하게 증가 중이다.

두 번째로 전망되는 흐름은 '리얼리티 콘텐츠의 적절한 선'에 대한 대중적 요구가 크게 높아진다는 점이다. 현재 대중 소비자들은 SNS와 OTT 플랫폼의 발달로 정보와 콘텐츠 접근성이 그 어느 때보다 높아졌지만, 동시에 자극적인 콘텐츠에 무방비하게 노출되면서 극도의 피로감을 느끼고 있는 상황이다. 특히나 도가 지나칠 정도로 선을 넘는 콘텐츠에 대해서는 피로감을 넘어 반감의 수준이 커지고 있으며, 이러한 반감이 오히려 자극성으로만 무장된 콘텐츠를 구별해내는 신(新)능력으로 발현되고 있다. 최근 유튜브 채널 '피식대학'은 한 영상에서 경상도 영양 지역에 대해 "여기 중국 아니냐?", "강물이 똥물", "지역 특산품이 할매 맛" 등의 선을 넘는 지역 비하성 발언으로 여론의 뭇매를 맞은 바 있다. 해당 영상과 관련해 피식대학 측이 사과문을 게시했지만 구독자 수는 급감했고, 예정된 지

역 홍보 협업이 취소되는 등 대중들의 반응은 냉담하기만 했다.[27] 재미와 자극이 담보된 콘텐츠에 열광하지만, 그 재미와 자극이 '선'을 넘을 땐 가차 없이 공격에 나서고 지위나 직업을 박탈하는 이른바 캔슬 컬처(Cancel Culture)* 사례가 더욱 두드러지고 있는 것이다.

> *** 캔슬 컬처(Cancel Culture)란?**
> 누군가가 자신이 생각하는 올바름의 기준에 어긋나는 행동이나 발언을 했을 때 상대방을 공개적으로 모욕하고 다른 이들이 그 비방에 참여하도록 부추기는 행동 방식을 말한다. SNS에서 인종이나 젠더 등의 문제로 소수자들을 차별하거나 왕따시키는 행동 방식이 대표적이다. '콜아웃 컬처' 또는 '아웃레이지 컬처'라고도 불린다.
> 출처: 네이버 지식백과

다만, 역설적이게도 오히려 자극이 '선'을 넘는데도 그 자극의 취지가 진정성을 담보했을 때 달라지는 대중 소비자들의 태도를 눈여겨볼 필요가 있다. 단순히 흥미 유발을 위한 자극이 아닌 현실성과 진정성을 전제로 한 보조 장치로서의 자극 요소는 대중 소비자들의 공감을 넘어 지지까지 받는 현상이 등장하고 있는 것이다. 최근 스타 부부들의 가상 이혼을 소재로 한 MBN의 〈한 번쯤 이혼할 결심〉 프로그램은 방영 당시 '이혼'이라는 자극적인 소재 및 아동에 대한 정서적 학대라는 논란이 있었음에도 시청자들의 지지와 호응으로 파일럿에서 정규 방송으로 재편성된 바 있다.[28] 스타 부부의 리얼한 일상이라는 소재 자체가 꽤나 자극적이지만, 막상 보여지는 모습이

한 번쯤 이혼할 결심
출처: 유튜브 엠플레이

대중 소비자의 삶과 크게 다르지 않은 지극히 현실적인 부부간 갈등이고, 그 갈등을 풀어가는 태도가 오히려 대중 소비자들에게 진정성 있게 다가왔던 것으로 풀이

된다. 이제 대중 소비자들은 단순히 자극적인 콘텐츠에 휘둘리기보다 자신의 삶과 연결된 현실적인 이야기에 더 큰 반응을 보이고 있으며, 이는 본질을 위해 필연적으로 요구된 '민낯'이라는 자극 요소를 겸허히 수용하는 태도로 이어지고 있다.

세 번째로 예상되는 흐름은 비주류, 서브컬처 부상에 따른 파생 효과로 '일부 계층·집단이 향유했던 특정 문화들'의 희석화 측면이다. 이른바 'OO 전용', 'OO 전형'이라는 의미의 퇴색이다. 개인의 차별화된 취향, 새로운 경험 추구 차원에서 기존의 주류 문화와는 다른 콘텐츠들이 대안으로 선택되며 비주류, 서브컬처가 등장하고 있다. 이 과정에서 특정 계층·집단이 향유하던 문화(콘텐츠)가 다양한 연령대와 사회적 배경을 넘나들며 폭넓게 수용되고 있다. 과거 남성들의 전유물로 여겨지던 '풋살'이 최근 여성들 사이에서 뜨거운 인기를 얻고 있는데, 대한축구협회(KFA)에 등록된 여성 풋살 팀은 2019년에 비해 2배 이상 증가한 것으로 집계됐다.[29] 중장년층이 주로 즐기던 '분재(盆栽)'는 어느새 젊은 세대의 취미 활동으로 떠오르고 있으며,[30] 취미나 만남을 돕는 플랫폼도 더 이상 2030세대만을 타깃팅하지 않고 그 대상을 중장년층으로 확대하고 있다.[31]

같은 맥락에서 **콘텐츠 서사가 더욱 다양해지고 있는 흐름도 눈여겨볼 만하다.** 과거에는 부자 관계나 전형적인 가족 관계, 그 안에서의 갈등을 주요 콘텐츠로 다뤘다면, 최근에는 다양한 형태의 가족 서사, 사소한 것으로 치부됐던 여성 서사가 각광을 받는 경우가 많아지고 있다. 2024년 방영된 〈연애 남매〉는 레드오션으로 꼽히는 연애 리얼리티 예능계에서 내 혈육의 로맨스를 눈앞에서 관전한다는 신선한 접근으로 대중의 관심을 받았다. 단순히 혈육의 애정 행각(?)이나 남녀 간 연애 감정을 전면으로 내세우기보다 가족 내 관계성과 혈육의 우애, 다양한 형태의 가족 서사를 담아낸 점이 대중의 호평과 인기를 얻은 주요 요인으로 평가되고 있다.[32] 콘텐츠에서 부각되고 소구되는 성(性) 역할도 달라지는 양상을 보이고 있다. 가부장적 틀 안에서 여성 캐릭터를 소비하거나, 주로 여성은 부차적·부수적인 역할로 소구되고, 이들의 '이혼'이나 '비혼'과 같은 개인적 선택은 부정적 시각으로 다뤄지는 경우가 많았지만, 이제는 '여성' 그 자체로서의 존재를 바라보는 방향으로 관점의 전환이

'연애남매'
출처: JTBC

'엄마, 단둘이 여행 갈래?'
출처: JTBC

시도되고 있다. 최근 이효리 모녀의 여행 예능 프로그램 〈엄마, 단둘이 여행 갈래?〉는 그동안 남성 중심의 서사가 지배적이었던 한국 사회의 관례를 깨고 모녀간 관계를 서사로 풀어낸 프로그램으로, 엄마와 딸의 애틋한 모습 이면의 애증 관계를 솔직하게 담아내 많은 대중들의 공감을 이끌어냈다.[33]

이처럼 개인의 성향이나 가치관 등이 최우선적인 고려 대상이 되면서 다양한 계층과 연령대가 교차하는 새로운 문화적 흐름이 형성되고 있다. 특정 계층이나 집단에 국한된 문화들이 사회 전반에 걸쳐 확산되고 재구성되는 과정을 거치면서, 콘텐츠 서사 역시 다채롭고 포용적인 방향으로 진화하고 있다. 'OO 전용', 'OO 전형'과

같은 특정 문화의 경계가 흐려지는 것으로, 그만큼 문화 소비의 스펙트럼은 더욱더 넓어질 것으로 예상된다.

다만 이러한 흐름에서 우려스러운 점은 오히려 넓어진 문화 소비의 스펙트럼, 다양성의 부각으로 인해 공영성 부재(不在) 현상은 더욱 뾰족해질 가능성이 커졌다는 점이다. 유튜브, OTT 등으로 어렵지 않게 입맛에 맞는 콘텐츠 취식이 가능해지고, 이른바 대박이라 칭할 만큼의 콘텐츠 점유율이 담보되지 않은 상황에서 지상파 방송사들이 공영성을 갖고 콘텐츠를 선보여야 한다는 명분과 당위성은 그 힘을 잃어가고 있다. 투자 대비 큰 효과를 보기 어렵다는 것이 기정사실화되면서 이것이 공영성이란 가치를 넘어서고 있는 것이다.

기억을 더듬어보면 일부 마니아층만 시청하던 다큐멘터리(예: 〈아마존의 눈물〉, 〈차마고도〉, 〈최후의 툰드라〉 등)가 인기 프로그램으로 언급됐던 시절이 있었다. 바로 한국 대중문화에서 네오 마이너리즘(Neo-Minorism)이라는 용어가 등장하기까지 마이너 문화가 대세였던 2008~2012년도다. 당시만 하더라도 지상파 방송사들은 대규모 투자 비용이나 대형 기획사 등의 외재적 요인보다 특화된 스토리라는 내적 요소를 중요하게 고려해[34] 나름대로 공영성을 갖고 콘텐츠나 작품을 선보이는 경우가 많았다. 하지만 최근에는 지상파 자체가 타 채널에 비해 콘텐츠 경쟁력을 잃어가고 주류 미디어로서의 권위와 영향력이 약해지는 상황에서, 대규모 제작비를 들인 콘텐츠 생산에 많은 부담을 느끼고 있다. 특히나 정부 정책이나 정치적 기류에 따라 공공의 이익보다는 특정 이익집단의 목소리가 더 크게 반영되는 경우가 많아지면서 더 이상 지상파도 '방송사가 해야 할 콘텐츠 제작'이란 공영성을 배제하는 경우가 점점 더 많아지고 있다. 어린이, 청소년, 전원 드라마나 다큐멘터리 등 공익성을 띠는 프로그램들이 요즘 들어 거의 소멸되다시피 한 결정적 이유라 할 수 있겠다.

이러한 흐름은 투자한 제작비 환수 보증이 어려워질 만큼 콘텐츠 경쟁력과 채널 파워가 약화된 지상파 방송사의 어쩔 수 없는 선택의 결과일 수 있다. 하지만 비주류, 서브컬처의 등장이 부각되는 요즘, 이는 자칫 비주류, 서브컬처 향유층을 외면하게 되는 자충수가 될 수 있음을 기억할 필요가 있다. 지금은 '대박'이라는 불특정 다수의 반응보다 아는 사람만 아는 소수집단의 '완판'이 더욱 중요해진 시대다.

힙 트래디션
텍스트 힙

1990년대
레이브 문화 부활?>>>

영국에서 오후 3시부터 8시까지 운영되는 댄스 클럽 '데이피버(Day Fever)'가 30대 이상 중장년층과 실버 세대 사이에서 큰 인기를 얻고 있다. 자녀를 돌봐야 하는 중년층과 일찍 잠자리에 들고 싶은 실버 연령층에게 매력적인 선택지로 떠오르고 있는 것. 실제로 이 클럽은 입장객 70% 이상이 실버 연령

▌노팅엄에서 열린 데이피버(Day Fever) 행사
출처: BBC

대일 정도로 폭넓은 연령층으로부터 인기를 얻고 있으며, 이들은 디스코, 펑크, EDM 등 다양한 장르의 음악에 맞춰 춤을 추고 떼창을 부르는 이색 장관을 연출한다. 일각에서는 데이피버가 1980년대 후반부터 1990년대를 주름잡았던 레이브(Rave) 문화 세대의 추억을 되살리고, 그들이 느꼈던 에너지와 자유로운 분위기를 다시 경험할 수 있는 공간으로 자리매김했다고 평가하고 있다.[35] (레이브 음악이란 빠른 템포와 반복적인 비트가 특징인 일렉트로닉 댄스(EDM) 장르다).

중국인들이
1996년 달력을 사는 이유>>>

2024년 새해를 맞은 중국인들이 1996년도 달력을 사들이는 특이한 현상이 발생했다. 1996년도 빈티지 달력 검색량은 한 주간 약 600% 급증하며 사상 최고치를 기록했고, 달력을 구매하려는 사람들이 늘어나면서 가격이 1000위안(한화 약 18만 원) 이상으로 거래되기도 했다.[36] 이는 당시 방송 중이었던 TV 드라마 시리즈 〈번화〉가 1990년대에 대한 향수를 불러일으킨 결과로 분석된다. 빠르게 성장하며 풍요로운 시절을 보냈던 그 시절 상하이를 그리워하는

중국 중고 거래 앱의 1996년 달력 판매 사진
출처: 사우스차이나모닝포스트

중국인들이 많아진 것이다. 드라마가 인기를 끌면서 중국 전역에서는 복고 열풍이 불기 시작했고, 많은 중국인들이 1990년대의 상하이, 선전, 베이징을 회상하며 '그때 그 시절'에 대한 그리움을 토로했다. 중국 경제의 불확실성이 커지고 있는 만큼, 과거의 풍요로움을 상징하는 시절에 대한 향수가 더욱 강하게 작용하고 있는 모습이다.

힙 트래디션 열풍으로 부활한 일본 온천>>>

최근 일본에서 20~30대 젊은 층을 중심으로 온천을 즐기는 사람이 눈에 띄게 늘고 있다. 이는 2021년 방영된 TV 드라마 〈사도(サ道, 사우나를 즐기는 법)〉가 직접적인 계기가 된 것으로, 해당 드

문화 공간으로 거듭난 도쿄 온천 닛포리 사이토유
출처: 사이토유 홈페이지

라마에는 각 지역의 특색 있는 온천과 사우나를 찾아 나서는 '온천덕후'들이 등장한다. 이들의 입욕법은 온천을 사랑하는 일본인들의 '입탕' 욕구를 자극했으며 온천가에는 '입욕과 사우나를 반복하면 몸과 마음이 편안하게 정돈되고, 쾌감을 얻을 수 있다'는 뜻의 '토토노우(整う, 정돈되다)'라는 유행어가 퍼지면서 온천을 찾는 이들이 크게

늘었다고 전해진다. 이에 힘입어 젊은 층 사이에서는 온천이 '올드
하다'는 인식에 변화가 나타났고, 온천 업계도 이들 세대의 유입을
위해 다양한 문화 콘텐츠를 개발하기 시작했다. 특히, 젊은 예술가
에게 인기 있는 '고엔지 거리' 한가운데 자리한 도쿄 온천 코스기유
는 이를 활용한 문화 행사를 적극 개최하며 화제를 모았다. 현재 일
본의 2030세대에게 온천은 '힙한 공간'으로 여겨지면서 관광 명소로
떠오르고 있는 중이다.[37]

도시 소멸 위기 극복 비결은
'서브컬처'>>>

2014년 일본의 민간 싱크탱크가 발표한 보고서에서 2040년까지 소
멸할 가능성이 높은 지역으로 지목되었던 '도시마구'가 '서브컬처 특
화 도시'로 거듭나며 도시에 새로운 활력을 불어넣고 있다. 도시마
구는 《우주소년 아톰》의
창작자인 데즈카 오사무
가 거주했던 아파트를 개
조해 '도시마 구립 도키와
장 만화 뮤지엄'을 세우거
나, 옛 구청사 자리에 영화
관과 공연 시설 등을 갖춘
복합 문화 시설 '하레자 이

애니메이트·공연장 등을 갖춘 문화복합시설
'하레자 이케부쿠로'
출처: 서울신문

케부쿠로'를 건설하는 등 문화와 예술을 즐길 수 있는 공간으로 변모하고 있다. 특히 하레자 이케부쿠로는 '포켓몬 센터', '에반게리온 스토어' 등 다양한 상점들이 자리 잡으면서 여성 마니아들을 위한 성지로 성장하고 있다.[38] 전통적으로 일본 '오타쿠 문화'의 중심지는 아키하바라였지만, 이에 필적할 정도로 서브컬처의 새로운 중심지로 떠오르고 있는 것이다. 서브컬처를 통한 도시 재생이 도시마구가 소멸 위기를 극복하고 지속 가능한 도시로 나아가는 핵심 동력으로 작용한 것으로 보인다.

고양이 같이 키울
배우자 구합니다>>>

애묘인 전용 결혼정보회사
'토라콘 커넥트 냐아' 홈페이지 소개글
출처: 토라콘 커넥트 냐아

일본에 애묘인 전용 결혼정보 회사가 등장해 주목을 받고 있다. '토라콘 커넥트 냐아'는 알레르기나 가치관 등의 이유로 반려묘 키우기를 반대하는 사람 대신 고양이와 함께 생활하고 싶은 사람들을 미리 소개해주는 곳으로, '토라콘(ToraCon)'이라는 업체는 애니메이션이나 게임, 스포츠 등 특정 분야에 빠져 있는 이른바 오타쿠를 대상으로 한 결혼 상담 서비스를 제공해 주목을 받아왔다.[39] '토라콘 커넥트 냐아'로 애묘인 주선에 나선 해당 업체는 현재 고양이와 함께 살고 있거나, 결혼 후 고양이를 입양할 의향이 있는 사람들만을 회원으로 받고 있으며, 고양이를 좋아하는 것만으로는 가입이 불가능하다. 회원들은 자기소개란에 고양이와 함께 찍은 사진을 올리고, 어떤 고양이와 살고 있는지 등을 공유하며 얼마나 고양이를 좋아하는지를 한눈에 알 수 있도록 작성해야 한다.[40] 상대방의 직업, 재산, 외모를 우선적으로 따지던 기존의 결혼 정보 회사가 개인의 취미나 관심사 등 취향을 중시하는 방향으로 변화하고 있는 모습이다.

가장 저렴한 명품, 적은 비용으로 최고의 만족도>>>

중국에서 가장 소비력이 강한 도시, 상하이에서 '초콜릿'을 사기 위한 긴 행렬이 이어지고 있다. 최근 중국에 '루이비통 초콜릿' 1호점이 오픈하면서 많은 사람들이 몰려들었는데, 37도 폭염에도 한 시간 이상 대기하는 손님들이 많을 정도로 큰 인기를 끌었다. 루이비통 초콜릿의 가격은 240~3200위안 (한화 약 4만 5000~60만 원)까지 다양하며, 다른 명품 매장과 마찬가

루이비통 초콜릿 상하이 매장의 초콜릿 제품
출처: 시나웨이보

지로 일대일 서비스를 받을 수 있다[41]고 전해진다. 중국 현지 소비자들은 "루이비통 핸드백은 못 사도, 초콜릿은 구매할 수 있다"며, 상대적으로 저렴한 가격대에 명품을 경험해볼 수 있다는 점을 긍정적으로 평가하고 있었다.

청년들을 위한
전용 양로원>>>

중국의 '청년 전용 양로원'
출처: 사우스차이나모닝포스트

최근 경기 침체, 실업난이 가중되고 있는 중국에서 정신적으로 힘든 시기를 겪는 20~30대 청년들을 위한 전용 양로원이 등장했다. 해당 양로원은 중국 주요 도시들과 지방을 중심으로 생겨나고 있는데, 주로 중국의 '탕핑족(躺平, 가만히 누워 아무것도 하지 않는 청년들)'과 '파이어족(경제적 자유를 얻어 일찍 은퇴하고자 하는 청년들)'을 수용하고 있다.[42] 현지 매체에 따르면, 취업 스트레스, 직장 생활로 인한 번아웃 등이 온 청년들이 월 30만 원 수준의 비용을 내고 일시적인 휴식처로 양로원을 찾고 있는 것으로 나타났다. 주로 거주자의 신체적 건강보다는 정신 건강에 집중하며 카페, 노래방 등 휴식을 취할 수 있는 공간이 있다는 점이 특징이다.

전 세계 Z세대, '텍스트 힙'에 빠지다>>>

전 세계의 Z세대를 중심으로 '종이책'의 인기가 높아지고 있는 가운데, 영국에서의 책 판매량이 역대 최고 수준을 기록했다. 2023년 실물 도서가 약 6억 6900만 권 판매된 것으로, 영국 《가디언》지는 Z세대를 대표하는 모델 카이아 거버(Kaia Gerber)가 "독서는 섹시하다(Reading is so sexy)"고 말한 인터뷰를 인용하며 이들 세대가 종이책을 읽는 행위를 멋있다고 느끼면서 책과 도서관으로 눈을 돌리고 있다고 전했다.[43] 틱톡의 '북톡(Booktok)' 해시태그 챌린지를 통해서도 이러한 인기를 확인할 수 있었다. 주로 자신이 읽은 책을 소개하거나 독서 인증을 하는 콘텐츠로, 2024년 7월 기준 해당 해시태그가 달린 게시물 수는 3370만여 개에 달하는 것으로 나타났다.[44] 이에 최근에는 '독서는 멋진 것'이란 의미의 '텍스트 힙(text-hip)'이란 신조어까지 등장하면서 텍스트 기반 콘텐츠에 대한 관심이 늘어나고 있는 모습이다.[45] 도파민을 자극하는 콘텐츠가 난무하고 '문해력'이 화두가 되고 있는 현재, 젊은 세대의 이 같은 행보는 주목할 만한 현상으로 꼽힌다.

'북톡(Booktok)' 해시태그 챌린지
출처: 틱톡

'오늘 목욕 취소'
신조어의 의미는?>>>

온천과 목욕의 나라로 알
려진 일본에서 2024년
'목욕 취소 모임'이라는
뜻의 '후로 캰세루 카이
와이(風呂キャンセル界隈)'
라는 신조어가 등장했다.
집이 작더라도 욕조가 구

한 일본 조사에 의하면 일본인 65.8%가
'목욕하기 귀찮다고 느낀 적 있다'고 응답했다.
출처: 닛테레 뉴스 유튜브

비되어 있고, 하루를 마무리하는 과정에 목욕이 필수일 정도로 목
욕 문화가 일상화된 일본에서 이러한 신조어가 나오자 SNS상에서
는 다양한 반응들이 쏟아졌다. 일각에서는 "씻지 않는다니 민폐다"
라는 비판적인 의견을 내놓았고, "요즘에는 드라이 샴푸 등 안 씻더
라도 관리할 방법은 많다" 등 긍정적인 반응들도 있었다. 이 신조어
를 소개한 니혼게이자이신문은 "목욕을 귀찮게 여길 수는 있지만,
그것을 굳이 SNS에 공개하는 것은 놀라운 일"이라고 지적했다.[46]
남들과 다르게 행동하는 것을 꺼리는 경향이 강한 일본 사회에서
목욕을 하지 않는다는 일종의 반문화적 흐름을 SNS에 게시하는 태
도는 독특한 현상으로 해석되고 있다.

주류 매체나 대중적 콘텐츠가 제공하지 않는
새로운 경험과 자극을 담보하고 있는
비주류, 서브컬처가
매력적인 콘텐츠로 다가왔다.

지금은 팬본주의 시대

지금 내 곁에 있어 줘·중요한 것은 나와의 관계·
유행의 소분화, 단속화

'리액션'이 필요 없기 때문에 ""
돌멩이를 키운다

한 동영상이 난리가 났다. 2024년 4월 기준 조회 수가 무려 930만 이 넘은, 〈돌 씻는 김 대리〉라는 제목의 유튜브 동영상이다.[1] 유명 배우가 등장하는 시트콤 제목 같은 영상이지만, 이 영상은 허무하 게도 제목 그대로 주구장창 돌만 씻는다. 매우 정성스럽게, 몇 번씩 반복해서, 윤이 번쩍번쩍 나게. 영 상의 주인공은 온양석산이라는 석 재회사에서 근무하는 김명성 대리

■ 출처: SBS 뉴스

다. 건설 경기의 침체로 석재 수요가 급감하면서 회사가 직원들의 월급을 줄 수 없는 상황이 되자, 김 대리가 회사의 주력 제품인 조경석 홍보를 위해 조금씩 찍어 올리던 영상이 알고리즘을 타면서 엄청난 반응이 터진 것이다. 이 영상이 대박 나면서 돌 제품을 구입하고 싶다는 문의가 쏟아졌고, 회사는 1만 원짜리 '반려돌' 상품을 출시했다. 이 반려돌은 판매 시작 40초 만에 품절되었으며, 이후 회사 매출은 이전보다 30% 이상 급증했다고 전해진다.[2] 그런데 여기서 하나 의문이 생긴다. 사람들은 도대체 왜 '돌멩이' 하나를 사기 위해 이렇게 몰려든 것일까?

반려돌은 코로나19를 기점으로 새롭게 떠오른 '집콕' 취미로, 몇 년 전부터 방송 프로그램 등을 통해 대중들에게 화제가 됐지만, 그다지 큰 관심을 받지는 못했었다. 그런데 최근 이 무생물인 돌멩이를 반려의 대상으로 '키우는' 이른바 석주(石主, 반려돌의 주인)들이 점점 더 많아지고 있다. 미국 일간지인 〈월스트리트저널〉에서도 반려돌(Pet-rock)을 키우고 있는 독특한 현상을 소개하면서, 한국인들이 '변하지 않는 고요함'을 찾고 있다고 보도하기도 했다.[3] 반려돌에 대한 관심도 증가는 검색량으로도 드러난다. 한 키워드 분석 플랫폼(블랙키위)에 따르면, '반려돌'이라는 키워드의 누적 검색량은 2024년 4월에 5만 건이 훌쩍 넘었는데, 특히 4월 초에 화제가 된 이후 검색량은 전월에 비해 1757%나 급증했다고 전해진다.[4] 실제 조사 결

■ 직장인 김상희 씨가 키우는 반려돌
■ 출처: 뉴시스

과, 최근 '반려돌' 유행 현상에 대해 2명 중 1명이 인지하고 있었고 (48.9%), 일반적인 동식물이 아닌 '돌'을 반려의 대상으로 키우는 다소 생소한 현상을 이해한다는 사람들이 적지 않을(32.9%) 정도로 대중들의 관심이 점점 더 높아지고 있는 모습이다.[5]

왜, 사람들은 일상적인 '리액션'이 전혀 없는 무생물 돌멩이를 반려의 대상으로 키우고 있는 것일까? 반려돌을 키우는 사람들을 인터뷰한 자료에 따르면, 바로 이 '리액션'이 필요 없기 때문이라고 한다. 산책, 목욕, 배변 처리가 필요 없고, 밥을 주지 않아도 되고, 짖고, 할퀴고, 물지도 않으며, 잔병치레도 없다.[6] 한마디로 관리에 들어가는 경제적·심리적 비용이 거의 없다는 것이다. 여기에 한 가지 더 강력한 장점이 있다. 같이 있으면 '덜 외롭다'는 것이다. 사람들은 이 반려돌에게 이름도 지어주고, 옷도 입혀주며, 동반하면서, 말을 건다.[7] 그렇게 반려돌과 소통하면서 외로움을 달랜다. 반려돌을 키우는 사람들은, 반려돌과 소통하면 우울감도 덜 수 있고, 떨어진 자존감도 올릴 수 있다고 말한다.[8] 외로움이 일상이 된 지금, 사람들은 보다 저렴하고 번거로움을 줄이는(시간과 비용을 아낄 수 있는) 방식으로 누군가와 소통하고 싶어 했다.

반려돌의 인기 요인,
저렴한 방식으로 '지금 내 곁에' 있어주는 것

지금 한국 사회에서는 많은 사람들이 일상적으로 외로움을 경험

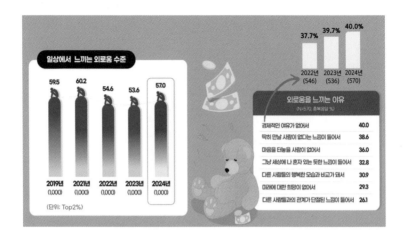

하고 있다. 외로움을 느끼는 사람들의 비율은 2019년 10명 중 6명
(59.5%) 수준이었는데, 코로나 시기에 사회적 거리 두기 등으로 주변
사람들이 같이 외로워지면서 역설적으로 일상적인 외로움은 줄어
드는 추세를 보였으나, 2024년에 다시 증가했다(60.2%(2021)→54.6%
(2022)→53.6%(2023)→57.0%(2024)).[9] 이제 한국 사회에서 외로움은 만
성화 단계로 들어간 것으로 보인다. 그리고 사람들이 외로움을 느
끼는 가장 큰 이유는 '돈 문제' 때문인 것 같다. 외로움을 느끼는 주
된 이유로 '경제적 이유'가 가장 높게 나타났고, 또 이러한 경향은 매
년 조금씩 강해지고 있었다(37.7%(2022)→39.7%(2023)→40.0%(2024)).[10]
경제적 이유뿐만 아니라 많은 사람들은 딱히 만날 사람이 없고(2순
위, 38.6%), 마음을 터놓을 사람이 없어서(3순위, 36.0%) 외롭다고 느
끼기도 했다.[11] 설사 이렇게 외로움, 우울감 등을 느낄 때 함께 이
야기할 수 있는 사람이 있다 하더라도 솔직하게 속마음을 털어놓는
것에 어려움을 겪고 있는 비율도 적지 않았다(속마음을 털어놓을 대상

이 있어도 상황적으로 어렵다-37.2%).[12]

외로움이 만성화되면서, 사람들은 혼자 보내는 일상이 오히려 편하다고 받아들이고 있었다. 비교적 많은 사람들이 사람을 만나지 않을 때 오히려 마음이 더 편해진다고 생각했으며(43.0%, 동의율), 혼자서도 할 수 있는 것들이 많아서 더 좋다고 느끼고 있었다 (66.1%).[13] 이 경향성은 인간관계에서 중요한 역할을 하는 친구의 필요성과 의미에도 영향을 끼치는 것으로 보이는데, 좋은 친구의 중요성을 높게 인식하던 경향이 1년 새 큰 폭으로 낮아진 결과를 보인 것이다. 또한 친구가 없어도 생활하는 데 불편함이 없다고 생각하거나, 이제 친구는 딱 한 명이면 충분하다고 인식하는 사람들이 늘어난 것으로 나타났다.[14] 갈수록 외로움의 감정은 커지고 만성화되고 있음에도, 사람들이 굳이 친구 관계를 만들고 확장하지 않으려 노력하는 이유는 무엇일까?

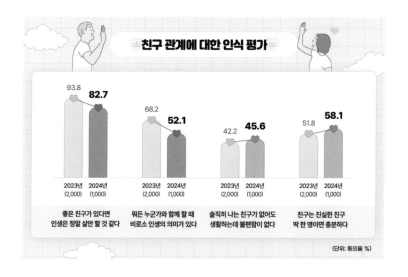

친구 관계에 대한 인식 평가

| | 93.8 | **82.7** | | 68.2 | **52.1** | | 42.2 | **45.6** | | 51.8 | **58.1** |

| 2023년
(2,000) | 2024년
(1,000) | 2023년
(2,000) | 2024년
(1,000) | 2023년
(2,000) | 2024년
(1,000) | 2023년
(2,000) | 2024년
(1,000) |

좋은 친구가 있다면 인생은 정말 살 만할 것 같다 / 뭐든 누군가와 함께 할 때 비로소 인생의 의미가 있다 / 솔직히 나는 친구가 없어도 생활하는데 불편함이 없다 / 친구는 진실한 친구 딱 한 명이면 충분하다

(단위: 동의율 %)

앞선 몇 가지 단서를 종합하면 이렇게 정리할 수 있다. 외로움의 가장 큰 이유가 경제적 이유 때문이라고 언급한 것을 고려하면, 지금 사람들이 친구 관계를 줄이려는 시도는 일상적인 비용을 줄이려는 것일 수 있다. 반려돌이 대중적으로 크게 인기를 얻은 이유도 바로 여기에 있다. 반려돌은 아주 저렴한 방식으로 그냥 곁에 있어주는 것만으로 외로움을 달래주는 동반자가 되어주기 때문이다. '지금 곁에 있어주는 것(now & here with me)'에서 외로움을 달래는 이 방식은, 일상 영역에까지 확대되고 있다. 사람들은 시간과 비용을 들여 다른 사람들과 만나 함께 밥을 먹기보다, 혼자 밥을 먹으면서도 외로움을 달랠 수 있는 수단으로 '밥 친구' 영상을 활용하고 있기 때문이다. 이에 최근 유튜브 등에서는 '토크 쇼' 영상이 인기를 끌고 있는데, 2시간 이상의 영상 조회 수가 2024년 8월 현재 1000만 뷰를 넘을 정도다.[15] 영상을 집중해서 보지 않더라도 '그냥 틀어두는 것'만으로도 누군가와 함께 있는 것 같은 느낌을 받을 수 있다는 점이 인기 요소로 보인다.

연애 리얼리티에 대한 큰 관심, 인간관계의 대리 학습

친구가 덜 필요해지고, 관계 관리에 심리적·경제적 비용을 줄이고 있는 시대, 사람들은 무엇으로 외로움을 해소하고 있을까? 사람들은 주로 'TV'에 의존하고 있는 듯하다. 많은 사람들이 TV 보기로 외로움을 해소하려고 하고 있었기 때문이다(1순위, 37.7%).[16] 다음으로 'OTT 보기(2순위, 36.8%)', '음악 듣기(3순위, 35.3%)', '산책하기(4순위, 32.8%)', '맛있는 음식 먹기(5순위, 31.2%)'순이었는데,[17] 대부분의 사람들은 외로움이라는 감정을 잠시 잊을 수 있게 하는 몰입의 대상을 찾거나, 다른 활동으로 전환하는 방식으로 외로움을 해소하고자 했다. 이렇게 많은 사람들이 '뭔가를 보면서' 외로움을 해소(또는 회피)하려는 성향은 외로움의 문제를 해결하는 데 있어서, '대리 경험'을 통해 인간관계를 배우려는 경향과도 관계가 있어 보인다.

외로움의 문제를 해결하는 데 있어서, 사람들과 소통하고 관계를 늘리거나 맺어가면서 해소하는 방식을 부담스러워하는 경향은 늘어나고 있었다. 많은 사람들이 실제 얼굴을 보면서(61.1%, 동의율), 또는 이야기하면서 시간을 보내고 싶어 하지만(53.1%), 실제로는 사람을 만나 이야기하는 상황에 대해 '걱정'을 하고 있었기 때문이다(사람을 만나 이야기하는 상황이 되면 무슨 말을 꺼내야 할지 걱정된다 - 37.9%(2022)→36.9%(2023)→38.9%(2024)).[18] 그래서 사람들은 구체적인 상황에서 미묘하게 발행하는 인간관계의 문제를 '리얼리티'가 강한 콘텐츠를 통해 대리해서 학습하는 것 같다. 조사에서도 이런 경향은 뚜렷하게 나타났는데, 남녀 관계의 미묘한 심리를 리얼하게 보여주는 '연애 예능 리얼리티' 프로그램에 대한 관심이 2년 전인 2022년에 비해 더욱더 높아졌다(연애 리얼리티 프로그램 시청 경험률-52.2%(2022)→59.8%(2024)).[19] 그리고 많은 사람들은 SNS 등에서 이런 프로그램들이 화제가 되고 있다고 인식하는 듯했고(최근 SNS나 커뮤니티 등에 연애 프로그램 관련 게시물이 많은 것 같

연애 프로그램 시청 경험률

52.2

↑ 59.8

송남성 55.2%
우여성 64.3%

20대 초반 69.5%
20대 후반 68.5%
30대 초반 65.0%
30대 후반 53.5%
40대 초반 51.0%
40대 후반 51.0%

2022년
(1,200)

2024년
(1,200)

(단위: %)

다-64.3%(2022)→73.3%(2024)),
주변에서도 과거에 비해 훨씬 더 많은 사람들이 이런 프로그램을 보고 있다고 인식했다(최근 내 주변에 연애 프로그램을 보는 사람들이 많은 것 같다-53.2%(2022)→67.6%(2024)).[20] 사람들은 이런 프로그램을 통해 연애 감정을 대리해서 느끼는 것뿐만 아니라(50.9%), 인간관계를 대리해서 학습하고 있는 것으로 보인다(연애 프로그램을 통해 연애뿐 아니라 인간관계에 대한 팁도 얻을 수 있을 것 같다-59.6%(2022)→62.3%(2024)).[21] 이제 사람들은 인간관계의 많은 문제를 직접적인 경험이 아니라 대리 학습(vicarious

최근 SNS나 커뮤니티 등에 연애 프로그램 관련 게시물이 많은 것 같다 (동의율)	최근 내 주변에 연애 프로그램을 보는 사람이 많은 것 같다 (동의율)	연애 프로그램을 통해 연애 뿐 아니라 인간관계에 대한 팁도 얻을 수 있을 것 같다 (동의율)
64.3% (2022) · 73.3% (2024)	53.2% (2022) · 67.6% (2024)	59.6% (2022) · 62.3% (2024)

* N=1,200

learning)을 통한 간접경험으로 해결하려고 한다. 심리적으로, 경제적으로 가장 저렴하게 인간관계를 체험하는 방식이기 때문이다.

팬본주의 시대의 팬덤 관리 ⁉️
: 중요한 것은 꺾이지 않는 나와의 관계

인간관계를 확장하지 않는 방식의 문화 콘텐츠 소비는 대리 경험의 확대라는 방식에서도 나타나지만, 팬덤(Fandom) 문화에도 영향을 주고 있다. 팬덤은 어떤 대상의 팬(fan)들이 모인 집단이라는 뜻이지만, 지금 한국 사회의 문화 콘텐츠 분야에는 이 팬덤 활동이 일상적이고 광범위하게 작동하고 있다. 팬덤을 보는 분위기도 나쁘지 않다. 팬덤 활동을 서로 독려하고(팬덤 활동은 건전한 취미 활동이다-63.5%), 존중해준다(84.9%).[22] 그리고 전방위적으로 분야가 다양화되고 있으며(87.8%), 연령대도 광범위하게 확대되고 있다(84.2%).[23] 그런데 여기 한국 사회의 팬덤 문화에서는 아주 특별한 현상이 한 가지 관찰된다. 어떤 셀럽을 좋아하고 그 팬덤에 동참한다고 해서 자신의 정체성과 동일시하지는 않는다는 점이다. 많은 사람들이 현재 자신이 좋아하는 스타(공인)가 있다고 이야기했고(56.6%),[24] 그 셀럽의 활동을 자랑스럽게 느꼈으나(내가 좋아하는 셀럽의 활동이 자랑스럽게 느껴진다-그렇다 48.2% vs. 아니다 30.5%),[25] 역설적이게도 이 셀럽을 다른 사람이 좋아하든 말든 별 상관이 없다고 생각했다(다른 사람이 좋아하든 말든 상관없다-71.0%).[26] 자신이 좋아하는 셀럽을 주변 사

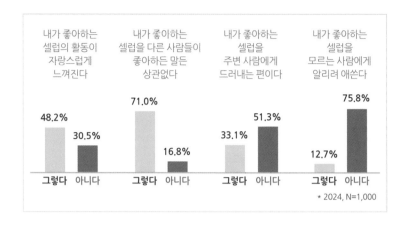

내가 좋아하는 셀럽의 활동이 자랑스럽게 느껴진다		내가 좋아하는 셀럽을 다른 사람들이 좋아하든 말든 상관없다		내가 좋아하는 셀럽을 주변 사람에게 드러내는 편이다		내가 좋아하는 셀럽을 모르는 사람에게 알리려 애쓴다	
48.2%	30.5%	71.0%	16.8%	33.1%	51.3%	12.7%	75.8%
그렇다	아니다	그렇다	아니다	그렇다	아니다	그렇다	아니다

* 2024, N=1,000

람들에게 드러내는 편도 아니었고(내가 좋아하는 셀럽을 주변 사람들에게 드러내는 편이다—그렇다 33.1% vs. 아니다 51.3%), 내가 좋아하는 셀럽을 전혀 모르는 사람에게 알리려고 애쓰지도 않았으며(알리려 애쓴다—그렇다 12.7% vs. 아니다 75.8%), 그 셀럽의 가치관을 그렇게까지 지지하는 것도 아니었다(셀럽의 발언, 생각, 가치관 등을 지지한다—그렇다 34.4% vs. 아니다 36.7%).[27] 심지어 많은 사람들은 내가 좋아하는 셀럽을 공개적으로 밝히는 것이 자신의 정체성이라고 생각하지도 않았고, 그 팬덤 또한 자신의 정체성과는 무관한 것으로 생각하고 있었다(셀럽에 대한 팬덤은 나의 정체성이다—그렇다 12.4% vs. 아니다 70.4%).[28] 이 조사 결과는, 팬덤에 대한 기존의 사회심리학적 설명을 완전히 뒤집는다.

《팬덤의 시대》 저자인 마이클 본드는 사람들은 단순히 오락을 즐기기 위해서가 아니라 특정한 현실을 경험하고, 시야를 넓히고, 같은 생각을 가진 사람들과 소통하기 위해 팬덤에 합류한다고 주장한다.[29] 여기에 강력한 이론적 근거를 제공

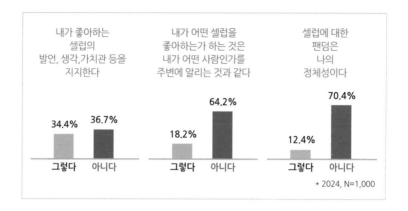

내가 좋아하는 셀럽의 발언, 생각,가치관 등을 지지한다

34.4% 그렇다 / 36.7% 아니다

내가 어떤 셀럽을 좋아하는가 하는 것은 내가 어떤 사람인가를 주변에 알리는 것과 같다

18.2% 그렇다 / 64.2% 아니다

셀럽에 대한 팬덤은 나의 정체성이다

12.4% 그렇다 / 70.4% 아니다

* 2024, N=1,000

한 사회심리학자 앙리 타지펠(Henri Tajfel, 1919~1982)의 최소 집단 실험에 의하면, 인간은 아주 작은 자극이나 단서만으로도 자신과 남을 분류하며, 자신이 속한 집단의 구성원을 누구보다도 선호한다.[30] 그리고 이런 집단에 대한 선호는 그 사람의 사회적 정체성에 큰 부분을 차지한다. 이런 관점에서 보면 같은 셀럽을 좋아한다는 공통의 취향을 가진 사람들끼리의 모임은 팬덤을 형성하는 좋은 자극이 될 수 있다.

그런데 이런 기존의 팬덤 문화에 대한 사회심리학적 결과는 현재의 한국 사회의 셀럽에 대해 팬덤이 보이는 태도와 배치된다. 즉, 현재 한국 사회에서 특정 셀럽의 팬덤에 속해 있다 하더라도, 이 팬덤이 팬들 개인의 정체성을 대표하지는 못한다는 것이다. 왜 이런 결과가 나타났을까?《팬덤의 시대》저자인 마이클 본드의 설명에서 추론이 가능하다. 인간은 집단생활을 하도록 진화해왔고, 직관적으로 사회 환경을 이해하기 위해 인종, 성별, 계급, 종교, 국적, 직업 등을 기준으로 사람을 분류해왔다. 그리고 이런 분류는 친구와 적을 구별하는 아주 오랜 과거를 반영한 것이며, 이 집단에 소속감을

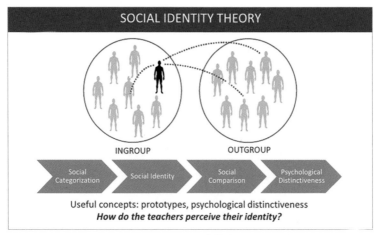

출처: blog.naver.com/sdyc00/220375420789

느낌으로써 동료애와 목적의식, 안정감을 부여하고 혼자서는 할 수 없는 일을 하게 해줄 수 있다고 설명한다.[31]

즉, 특정 집단에 소속해 있다는 느낌은 자신의 생존에 도움이 된다는 것이다. 이 설명을 적용하면 앞선 데이터는 이렇게 읽을 수 있다. 현재 한국 사회에서는 같은 셀럽을 좋아한다는 한 가지 교집합만으로는 그 사람들과 동료애나 동일한 목적의식이나 안정감을 느낄 수는 없다는 뜻이다. 이는 여러 가지 한국적 상황을 내포하는 현상일 수 있다. 다만, 특정 셀럽에 대한 취향이 같다고 해서 다른 사람들과 동일한 가치관과 목적의식을 공유할 만큼 충분히 인간관계가 활발한 시대가 아닌 것은 분명해 보인다. 사람들은 자신이 좋아하는 셀럽을 응원하고 시간과 돈을 쓸 수는 있어도 자신의 정체성의 문제는 별개로 생각하고 있는 것이다.

그렇다면, 지금 한국 사회의 광범위한 팬덤 활동은 어떻게 이해해야 할까? 힌트는 팬덤 활동의 내용에 있다. 일반적으로 사람들은 '팬덤 활동'을 떠올렸을 때, 팬 카페/커뮤니티에 가입해 활동하거나 사인회/공연 등 오프라인 만남과 같은 '커뮤니티 활동'을 우선적으로 생각할 것이다. 이러한 활동이 팬덤의 본뜻에 더 가깝기 때문이다. 하지만 조사에 따르면, 실제 이런 커뮤니티 활동으로 팬심(Fan心)을 표현하는 사람들은 많지 않았다(팬 카페 등 특정 커뮤니티 가입-26.8%, 6순위, 사인회/공연 등 공식 오프라인 만남-16.8%, 11순위).[32] 그 대신 본(本)프로그램을 시청하면서(프로그램 본방 시청 등) 시간을 쓰는 비중(48.8%)과 SNS를 팔로우하는 비중(48.6%)이 거의 유사한 수준으로 가장 높았고, 이 경향은 근소하게 계속 증가하는 추세였다(34.0%(2019)→46.9%(2021)→48.6%(2024)).[33] 해당 콘텐츠를 직접적으로 보고 듣는 방식으로 시간을 소비하는 것을 팬의 기본적 행동이라고 전제해보면, 해당 셀럽의 SNS를 팔로우하면서 팬덤 활동을 한다는 것은 이와는 다른 특별한 의미가 있다. 셀럽의 일상을 실시간으로 관찰하고 피드백을 받고(때로는 주고) 있다는 뜻이다.

셀럽 SNS 팔로우 경험
[팬덤활동/팬심 표현 방법, 2순위]

34.0%
46.9%
48.6%

2019 (656) 2021 (847) 2024 (933)

(Base: 좋아하는 스타(공인) 有 응답자, 중복 %)

이렇게 되면, 팬덤에서 집단으로서의 의미는 별로 중요해지지 않는다. 내가 그 집단에 속해 있는지 여부보다 더 중요한 것은 나와의 관계가 된다. 바로 여기에 흥미로운 지점이 있는데, 사람들은 내가 좋아하는 셀럽을 전혀 모르는 사람을 만날 수도 있다고 생각하고 (75.6%), 실제로 주변에서 그런 사람을 만나도 상관이 없고(71.0%),

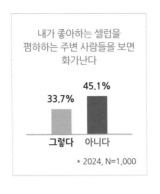

내가 좋아하는 셀럽을
폄하하는 주변 사람들을 보면
화가난다

33.7%　　45.1%

그렇다　아니다

* 2024, N=1,000

그 셀럽을 폄하해도 화내지 않는 경우가 더 많았다(내가 좋아하는 셀럽을 폄하하는 주변 사람들을 보면 화가 난다-그렇다 33.7% vs. 아니다 45.1%).[34] 내가 좋아하는 셀럽에 대한 주변 사람들의 평판으로 인해 내 정체성에 그다지 큰 영향을 받지는 않는다는 얘기다. 이 관점으로 보면, 나에게 셀럽은 팬덤이라는 모임 활동의 대상이라기보다 '지금 내 곁에 언제라도 함께하는 일대일 관계의 대상'이 된다.

정리해보면, 현재 한국 사회에서 광범위하게 나타나고 있는 팬덤 문화는 사회 정체성 표현의 하나로 해석될 수 있는 팬덤 현상과는 다르다. 팬덤 활동을 한다는 것(셀럽에 열광하고 셀럽의 상품을 소비하는 것)과 '자신이 어떤 사람인지'를 드러내는 정체성의 문제와는 별개로 생각하고 있기 때문이다. 오히려 지금 나타나는 한국적 팬덤 현상은 팬덤이라는 집단으로 보아야 하는 현상이 아니라, 개인들이 그 셀럽과의 관계 맺기로 이해할 수 있는 현상이다.

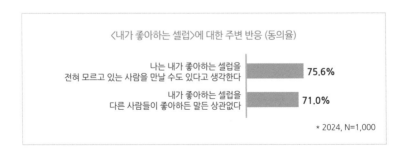

〈내가 좋아하는 셀럽〉에 대한 주변 반응 (동의율)

나는 내가 좋아하는 셀럽을
전혀 모르고 있는 사람을 만날 수도 있다고 생각한다　75.6%

내가 좋아하는 셀럽을
다른 사람들이 좋아하든 말든 상관없다　71.0%

* 2024, N=1,000

이렇게 되면, 나와 연결된 셀럽의 활동을 '나의 기준'으로 끊임없이 평가하고 피드백을 제공하는 사례가 증가할 수 있다. 그 결과, 이제 팬덤은 셀럽들이 만들어낸 유·무형의 콘텐츠 상품을 소비하는 소비자로서만 머무는 것이 아니라, 자신의 가치관, 생각, 감정 등을 셀럽에게 적극적으로 드러내고 영향을 끼치는 존재가 되고 있다. 예를 들면, 아무리 좋은 평가를 받던 콘텐츠도 '지금 팬의 기준'으로 재평가해서 맞지 않는다고 판단되면 견고한 팬덤이 있던 공연이 취소되기도 하고,[35] 이전에 아무리 내가 좋아했던 셀럽이라 해도 '사생활'에 문제가 있다는 생각이 들면 그 셀럽의 견고한 팬덤에 상관없이 강하게 비판에 가담한다.[36] 현재 한국 사회의 팬덤은 단순 소비자 집단에만 머물지 않는다. 그리고 이 현상은 문화 예술 분야에 국한되지도 않는다. 스포츠, 정치, 경제, 사회 분야에 걸친 대부분의 콘텐츠에 개인의 평가가 끊임없이 피드백되면서 해당 분야의 셀럽이 만들어내는 콘텐츠에 개입하고, 콘텐츠를 재해석하고, 새로운 콘텐츠로 확대하는 생산자의 위치로까지 진화하고 있다.

　자본을 굴려 이윤을 추구하는 경제체제와 사회시스템을 자본주의라고 한다면, 지금 시대는 현재 대중의 관심을 굴려 키워야 이윤을 만들어낼 수 있다. 그래서 대중적 관심과 소비를 원하는 거의 모든 경제적 영역에는 팬덤이 근간이 된다. 팬덤이 있어야 대부분의 비즈니스에서 지속 가능성이 담보되기 때문이다. 그래서 지금의 팬덤은 자본이 되는 시대, 근본이 되는 시대, 이른바 '팬본주의' 시대다. 그리고 이 팬본주의의 동력은 각 분야의 셀럽과 '나와 관계 맺기'가 된다.

So what? 〞
시사점 및 전망

외로움의 만성화에서 시작된 사회 변화가 광범위하게 대중에게 영향을 주고 있다. 많은 사람들은 일상적으로 외로움을 경험하고 있지만, 인간관계를 확장하거나 타인과의 교류를 통해서 외로움이라는 부정적 감정을 해소하려 하지 않고, 경제적으로나 심리적으로 비용이 덜 들어가는 다른 방법을 찾고 있는 것으로 보인다. 이와 관련해서 주목해야 할 2가지 시사점이 있다.

첫 번째 주목해야 할 현상은 팬덤의 국소화(局所化, localization) 현상이다. 이 현상은 팬덤이 집단적으로 움직이는 것이 아니라 개인화되고 있는 현상을 반영하는 것으로, 예를 들면, 유명 셀럽에 대해 한쪽에서는 열광하지만, 다른 한쪽에서는 이름도 못 들어본 사람들이 등장하는 현상이 반복되고 있는 것을 말한다. 이 현상은 조사 결과에서도 극명하게 나타나는데, 2023년 국내외 시장에서 광범위하게 성공을 거두었던 아이돌 그룹 '뉴진스(New Jeans)'와 국내에 엄청난 팬덤을 가지고 있는 아티스트 임영웅에 대한 세대별 인지도 차이였다. 뉴진스의 경우 이름과 얼굴, 히트곡 등을 상세히 알고 있다는 10대와 20대 응답자는 각각 28.0%와 31.0%로 나타났으나, 50대는 5.0%에 그쳤고, 잘 알지 못하거나 처음 들어보는 아티스트라는 응답은 40.0% 수준으로 매우 높았다(처음 봄-8.5%, 거의 모름-31.5%, 10, 20대는 10.0% 미만).[37] 반면, 임영웅에 대해서 상세히 알고 있다는 응답은 50대에서 14.5%로 세대 중에서는 가장 높았으나, 10대의 경

뉴진스(위)와 임영웅(아래)

우 이 비율은 5.0%에 그쳤다.[38] 호감도의 양상도 비슷하게 나타났는데 임영웅을 좋아하는 50대는 60.0% 정도였으나 10대의 경우 28.7%로 절반 이하의 수준이었고, 뉴진스의 경우 10대의 68.0%가 호감이 있었지만 50대는 51.4%로 연령별 차이를 보였다.[39] 언론이나 기사로만 보면, 전 국민적인 반응이 있는 것처럼 보여도 세대별 인지도와 호감도의 차이는 엇갈리게 나타나고 있는 것이다. 이는 셀럽에 대한 '평균적인 평판'이나 인지도가 높다고 하는 것과 '개인의 호불호'는 다르며, 그 셀럽에 대한 평가를 오로지 '나와의 관계'로 평가하고 있기 때문으로 볼 수 있다. 즉, 팬덤이라는 집단적인 문화는 대중적으로 움직이는 현상이라기보다 개인별 호불호의 감정이 작동하는 분야라는 것이다. 이 현상은 비단 문화 예술 분야에만 적용되지는 않는다. 특히 정파성이 매우 강한 정치적·사회적 이슈에 따라 이러한 팬덤의 국소적 현상은 '평균적 여론'을 수렴하는 것을 매우 어렵게 할 수 있다.

두 번째는 이 팬덤 극화의 상업적 측면에서 '유행의 소분화(小分化, 유행이 작은 규모로 형성되는 것)·단속화(斷續化, 유행이 짧게 끊어지는 것)' 현상이다. 이제 문화 예술계에는 '초대형 흥행' 영화가 나오기 힘든 문화적 토대가 굳어졌다. 기본적으로는 OTT 채널의 일상화로 대중의 영상 콘텐츠에 대한 다양한 취향을 충족해주는 너무나 손쉬운 토대가 광범위하게 퍼져 있기 때문이다. 여기에 콘텐츠 선택에 있어서 집단적인 팬덤이 작동하기보다는 타인의 영향을 덜 받는 개인적 취향이 더 강하게 작용하고 있다. 물론, 스크린을 독점적으로 운영하면서 관객의 선택의 폭을 줄여 관객을 일시적으로 크게 늘릴 수는 있다. 하지만 이런 인위적인 관객몰이는 상당한 안티팬덤(anti-fandom)을 양산하게 될 가능성이 크다. 팬본주의 시대에서 안티팬덤의 크기는 비즈니스 지속 가능성에 상당한 타격을 줄 수 있다.

> **'범죄도시4' 흥행, 스크린 독식 덕?…"다른 영화 볼 수가 없어요"**

 유행의 소분화와 단속화는 문화 예술뿐 아니라 다양한 소비 현장에서도 간접적으로 확인할 수 있다. 최근의 대중 소비자들은 과거에 비해 자신이 좋아하는 연예인들의 패션이나 액세서리를 따라 하는 경향이 약해졌다(내가 좋아하는 연예인의 패션이나 액세서리를 따라 하는 편이다-12.1%(2018)→8.7%(2024)).[40] 그리고 주위 사람들이 무슨 옷을 입는지에 대한 관심도 줄고 있고(주위 사람들이 무슨 옷을 입는지 눈여겨본다-56.1%(2018)→46.3%(2024)), 유행에 따라 옷을 구입하는 경향도 낮아지고 있다(유행에 따라 옷을 구입한다-31.7%(2018)→22.5%(2024)).[41] 결정적으로 상당수의 대중 소비자들은 자신이 굳이 지금의 유행을 따라갈 필요는 없다고 인식하고 있다(요즘 유행하는 것들을 굳이 따라갈 필요는 없다고 생각한다-64.3%).[42] 따라가는 것 자체가 벅차다고 느끼는 사람들이 많았고(요즘 유행하는 것들을 따라가기 벅차다-39.2%), 유행에 따라가기 위해서는 경제적으로 여유가 있어야 한다고 생각하기 때문이다(유행하는 콘텐츠, 아이템 등을 파악하기 위해서는 경제적 여유가 있어야 한다-61.8%).[43]

내가 좋아하는 연예인의 패션이나 액세서리를 따라하는 편이다 (동의율)	주위 사람들이 무슨 옷을 입는지 눈여겨 본다 (동의율)	유행에 따라 옷을 구입한다 (동의율)
12.1% (2018) / 8.7% (2024)	56.1% (2018) / 46.3% (2024)	31.7% (2018) / 22.5% (2024)

* N=1,000

이런 인식들은 주류와 비주류 문화에 대한 경계를 흐릿하게 하고 (요즘 시대에는 주류와 비주류를 구분하는 것이 무의미하다—51.0%), 각자의 즐길 거리에 집중하게 하는 경향으로 전개될 것으로 예상된다(요즘 은 각자가 즐기는 것이 곧 '주류'인 시대—52.8%).[44] 즉, 대규모의 유행에 동참하기보다는 자신의 상황, 또는 자신의 감정 상태에 맞게 작게 즐기고, 짧게 즐기는 형태의 소분화되고 단속화된 유행이 반복될 가능성이 크다. 실제로 최근 2030세대를 중심으로 독서 문화를 '힙 (hip)'하다고 여기는 '텍스트 힙(text-hip)' 문화가 유행하는 가운데,[45] 여유 시간이나 상황에 맞춰 짧게 즐길 수 있는 '전자책 플랫폼' 이용 이 많아지고 있는 것도 유사한 맥락으로 보인다.[46] 이처럼 소분화된 문화 소비 방식이 확산되면서 업계에서도 시간 단위로 나눈 요금제 를 잇따라 출시하고 있다. 네이버 웹툰의 경우 1000원으로 웹툰을 한 시간 동안 몰아 볼 수 있는 이용권을 출시했으며,[47] 에버랜드도 장미 축제 기간을 맞아 장미원 이용에 특화된 시간제 특별 이용권 '가든 패스'[48]를 판매한 바 있다.

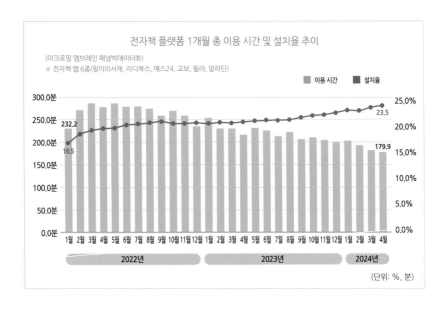

전자책 플랫폼 1개월 총 이용 시간 및 설치율 추이

(마크로밀 엠브레인 패널빅데이터®)
※ 전자책 앱 6종(밀리의서재, 리디북스, 예스24, 교보, 윌라, 알라딘)

앞으로도 매번 새로운 아이템과 콘텐츠가 '○○열광', '○○유행'으로 뉴스에 반복해서 등장하겠지만, 지금과 같은 트렌드에서 이런 유행은 단속적(斷續的)으로 끝날 가능성이 매우 높다. 만약 현실에서 강력한 팬덤을 만들어야 하고, 유행을 지속시키려고 한다면, 중요한 규칙이 하나 있다. 바로 직접적으로 팬들의 가치관에 영향을 주는 것이다. 옥스퍼드대학교의 더글라스 홀트(Douglas B. Holt) 교수는 미국에서 강력한 팬덤을 구축하고 있는 방송국 ESPN 사례를 분석하면서, 어떤 브랜드(또는 셀럽)가 강력한 팬덤을 넘어 하나의 문화 아이콘(Icon)이 되기 위해서는 그 브랜드(또는 셀럽)의 세계관과 가치관에 설득된 추종자들이 많아야 한다고 주장한다. 추종자들이 많다면 그 브랜드는 지속 가능성을 걱정할 필요가 없다. 팬들이 '알아서' 관계를 내면화하기 때문이다.

ESPN 추종자들은 대부분 남성들로 대체로 아이를 가진 아버지들이다. 팀 스포츠는 이들의 삶에서 주요 영역이며, 영웅적인 모습에 감정적으로 몰입하기 위해 선택하는 것이기도 하다. 추종자들은 ESPN이 전파한 '순수한 운동선수들의 정신'을 깊이 개인화했다. 이 추종자들이 보기에 스포츠는 상업시장이라고 하는 불경스러움으로부터 멀리 떨어져 있어야 하는 신성한 세계인 것이다. (중략) 추종자들과 ESPN의 관계는 브랜드 전문가의 이론에서 설명하던 브랜드 관계와는 전혀 달랐다. 감성 브랜딩을 발전시킨 학자들은 브랜드-고객 관계 맥락에서의 대인 관계를 강조한다. 전문가들은 친밀감, 상호주의, 그리고 신뢰성이 브랜드에 대한 충성도를 유도한다고 주장한다. 이와는 달리 ESPN의 추종자들은 의존성을 보여주는데, 이것은 카리스마적인 리더들과 동일시하는 사람들의 특징이다. ESPN의 추종자들은 채널과의 상호주의를 거의 느끼지 않는다. 이 방송 채널은 ESPN의 경험을 개인화하거나 시청자들과 신뢰를 쌓는다는 명분으로 자신의 길을 포기하지 않는다. 추종자들은 ESPN을 정치 지도자나 유명 예술가들의 추종자들처럼 이들을 존경한다. 다만, ESPN은 이들의 헌신을 얻기 위해 핵심 고객들과 개인적인 관계를 맺을 필요가 없다. 추종자들은 ESPN과의 관계를 '스스로 알아서' 개인화하는 데 문제가 없다고 생각하기 때문이다.

더글라스 홀트, 《브랜드는 어떻게 아이콘이 되는가》, p.260~264

팬덤 활용법
동반자 AI

영원한 주류 팬덤은 없다,
디즈니의 위기>>>

최근 Z세대의 콘텐츠 소비 패턴이 변하면서 영원한 콘텐츠 강자로 남을 것 같았던 '디즈니'마저 위기를 맞고 있다. SNS 기반의 숏폼 콘텐츠와 크리에이터 미디어에 익숙한 Z세대가 비디오 등 '오리지널 콘텐츠'보다 '크리에이터가 만든 콘텐츠'를 선호하면서 Z세대 '디즈니' 팬이 줄어들고 있기 때문이다. 실제로 최근 디즈니가 개최한 글로벌 팬 이벤트 참석자 중 Z세대 비중이 가장 낮았으며, 〈토이 스토리〉 30주년, 마블 울버린 50주년, 도날드 덕 90주년 기념 전시장에는 긴 대기 줄이 이어졌지만, Z세대를 겨냥한 디즈니+ 시리즈 〈

퍼시 잭슨과 올림포스의 신들〉 대기 줄은 상대적으로 짧았던 것도 이를 방증한다.[49] 이와 관련해 영국 일간지는 디즈니가 Z세대가 원하는 엔터테인먼트의 방향성을 잘 파악하고 대처하고 있는지 의문을 던지기도 했다. 이제 Z세대 시청자를 두고 디즈니가 경쟁해야 하는 대상은 영화 제작사나 방송사가 아닌 SNS 크리에이터, 유튜버 등 방대한 '온라인 콘텐츠 생태계'라는 분석도 이어지고 있다. 거대한 팬덤을 기반으로 콘텐츠 업계에서 위상을 떨쳐왔던 디즈니가 세분화된 콘텐츠 세계에서 닥쳐온 위기를 극복할 수 있을지 귀추가 주목된다.

왕립 박물관의
'팬덤' 활용법>>>

세계 최대 규모를 자랑하는 영국 왕립 박물관에서 글로벌 팝 스타 테일러 스위프트의 열성 팬을 찾는 공고문을 올려 화제가 됐다. 예술, 디자인, 공연을 전문으로 하는 이 박물관에서 '테일러 스위프트'에 관해 모든 것을 알려줄 수 있는 '스위프티(스위프트 팬의 별칭)'

영국 V&A 뮤지엄의 'Taylor Swift -Superfan Advisor' 공고
출처: V&A 뮤지엄 홈페이지

를 채용하기로 한 것이다. 박물관 측은 테일러 스위프트 팬들의 공연 관람, 응원 문화 등을 통찰력 있게 설명할 수 있는 팬을 찾고 있으며, 향후 고문 자격으로 박물관

의 큐레이터 전문가에게 자신의 지식을 공유하게 될 것이라고 설명했다.[50] 실제로 이러한 열혈 팬의 자문을 바탕으로 2024년 7월 해당 박물관에서 '테일러 스위프트'를 테마로 한 전시가 열리기도 했다.[51] 해당 박물관은 테일러 스위프트 외에도 이모지, 크록스, 레고, 포켓몬 카드 등 다양한 분야에서 '전문가'를 모집하고 있다. 이는 최신 트렌드를 파악하고 젊은 관람객들을 유치하기 위해 '찐팬'을 활용하고 있는 것으로 보인다.

젊고 다양한,
일본의 K팝 팬덤>>>

뉴진스가 일본에서 폭발적인 인기를 끌며 젊은 층 중심으로 새로운 케이 팝 팬덤을 형성하고 있다. 특히, 케이 팝 아이돌이 주로 일본의 중년 남성 팬들에게 관심을 받았던 것과는 달리, 뉴진스의 경우

일본 '라인프렌즈 스퀘어 시부야 뉴진스 팝업스토어'
출처: 아이피엑스

10~20대 남녀 팬들이 주요 팬층을 이루고 있는 것이 특징적이다. 과거에는 동방신기와 같은 몇몇 대형 인기 그룹만이 일본에서 케이 팝 팬층을 형성했다면, 이제는 뉴진스를 비롯한 다양한 4세대 아이돌 그룹들이 대거 인기를 끌고 있는 점도 주목할 만한 현상이다. 이는 일본의 젊은 세대가 유튜브와 SNS를 통해 글로벌 콘텐츠를 적극적으로 소비하면서 케이 팝이 일상적인 문화로 자리 잡았기 때문으로 분석된다. 케이 팝이 더욱 폭넓게 확산되면서 일본 전역에서도 다양한 연령층이 팬으로 유입되고 있는 것으로 나타났다.[52] 이제는 주류 아이돌이 아니더라도 자신만의 색깔을 지닌 아이돌들이 팬들의 관심을 끌며 인기를 얻고 있다. 대형 그룹뿐만 아니라 자신만의 취향에 맞는 아이돌을 선택적으로 응원하는 경향을 보이고 있으며, 케이 팝이 더욱 다채롭고 폭넓은 글로벌 팬층을 형성하는 데 기여하고 있는 모습이다.

단순 소비도 질타의 대상?
K팝 글로벌화의 그림자>>>

최근 K팝 팬덤이 글로벌화되면서 각종 국제적·정치적 이슈가 팬덤에 끼치는 리스크도 커지고 있다. 글로벌 팬들이 아티스트의 사소한 행동에도 국가나 사회적 의미를 부여하며 비판하는 일이 커지고 있기 때문이다. 실제로

스타벅스를 소비했다며 글로벌 팬에게 비판 받은 아이돌 멤버들
출처: 각 SNS

우크라이나를 침공한 '러시아'에서 계속 영업을 하고 있다는 이유로 불매운동 대상이 된 '코카콜라', 이스라엘−팔레스타인 갈등 속에 '친(親)이스라엘' 기업으로 지목된 '스타벅스' 등을 소비한 K팝 아이돌에게 비판이 쏟아진 것이다.[53] 해당 가수는 단순히 '코카콜라', '스타벅스' 음료를 마셨을 뿐이었지만, 글로벌 팬들을 신경 쓰지 못했다는 이유로 직접 사과하는 해프닝이 벌어지기도 했다. 이처럼 해외 팬덤이 아티스트에게 글로벌 감각을 요구하는 경우가 많아지자 업계도 대책에 나섰다. 한 엔터 업계 관계자는 "최근 해외 팬덤 성향과 각국 이슈를 더 세밀하게 고려해 체크하고 있다"며, 나라별 사건 사고나 이슈 등을 미리 확인하고 콘텐츠 내용을 수정하거나 일정을 변경하는 등 다방면에서 신경을 쓰고 있다고 전했다.[54]

관계에도 비용 따지는
중·일 청년 세대들>>>

중국에서 연애보다 개인의 감정을 우선시하는 '독신 연애(Single Love)'가 젊은이들 사이에서 유행하고 있다. '독신 연애'는 연인 사이에도 서로에게 큰 기대나 희생을 요구하지 않으며, 독립성과 자유를 중시하는 관계를 의미한다. 이러한 관계에서는 감정적인 대화는 최소화되고, 데이트 비용은 각자 부담하는 것이 일반적이다. 또 다른 연애 트렌드로는 '자살적 독신(Suicidal Singleness)'이 떠오르고 있다. 이는 연애 감정이 생겨도 실제 관계를 맺지 않고 혼자 지내는 방식을 택하는 것으로, 이들은 로맨틱한 사랑을 갈망하지만, 관계를 유지하기 위한 노력을 피하며 혼자만의 생활을 선호한다. 전문가들은 이러한 현상이 현대사회의 과도한 경쟁과 번아웃, 그리고 재정적 독립을 중시하는 인식의 변화 때문이라고 분석한다.[55]

일본에서도 청년 세대가 연애를 하지 않는 경우가 늘어나고 있다.

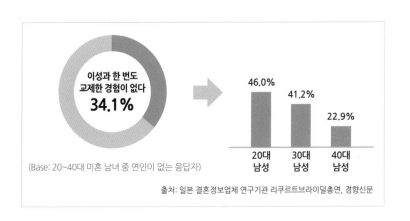

이성과 한 번도
교제한 경험이 없다
34.1%

46.0%
41.2%
22.9%

20대 남성   30대 남성   40대 남성

(Base: 20~40대 미혼 남녀 중 연인이 없는 응답자)

출처: 일본 결혼정보업체 연구기관 리쿠르트브라이덜총연, 경향신문

일본의 한 결혼 정보 업체의 조사에 따르면, 연인이 없는 미혼 남녀 중 한 번도 이성과 교제해본 적이 없는 응답자는 34.1%로, 2012년 이래 최고치를 기록한 것으로 나타났다. 특히, 20대 남성의 절반에 해당하는 46%가 이성 교제 경험이 한 번도 없다고 응답했는데 이는 2023년보다 11.8%포인트 증가한 수치였다.[56] 이는 연애 관계에 들어가는 시간과 돈의 효율성을 따져가며 교제 기회비용을 고려하다 보니 연애 경험 자체가 줄어들어 나타난 현상으로 풀이된다. 또한, 기회비용을 줄이기 위해 결혼을 전제한 상대만 사귀려는 것도 한몫하는 것으로 보인다. 실제로 20대 남성 중 '결혼을 전제로 한 파트너만 사귄다'고 응답한 비율은 34.6%로, 타 연령대 남성 대비 가장 높은 응답률을 보였는데 젊은 세대가 결혼을 전제로 한 파트너만 사귀어 연인 관계에 들어가는 비용을 최대한 줄이려는 모습을 확인할 수 있었다. 결혼 의향도 갈수록 남녀 모두에게서 감소하는 추세를 보여, 이 같은 현상에 대해 일본 사회학자들은 일본이 결혼을 하지 않아도 즐겁게 살 수 있는 '결혼 불필요 사회'로 진입하고 있다고 분석했다.[57]

외로움 해결해주는
동반자 AI 개발 중>>>

일본에서 고독·고립이 새로운 사회문제로 떠오르는 가운데, 일본 스타트업들이 1인 가구의 외로움을 해결해주는 대화형 인공지능

말할 수 있는 음성대화형 AI 코토모
출처: 코토모

(AI) 개발에 박차를 가하고 있다. 최근 일본 스타트업인 스타레는 대화형 AI 애플리케이션인 '코토모'를 출시했다. 앱을 다운받아 말투와 성별을 설정해 말을 걸면 코토모가 친근하게 반응해준다. 예를 들어, 사용자가 "다녀왔어"라고 말하면 "오늘도 고생 많았어"라고 답해주고, 뒤에 한숨을 쉬면 이를 인식해 "무슨 일 있어?" 하며 반응한다. 또한, 이전에 대화했던 상황을 학습해 "저번에도 그렇게 말했지" 하며 공감하는 반응도 보여준다. 이 AI는 해결책을 제시하기보다는 공감 등의 반응을 보이며, 사용자가 친한 사람과 대화하는 듯한 느낌을 준다. 또 다른 일본 AI 기업인 파크샤는 지방자치단체와 협력해 AI 채팅을 통해 외로움을 해소하고, 필요 시 상담 치료나 지자체 사회복지사와 연계해주는 시스템을 개발 중이다.

한 조사에 따르면, 일본인 중 39.3%가 고독감을 느끼는 것으로 나타났는데, 특히 나이가 어리고 혼자 살수록 더 외로워하는 경향을 보였다. 이는 일본 사회 내에서 결혼을 하지 않는 경우가 늘어나고 핵가족화가 진행되면서 가족이 외로움을 해소할 수 있는 대상으로 더 이상 기능하지 못하기 때문으로 분석된다. 니혼게이자이신문은 "언제든 대화가 가능한 AI는 고독을 달랠 수 있는 수단 중 하나로 주목받고 있다"며 "다만 AI 의존도가 높아지면서 발생하는 부작용도 같이 고려해야 한다"고 덧붙였다.[58]

중국 직장인들이
초록 바나나를 키우는 이유>>>

중국의 직장인들 사이에서 '회사에서 바나나 숙성시키기'가 유행 중이다. 덜 익은 초록 바나나를 수경 재배한 후 노랗게 익으면 동료들과 나눠 먹는 것인데,

중국에서 유행하고 있는 '바나나 수경 재배'
출처: 샤오홍슈

해당 바나나에는 '바나나 초록색 금지(禁止蕉綠)'라는 꼬리표를 달아놓는다. 이 바나나는 중국 남부 지방에서 재배되는 광시기장바나나 또는 사과바나나로, 줄기부터 열매까지 모두 초록색이라 '푸를 록(綠)' 자를 붙여 '자오뤼(蕉綠)'라고 불린다. '불안하고 초초하다', '마음을 졸인다'는 의미의 단어 '자오뤼(焦慮)'와 발음이 같아, '바나나 초록색 금지'라는 단어를 '걱정 금지'의 의미로 사용하고 있다. 또, 노란색으로 변한 바나나의 껍질을 벗겨내는 건 걱정을 벗겨내는 것과 같다는 의미도 담고 있다.[59] 이 외에도 '내적 마찰 없음', '안전 행복', '매일 행복'이란 문구를 걸어두는 등 바나나를 일종의 업무 스트

레스를 해소하기 위한 도구로 활용하고 있는 모습을 보이고 있다.[60] 서로를 격려하고 응원하는 이들의 모습이 중국 사회에서 큰 공감을 불러일으키고 있다.

PART 4

SOCIAL

셀프 리추얼,
각자의 세상에서
각자의 위로를 얻다

성찰 트렌드가 던지는
2개의 역설
낮아지는 감정 문해력·
공감의 실패·끼리끼리 문화

'우천시'는 어디일까? "

2024년 6월 30일. 한 온라인 커뮤니티에 현직 어린이집 교사가 올린 글이 화제가 됐다. 제목은 '요새 애 부모들 너무 멍청해요'.[1] 다소 직설적인 제목의 이 게시물 내용은 어린이집에 아이를 맡기는 학부모들의 낮은 문해력 문제를 제기한 것이었다. 여기서 눈에 띄는 한 사례가 언론사의 선택을 받았다. '우천시에 ○○으로 장소 변경'을 "우천시라는 지역에 있는 ○○로 장소를 바꾸는 거냐고 말하는 분이 계시다"라는 내용이었다. 이 사례는 집중적으로 보도되었고, 이에 대한 시민들의 반응은 "어떻게 '우천시'라는 단어를 도시명으로 이해할 수 있는지 납득할 수 없다"는 것이 대다수였다.[2] 이제는 아

이들의 문제를 넘어 성
인들의 낮은 문해력 문제
도 심각하다는 기사가 쏟
아졌다.[3] 이후 이 논란은
'한자어'에 미숙한 세대의
문제라는 관점으로 확대
되었다.[4] 애초에 '우천 시
(雨天時)'라는 표현 대신
'비가 올 경우'라고 표기
했다면 전혀 문제가 되지
않는다는 것이다. 비슷한

차원에서 '심심(甚深)한 사과' 대신 '마음 깊은 곳에서의 사과'로, '금
일(今日)' 대신 '오늘', '조식(朝食), 중식(中食), 석식(夕食)' 대신 '아침
식사, 점심 식사, 저녁 식사'로 표기했다면 반복되는 문해력의 문제
는 발생하지 않았다는 것이다.[5] 물론 기성세대에 비해 한자를 많이
학습하지 않은 세대에게 정확한 뜻의 한글 단어를 제시(병기)하는 것
은 문해력을 높이는 데 도움을 줄 수 있다. 하지만 최근 반복적으로
제기되고 있는 낮은 문해력의 문제는 한자 기반 한글 어휘에 대한
낮은 이해의 범위를 넘어선다. 몇 년 전(2020년 7월)에 불거진 '사흘'[6]
에 관한 논란과 2024년 4월에 있었던 '모집 인원 ○명'[7] 논란은 한자
식 표현과는 전혀 상관없는
(한자 표현이 아예 없는) 문해력
문제 사례였다.

'우천시' '중식' '심심한 사과'
논란, 문해력만 문제일까요?

문해력 문제가 이슈로 등장하고, 확산되고, 원인이 제기되고, 해결책이 제시되는 방식은 일정한 패턴이 있다. 우선 ①독특한 사례(예를 들어 우천 시, 금일, 중식)가 집중적으로 제시되고, ②그 한 사례가 다양한 언론 기사로 확대 재생산되고, ③주로 특정 세대(MZ세대)의 낮은 문해력을 지적하는 전문가가 등장하고, ④낮은 독서율, 유튜브나 스마트폰의 과도한 사용으로 인한 긴 글 읽기의 어려움을 지적하면서, ⑤스마트폰과 같은 디지털 기기로부터의 디톡스(detox, 디지털 기기로 인한 정신적·육체적 스트레스를 해소하는 것)를 대안으로 제시하는 형식이다. 그런데 이렇게 패턴화되어 있는 문해력 기사에서 전제하고 있는 관점이 하나 있다. "어떻게 이렇게 '상식적인 것'을 모를 수가 있나?" 하는 관점이다. 다시 말하면, '상대방이 모를 수도 있다'는 관점이 배제되고, 그 단어나 말이 발화(發話)됐던 상황이나 맥락이 고려되지 않는 관점이라는 것이다.

상대방의 사회적 상황이나 맥락에 대한 이해를 전제로 생각해보면, '심심한 사과,[8] 모집 인원 ○명,[9] 중식,[10] 금일,[11] 우천 시[12]' 와 같은 최근까지 문해력 논란이 된 뉴스들은 '의외로' 좀 다르게 볼 수 있다. 만약 내가 '심심(甚深)'이라는 한자를 모르는 상태에서 소파에 누워 실제로 '심심한 상태'라면, '심심한 사과' 논란은 '마음 깊은 곳에서'라고 읽기 힘들 수 있다. 내가 식사 메뉴를 고민 중인 상황이라면, '중식'은 점심 식사가 아니라 '중국식 요리'를 먼저 떠올릴 수 있으며, 내가 한자에 대한 이해가 짧고 인생 대부분을 영어권 국가에서 생활했다면, '우천 시'는 '비가 올 때'가 아니라 대한민국의 어느 지역이라고 인식했을 수 있는 것이다. 상대방의 상황이나 입장에 대한 이해나, 그 단어가 발화(發話)된 사회적 맥락에 대한 이해가 없다면 이런 희화화된 방식의 문해력 뉴스는 앞으로도 가십의 형태로 반복될 것이다. 즉, 단어의 명확한 뜻을 알고 있는가도 중요하지만, 문해력 높은 정확한 소통이 이루어지기 위해선 상대방에 대한 이해와 상황/맥락에 대한 이해도 전제되어야 한다는 것이다.

'내립시다'의 의미는 "
상황에 대한 이해가 정한다

문해력(文解力)은 글을 읽고 이해하는 능력[13]으로 정의된다. 하지만 이 간단한 정의만으로 지금 제기되고 있는 현대인들의 낮은 문해력(literacy) 이슈들을 설명하기는 어렵다. 그래서 최근 연구자들은 이 문해력을 다양한 상황에서의 '소통 능력' 차원으로 이해한다. 문해력 연구의 권위자인 한양대학교 조병영 교수 외 다수의 연구자들은 이 문해력을 텍스트(text, 문자)를 통해 '세상을 읽고 쓰는 능력'으로 정의하고 있다. 텍스트는 사람과 세상을 반영하고 이를 표상하면서 동시에 참여자들과의 상호작용을 통해 다시 텍스트로 유통되는 과정을 반복한다. 문해력은 바로 이 과정을 이해하는 능력으로 설명된다.[14] 즉, 현대사

■ 출처: 게티이미지

회의 문해력은 텍스트(문자, 또는 말)가 오가는 맥락(또는 상황, TPO-Time Place Occasion)을 함께 고려하는 것이 핵심이라는 것이다. 이런 관점에서 보면, 주고받는 단어의 정확한 의미는 사전적 의미를 이해한다는 것에 더해 그 단어(또는 말)가 오고 가는 상황의 이해를 포함하는 능력이라 할 수 있다.

구체적인 사례를 들어보면 이렇게 된다. 만약 정류장 근처로 향하고 있는 버스에서 A가 옆에 있던 B에게 "내립시다"라고 이야기를 했다고 하자.[15] A가 버스에서 내려야 한다는 상황/맥락을 고려했을 때 이 말의 원뜻은 "제가 내려야 하니 조금만 비켜주세요"가 된다. 그런데 만약 B가 이를 전혀 고려하지 않고, "내립시다"라는 말을 내리라는 행동의 권유로 들었다면 어떻게 될까? 그렇다면 "저는 안 내릴 건데요"라는 다소 황당한(?) 대답도 논리적으로는 가능해진다. 즉, 이 대화에서 A가 다음 정류장에서 내려야 한다는 상황적 맥락이 없다면, "내립시다"라는 말만으로는 'B를 향한 권유 또는 지시'로 해석될 수 있는 것이다.

소통 상황에서 정확한 문해력은 그 단어의 사전적 의미로만 규정되지는 않는다. 사회적 상황과 맥락에 대한 정보가 있고, 그 정보를 이해할 수 있어야 충분한 소통이 가능하며, 이 사회적 상황과 맥락을 잘 이해하는 사람이라면 그 상황에서의 문해력이 높다고 할 수 있다.

눈치는 사회생활의 기본? "
흔들리는 눈치 문화

우리나라에서 사회적 상황과 맥락에 대한 높은 이해는 사회생활을 위한 기본 옵션에 해당한다. 쉽게 말하면 한국은 '눈치' 문화가 강하다. 우리나라와 같은 고맥락 문화(高脈絡文化, 상황을 중시하는 문화)[16]에서는 눈치의 역할이 매우 크다. 긍정적인 차원으로 보면, 눈치는 일이 돌아가는 상황이나 맥락, 사람들의 감정을 짐작하여 알아내는 힘을 뜻하는데,[17] 타인의 감정이나 말의 속뜻을 읽거나 주변 분위기 등에 대한 직관적 판단을 하는 것을 의미한다. 즉, 눈치가 빠르다는 것은 상대방의 감정 또는 그 일이나 상황에서의 주변 사람들의 집단적인 감정을 잘 이해하는 것을 말한다. 이렇게 눈치가 상대방의 감정 파악 능력과 관련이 있다는 관점에서 한 연구자(유승민 작가)는 이를 '감정 문해력'이라고 정의하기도 한다.[18] 본 책에서도 이 감정 문해력이라는 용어를 차용하여, 대인 관계 상호작용 상황에서 상대방(단수 또는 복수의 상대방)의 감정을 이해하는 능력을 감정 문해력이라고 정의하고 눈치 개념과 혼용하여 활용하고자 한다.

현재 한국 사회에서는 '눈치'가 빠르다는 것이 상당한 장점으로 작용하는 듯 보인다. 많은 사람들이 눈치 빠른 사람들을 좋아하고 있었고, 반대로 '눈치 없는' 사람들에 대한 부정적 감정이 매우 컸다. 그렇다면, 실제로 주변에 눈치가 빠른 사람은 정말 많을까? 생각보다는 많지 않은 듯하다. 10명 중 3명 정도만이 주변에서 눈치가 없는 사람들을 발견하고 있었고,[19] 평소 주변인들이 타인의 생각과 느낌을 잘 파악한다고 평가한 비율은 2명 중 1명 수준이었던 것이다.[20] 수치로만 보면, 평균적으로 '눈치 빠른' 사람을 만날 확률은 2명 중 1명 수준에 불과했고, 눈치 없는 사람을 만날 확률은 3명 중 1명, 나머지는 판단이 애매한 상황이었던 것이다. 한국 사회는 눈치가 있는 사람을 좋아하고, 사회생활에서 눈치 빠른 사람이 인정받는 분위기가 있지만, 최근에는 이렇게 주변 사람들의 감정을 잘 읽고 그 분위기에 맞춰야 한다는 문화가 변하고 있다. 이 변화의 신호탄은 철학자 쇼펜하우어가 쏘아 올린 듯하다.

2024년 6월, 교보문고는 2024년 상반기 베스트셀러를 공개했는데,[21] 여기서 아주 이례적으로 철학서인 《마흔에 읽는 쇼펜하우어》가 종합 베스트셀러 1위를 기록했다. 이 책은 '눈치'라는 이름의 감정 노동을 많이 요구하는 한국 사회의 분위기에 역행하는 수많은 메시지를 담고 있기에, 종합 순위 1위라는 타이틀이 의미하는 바가 매우 크다. 저자인 철학자 강용수 박사는 쇼펜하우어의 어록을 재해석하면서 나이가 들수록 고독을 벗 삼고, 참된 행복은 자신의 안에서 혼자 찾아내야 한다고 주장한다. 많은 사람들을 만날수록 다수의 의견에 맞춰 희생하거나 눈치 볼 일이 많아져 마음을 툭 털어놓지 못하는 상황이 생기니 이를 피하라는 것이다.[22] 이제는 주변의 눈치를 보지 말고 내면의 성찰을 통해 인생의 의미와 행복을 찾으라는 메시지다. 이 책은 2023년 11월부터 2024년 상반기를 지나, 최근까지 지속적으로 독자들에게 뜨거운 반응을 얻고 있다. 눈에 띄는 것

은 쇼펜하우어가 던진 '자기 성찰'이라는 화두가 다른 베스트셀러에도 그대로 적용되고 있다는 것이다. 상반기 베스트셀러 순위 상위권에 올라 있는 에세이 《나는 메트로폴리탄 미술관의 경비원입니다》나 26년 전 출간된 양귀자 작가의 《모순》, 영국 작가 클레어 키건의 《이토록 사소한 것들》 모두 이 성찰적 의미를 담고 있는 소설, 에세이였기 때문이다. 그런데 이 자기 성찰이라는 큰 흐름이 '눈치 보기 문화'라는 한국 사회의 견고한 주류적 흐름에 크게 영향을 주고 있는 것으로 보인다.

자기 성찰이란 감정의 방향을 외부, 주변 사람들이 아닌 자신에게로 향하는 것을 의미한다. 자신이 무엇 때문에 기뻐하고, 분노하고, 슬퍼하며, 즐거워하는지에 대해 자기 내면을 들여다보고 깨닫는 과정을 뜻한다. 그런데 지금 이 자기 성찰의 과정이 주변의 감정과 분위기를 모니터링하고 그 감정적 분위기에 맞춰야 하는 한국 사회의 '사회생활의 정석'을 강하게 흔들고 있다. 조사 결과로 보면, 주변 사람들의 감정에 눈치 없이 행동하는 사람들에 대한 판단과 자기감정에 충실한 사람들에 대한 판단이 충돌하는 것처럼 보인다. 앞서 살펴본 결과처럼 주변에 눈치가 없거나 분위기 파악을 잘 못하는 사람이 있다고 응답하는 사람들이 10명 중 3명 수준의 비율로 일정

〈눈치/감정문해력〉에 대한 태도 (동의율)

나는 주변의 상황을 고려하지 않고 자신의
기분을 그대로 드러내는 사람이 싫다 **70.3%**

* 2024, N=1,200

하게 나타나고 있었고,[23] 주변 분위기에 굳이 맞추지 않아도 된다고 생각하는 사람들을 인식한다는 비율도 10명 중 3명 수준으로 일정하게 나타나고 있었다.[24] 사회의 주류 분위기는 '눈치를 잘 보는 것'이 중요하다고 생각하지만, 여전히 10명 중 3명은 이에 반기를 들고 있는 것이다.

그런데 여기 모순되면서도 흥미로운 결과가 하나 있다. 주변의 상황을 고려하지 않고 자신의 기분을 그대로 드러내는 사람에 대한 반감은 매우 컸지만(나는 주변의 상황을 고려하지 않고 자신의 기분을 그대로 드러내는 사람이 싫다-70.3%), 이와는 반대로 주변의 분위기에 관계없이 자신의 감정을 유지하는 사람들에 대한 호감도 존재했다(나는 주변 분위기에 관계없이 자신의 감정을 유지하는 사람들이 좋다-그렇다 47.1% vs. 아니다 31.4%).[25]

물론 여기서 사람들이 감정의 종류(기쁨, 슬픔, 분노, 냉정함, 즐거움 등)를 적시하지는 않았지만, 이 두 문항에서 각자가 떠올리는 감정의 종류는 다를 것이다. 이 상충되는 두 태도는 현재의 트렌드를 그대로 보여준다. 주변의 감정을 살피고 눈치를 봐야 하는 상황은 그대로이지만, 그 분위기에 맞춰야 하는 것은 개인에게 상당한 스트레스인 것이다(내 주변에는 눈치를 봐야 하는 상황을 스트레스로 받아들이는 사람들이 많다-그렇다 47.3% vs. 아니다 28.6%).[26] 많은 사람들이 자신의 내면을 돌아보라고 권하고 자신의 감정을 들여다보는 내면의 성찰이 지금의 트렌드라고 인식하지만, 한국 사회의 견고한 눈치 문화와 충돌하는 지점이 있고, 이것이 현대인들에게 스트레스를 주고 있는 것이다.

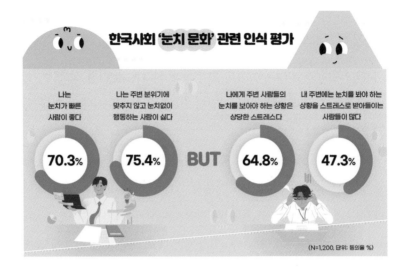

한국사회 '눈치 문화' 관련 인식 평가

나는 눈치가 빠른 사람이 좋다	나는 주변 분위기에 맞추지 않고 눈치없이 행동하는 사람이 싫다	나에게 주변 사람들의 눈치를 보아야 하는 상황은 상당한 스트레스다	내 주변에는 눈치를 봐야 하는 상황을 스트레스로 받아들이는 사람들이 많다
70.3%	75.4%	64.8%	47.3%

BUT

(N=1,200, 단위: 동의율 %)

원인은 인간관계의 축소와 " 직접 소통에 대한 두려움

눈치가 없다는 것은 타인의 표정, 말투, 행동이나 감정을 읽는 것에 대한 경험적 판단이 부족하다는 것을 뜻한다. 이런 판단은 고정된 특징은 아니며 경험이 많아질수록 눈치를 보는 능력은 좋아질 수 있다. 타인의 표정, 말투, 행동, 드러내는 감정에 대한 데이터가 쌓이고, 이 다양한 타인의 데이터를 분석하는 능력은 인간관계의 노출 빈도와 강도가 많아질수록 높아진다. 그래서 신입 사원 때는 안 보이던 회사의 '상황'이 팀장이 되면 보이기 시작하고, 이등병 때는 못 느끼던 내무반의 '분위기'가 일병, 상병이 되면 파악되고,

학교생활 초기에는 안 보이던 친구들의 '감정'이 고학년이 되면 느껴지기 시작한다. 타인에 대한 관계의 양적 데이터가 쌓이고 스스로 이 데이터를 분석하면서 '눈치'가 생겨나는 것이다. 그런데 지금은 대인 관계 상황에서 모을 수 있는 데이터 자체가 현저하게 줄어들고 있는 상황으로 보인다. 현재 많은 사람들의 인간관계의 양이 많지 않기 때문이다. 사람들은 평소 소수의 관계와 교류하는 경향이 강했으며(나는 평소 소수의 몇 사람들하고만 매우 친하게 지내는 스타일이다–64.4%), 지금 이대로가 편하다고 생각했고(64.2%), 현재 자신이 속한 모임의 크기가 더 커지는 것을 부담스러워했다.[27] 이렇게 인간관계의 확장에 대해 보수적인 시각은 타인에 대한 시각에도 그대로 반영되어 있는데, 많은 사람들은 타인들도 나 못지않게 '끼리끼리' 어울린다는 생각을 가지고 있었던 것이다(지금 우리나라 사람들은 같은 계층의 사람들끼리만 소통하고 잘 지내는 것처럼 보인다–그렇다 56.0% vs. 아니다 23.3%).[28] 인간관계의 양이 줄어들고 있는 한편으로 혼자 할 수

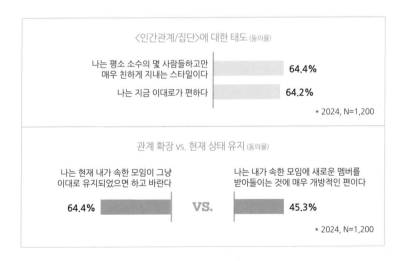

〈인간관계/집단〉에 대한 태도 (동의율)

나는 평소 소수의 몇 사람들하고만 매우 친하게 지내는 스타일이다 **64.4%**

나는 지금 이대로가 편하다 **64.2%**

* 2024, N=1,200

관계 확장 vs. 현재 상태 유지 (동의율)

나는 현재 내가 속한 모임이 그냥 이대로 유지되었으면 하고 바란다
64.4%

VS.

나는 내가 속한 모임에 새로운 멤버를 받아들이는 것에 매우 개방적인 편이다
45.3%

* 2024, N=1,200

있는 것이 많아 긍정적으로
생각하는 경향도 강했다(요
즘은 혼자 있어도 할 수 있는 것
들이 많아 더 좋다-66.1%).[29]
우려되는 지점은 비대면 상
황이나 SNS 소통에는 익
숙해져도 얼굴을 보고 하
는 소통이나 전화와 같은
직접 소통은 부담스러워하

는 경향이 점점 더 강해지고 있다는 점이다. 2023년 10월 알바천국
이 전국의 MZ세대 1496명을 조사한 결과에 따르면, 전체 응답자
의 35.6%는 '콜 포비아(전화 통화 공포증)'를 겪고 있는 것으로 나타났
는데, 이 결과는 전년도(2022년) 동일 조사에 비해 5.7%포인트 늘어
난 결과였다(2022년에는 29.9%).[30] 타인과의 직접 소통을 부담스러워
하는 이런 경향은 2024년에도 그대로 나타나고 있었다. 얼굴을 보
면서 소통하는 상황이 되면 무슨 말을 꺼내야 할지에 대한 부담을
느끼는 사람이 10명 중 4명 수준이었고(실제로 사람을 만나 이야기를 해
야 하는 상황이 되면 무슨 말을 꺼내야 할지부터가 걱정된다-38.9%), 심지어
얼굴을 보며 소통하는 것이 두려운 사람들도 10명 중 3명이 넘었다
(나는 한편으로 사람들의 얼굴을 보며 소통하는 것이 두렵기도 하다-33.6%).[31]
그리고 이런 경향은 2030세대에서 더욱 높게 나타나고 있었다(소통
걱정-20대 49.6%, 30대 44.4%, 40대 34.4%, 50대 27.2%, 소통 공포-20대
40.4%, 30대 39.2%, 40대 32.4%, 50대 22.4%).[32]

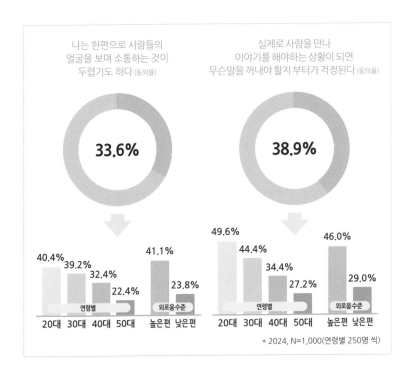

나는 한편으로 사람들의
얼굴을 보며 소통하는 것이
두렵기도 하다 (동의율)

33.6%

40.4% 39.2%
32.4%
22.4%

41.1%
23.8%

연령별
20대 30대 40대 50대

외로움수준
높은편 낮은편

실제로 사람을 만나
이야기를 해야하는 상황이 되면
무슨말을 꺼내야 할지 부터가 걱정된다 (동의율)

38.9%

49.6%
44.4%
34.4%
27.2%

46.0%
29.0%

연령별
20대 30대 40대 50대

외로움수준
높은편 낮은편

* 2024, N=1,000(연령별 250명 씩)

　　한국 사회에서 '눈치'로 표현되는, 즉 감정 문해력이 높다는 것은
상당한 적응적 가치로 평가받아왔다. 상황을 파악하고, 타인의 감
정을 이해하는 감정 문해력은 대인 관계 경험의 양이 늘어나면 자
연스럽게 높아질 수 있다. 하지만 타인에게 감정의 초점을 맞추고,
주변의 감정적 분위기를 읽는 것에 대한 수고는 양날의 칼과 같아
서 자신이 느끼는 감정과 성찰의 시간을 줄인다. 지금 한국 사회
는 공감의 방향을 외부(타인)에서 내부(자신)로 향하고 있는 듯 보인
다. 타인과의 직접적인 교류가 부담스럽고 일종의 두려움까지 느끼
는 사람들이 점점 더 늘어나고 있기 때문이다. 이렇게 되면 나이가
들고 사회생활이 늘어나도 감정 문해력은 높아지기 어렵다. 주변의

눈치를 살펴서 그 분위기에 맞는 역할을 찾는 것에 대한 의미가 점점 더 줄어들기 때문이다.

So what?
시사점 및 전망

사회 전반적으로 소통 상황에서의 문해력과 이를 뒷받침하는 감정 문해력이 동시에 낮아지고 있는데, 이것은 쉽사리 해소되기 힘들어 보인다. 많은 전문가들이 스마트폰이나 디지털 기기의 사용을 줄이는 것을 해법으로 제시하고 있지만, 실제로 이러한 기기 사용이 줄어들 가능성은 매우 낮다. 이와 관련한 3가지 중요한 전망이 있다.

첫 번째는, 대면 소통 상황에서의 낮은 감정 문해력이 야기하는 문제, 즉 공감의 실패가 더 자주, 더 반복적으로 등장하게 될 가능성이 크다는 점이다. 2023년 여성가족부 청소년 스마트폰 이용 습관 진단 조사에서 스마트폰 과의존 사용군에 포함된 초등학생들의 비율이 7.6%, 중학생이 11.9%, 고등학생이 11.2%로 매우 높았다.[33] 《불안 세대》의 저자 조너선 하이트 교수에 따르면, 이 청소년들의 스마트폰 사용은 서로 얼굴을 맞대고 놀면서 사회적 발달을 촉진하는 결정적 시기의 사회적 경험을 박탈하기 때문에 특히 위험하며 강력한 규제가 있어야 한다고 주장한다.[34] 최근 초등학교 교실에서는 '눈알 모양의 젤리(현재 이 젤리는 식약처가 수입 금지로 지정)'를 보면서도 재미있다고 인식하는 초등학생이 늘었고,[35] 사회성 발달을 위한 기본 놀이인 소꿉놀이나 '무궁화꽃이 피었습니다' 놀이를 하는 것도 쉽지 않다고 교사들은 토로한다.[36]

한편에서는 타인의 입장에 대한 고려 없는 조롱과 모욕도 반복되고 있다. 2024년 4월 우리나라 사람들의 큰 사랑을 받았던 자이언트판다 푸바오가 중국으로 반환되었다는 소식이

중국으로 가는 판다 '푸바오' 배웅식
출처: 뉴스1

있었다.[37] 무려 6000여 명의 시민들이 새벽부터 몰려들어 푸바오를 안타까운 마음으로 배웅했다. 문제는 그 뒤에 일부 사람들이 이 배웅에 대해 비난과 질책을 쏟아냈던 것이다. "유난이다"[38], "그게 슬퍼할 일이냐"[39]라는 반응에서 시작해, 20장의 판다 사진을 제시하며 그렇게 좋아한다면 진짜 푸바오를 찾아보라고 푸바오의 팬들을 조롱[40]하는 사람들도 있었다. 더 심각한 사례가 2024년 7월에도 있었다. 경찰이 운전자의 운전 미숙으로 발표한 서울 시청역 앞 역주행 사고에서 끔찍하게 돌아가신 사망자들을 모욕하고 조롱한 사건이 있었던 것이다.[41] 경찰에 의해 검거된 피의자는 이 참혹한 사고의 희생자를 조롱하고 모욕했다.[42] 이처럼 타인의 상황, 맥락, 입장을 고려하지 않은 공감의 실패는 감정 문해력이 점점 떨어지는 현재의 시기와 맞물려 앞으로 반복, 확대, 재생산 가능성이 더 커졌다.

두 번째로는, 사람들이 맺는 절대적인 인간관계의 양이 줄어들고 있는 상황에서 AI 기술 발달은 감정 문해력 문제를 더욱 확산시킬 가능성이 높아 보인다. 최근 챗GPT가 GPT-4o 버전을 공개하면서

감성형 AI 챗봇 서비스들

이름	c.ai character.ai	N Nomi.ai	BLUSH	제타(스캐터랩)	w. 뤼튼
특징	다양한 캐릭터의 AI 챗봇과 대화	사용자 특성 분석해 더 인간적 대화에 방점	연인 서비스에 특화	국내 감성형 AI 챗봇의 원조	생산성 AI 챗봇에도 감정-성격 등 적용 가능
투자 유치	1억 5천만 달러	1170만 달러	650만 달러	480억 원	440억 원

출처: 머니투데이

자연스러운 사람 목소리를 내는 AI와 실시간 음성 대화가 가능해졌는데, 이와 관련해 챗GPT 개발사 오픈AI는 GPT-4o 관련 보고서에서 "사용자가 AI와 사회적 관계를 형성하면서 다른 사람과의 상호작용에 대한 필요성을 줄일 수 있다"[43]며 "이는 외로운 개인에 잠재적으로 도움을 줄 수 있지만, 다른 사람과의 건강한 관계에도 영향을 끼칠 수 있다"고 우려하기도 했다.[44] 실제로 최근 AI 모델이 인간의 감정이 담긴 대화나 콘텐츠를 학습하면서 이른바 '감성형 AI 챗봇'이 등장하고 있는데, 이를 기반으로 AI 연애 챗봇 등 감정 기반 서비스가 빠르게 확산되고 있다. 이렇게 실제 사람과의 관계는 줄어들고 AI와의 관계가 확대될 경우, 감정 문해력 문제는 더욱 커질 수 있다. 특히 '우정', '사랑' 등 인간과 맺을 수 있는 관계를 AI에게 적용하면서[45] 실제 사람들을 대하는 것에 더 어려움을 느끼는 등 사회적 문제가 더 커질 수 있을 것으로 보인다.

세 번째는, 인간관계의 양이 축소되면서 기존의 인간관계 취향이라는 공통점으로 묶여 있던 점을 넘어, 경험, 지식 수준, 경제적 상

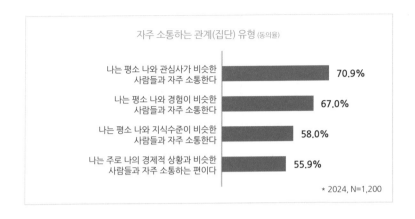

자주 소통하는 관계(집단) 유형 (동의율)

나는 평소 나와 관심사가 비슷한
사람들과 자주 소통한다 — 70.9%

나는 평소 나와 경험이 비슷한
사람들과 자주 소통한다 — 67.0%

나는 평소 나와 지식수준이 비슷한
사람들과 자주 소통한다 — 58.0%

나는 주로 나의 경제적 상황과 비슷한
사람들과 자주 소통하는 편이다 — 55.9%

* 2024, N=1,200

황이라는 공통점으로 계층 또는 계급이 분화될 가능성이 커졌다. '끼리끼리' 모이고, 소통하고, 교류하는 경향이 더욱 강화되고 있다는 것이다. 조사 결과에 따르면, 현재 10명 중 7명이 넘는 사람들이 관심사를 중심으로 모이고 소통한다(나는 평소 나와 관심사가 비슷한 사람들과 자주 소통한다-70.9%).[46] 그런데 이 경향이 이제 개인의 경험, 지식 수준, 경제적 상황의 유사성으로 끼리끼리 문화가 확산되고 있다(경험이 유사한 사람과 자주 소통-67.0%, 지식 수준-58.0%, 경제적 상황-55.9%).[47] 인간관계 확장에 대한 니즈가 현저하게 줄어든 최근의 경향을 고려하면, 이런 라이프 스타일의 확대로 일종의 사회적 계층을 현재 상태로 고착화할 가능성이 커졌고, 다양한 사람들과 교류하면서 타인의 경험을 간접적으로 이해하는 폭도 이전보다 점점 더 줄어들 가능성이 커진 것이다. 이렇게 확대되는 '끼리 문화'는 불특정 타인에 대한 연민, 공감을 더욱 떨어뜨리는 요인으로 작용하게 될 것으로 보인다.

타인과 기쁨을 공유하고, 슬픔을 나누고, 교감하는 것을 일부러 가르치고 방법을 알려줘야 하는 시대가 되었다. 이제 스마트폰 속의 콘텐츠와 기쁨을 공유하고, 슬퍼하고, 교감하는 시대다. 하지만 영국 작가 클레어 키건은 한국 독자들에게 지금까지 우리는 내 주변의 '사소한 관심과 배려'가 나를 만들어온 것이라고 설명한다. 작가의 책《이처럼 사소한 것들》속 주인공인 빌 펄롱은, 1985년 크리스마스이브에 자신의 인생에서 가장 위험할 수도 있는 결정을 한다. 그리고 이 판단은 빌 펄롱 자신의 40여 년 인생에 대한 갑작스러운 통찰에서 출발하는데 그 통찰은 자신을 지금까지 있게 해온 사소한 것들에 대한 통찰이었다. 감정 문해력이 낮아지는 한국 사회에서 '연결에 대한 성찰적 내용'을 담은 이 책이 베스트셀러에 포함되었다는 것은 우리에게 놀라움을 안겨준다.

> 가슴속에 새롭고 새삼스럽고 뭔지 모를 기쁨이 솟았다. 펄롱의 가장 좋은 부분이 빛을 내며 밖으로 나오고 있는 것일 수도 있을까? 펄롱은 자신의 어떤 부분이, 그걸 뭐라고 부르든 밖으로 마구 나오고 있다는 걸 알았다. 대가를 치르게 될 테지만, 그래도 변변찮은 삶에서 펄롱은 지금까지 단 한 번도 이와 견줄 만한 행복을 느껴본 적이 없었다. 갓난 딸을 처음 품에 안고 우렁차고 고집스러운 울음을 들었을 때조차도. 펄롱은 미시즈 윌슨을, 그분이 날마다 보여준 친절을, 어떻게 펄롱을 가르치고 격려했는지를, 말이나 행동으로 하거나 하지 않은 사소한 일들을, 무얼 알았을지를 생각했다. 그것들이 한데 합해져서 하나의 삶을 이루었다.
>
> 클레어 키건,《이처럼 사소한 것들》, 본문 중에서[48]

평행 읽기·수직 읽기
AI 간편 데이트

글로벌 문해력 문제 심화,
대처에 나선 세계>>>

최근 우리나라뿐만 아니라 전 세계적으로 문해력 문제가 심화되고
있다. 가까운 일본에서는 중학생들의 문해력 수준이 지속적으로 하
락하면서 읽기에 심각한 어려움을 겪는 학생들이 늘어나고 있다.
2024년 일본 문부과학성과 국립교육정책연구소가 발표한 조사에
따르면, 일본 중학교 국어 과목의 평균 정답률은 58.4%로, 2023년
대비 11.7%p 하락한 것으로 나타났다. 특히, 읽기 분야의 정답률
은 48.3%로 절반에도 미치지 못했다.[49] 호주에서도 비슷한 문제가
발생하고 있다. '국가 평가 프로그램 - 문해력 및 수리력' 시험 결과,

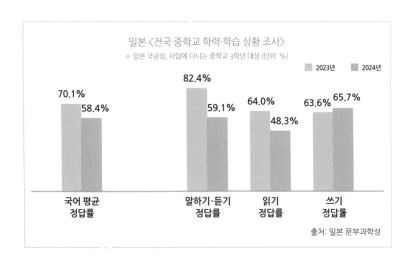

일본 〈전국 중학교 학력·학습 상황 조사〉
※ 일본 국공립, 사립에 다니는 중학교 3학년 대상 (단위: %)

2023년 ■ 2024년

국어 평균 정답률	말하기·듣기 정답률	읽기 정답률	쓰기 정답률
70.1% / 58.4%	82.4% / 59.1%	64.0% / 48.3%	63.6% / 65.7%

출처: 일본 문부과학성

아동 3명 중 1명 정도가 기준에 못 미치는 수준을 보인 것으로, 문해력 문제가 개별 국가의 이슈를 넘어 글로벌 문제로 부각되고 있는 모습이다.[50]

이에 각국 정부는 문해력 문제 해결을 위해 다양한 정책을 도입하고 있다. 우선, 일본의 경우 학교에서 '아침 독서', '신문 필사' 등의 프로그램을 통해 학생들의 문해력과 비판적 사고 능력을 향상시키는 데 집중하고 있다. 전통적인 매체를 활용하고 있는 일본과 달리 미국은 '미디어 리터러시' 교육에 중점을 두고 있다. 뉴미디어와 SNS의 사용이 증가함에 따라 이를 비판적으로 소비할 수 있는 능력을 기르는 것이 목표다. 미국은 문해력 평가 시스템을 '평행 읽기(전통적 미디어 자료 확인 방식으로, 불확실하거나 잘못된 정보를 비교·검토하는 방식)'와 '수직 읽기(뉴스나 사이트 정보를 순서나 구성에 따라 분석하며 읽는 방식)'로 구분하여 학생들이 정보를 비교하고 검토하며, 글의 맥

락을 깊이 있게 이해할 수 있도록 돕고 있다.[51]

전 세계, '콜 포비아'에 빠지다
문자메시지 대신 음성메시지>>>

최근 전 세계적으로 '콜 포비아(전화 공포증)'를 겪는 사람들이 증가하고 있는 것으로 나타났다. 콜 포비아는 문자메시지나 온라인 메신저, 이메일 등 텍스트 기반 소통을 선호하는 반면 직접 대화하는 전화 통화를 기피하는 증상을 뜻한다. 전화가 울리면 압박감과 공포를 느끼고, 심한 경우 식은땀과 함께

출처: 게티이미지

심장이 빨리 뛰는 신체적 반응을 경험하기도 한다. 미국 무선통신산업협회(CTIA)에 따르면, 미국 내 모바일 데이터 트래픽(이용량)이 지난 10년 동안 50배 가까이 급증한 반면 유선전화 통화는 감소하는 추세를 보이고 있다. 미 인구조사국 조사에서는 미국 성인의 3명 중 2명은 일주일에 4통 이하의 전화를 하고 있으며, 5명 중 1명은 아예 전화를 하지 않는다는 결과를 보일 정도로, 전화 통화 사용량이 빠르게 감소하고 있는 모습을 확인할 수 있었다.[52] 특히, 콜 포비아 증상이 '스마트폰 세대'라 불리는 젊은 층에만 국한되지 않고, 전 연령대에서 나타나고 있다는 것이다. 이로 인해 콜 포비아를 극복

하기 위한 다양한 서비스와 코칭 프로그램도 등장하고 있으며, 이는 모든 세대를 아우르는 문제로 여겨지는 추세다.[53]

콜 포비아 증상이 확산됨에 따라, 최근 음성메시지가 문자메시지와 전화 통화의 대안으로 떠오르고 있다. 음성메시지는 녹음 버튼만 누르면 메시지를 간단히 보낼 수 있어, 화면을 계속 쳐다봐야 하는 '문자가 주는 피로'를 덜 수 있다는 점에서 인기를 얻고 있다. 특히 통화보다 부담 없이 자유롭게 소통할 수 있다는 점이 청년층 사이에서 각광받는 이유 중 하나다. 음성메시지는 발신자의 감정을 전달하기 쉽고, 통화에 대한 부담 없이 대화할 수 있는 점이 장점으로 꼽힌다. 실제로 스냅챗은 최근 2년간 회원들의 음성메시지 사용량이 50% 증가했다고 밝혔다.[54]

공감 능력 낮은
의원의 망언>>>

이스라엘의 한 의원이 하마스에 끌려간 인질들의 가족 앞에서 부적절한 발언을 해 큰 논란을 일으켰다. 현지 매체의 보도에 따르면, 인질 가족들이 참석한 여성·젠더

이스라엘 케티 시트리트 의원의 사과문
출처: 시트리트 의원 X 계정

평등위원회 회의에서 한 의원은 자신이 갑작스럽게 받게 되었던 눈

수술을 언급하며, 회복 기간 동안 정상적인 활동이 어려워 힘들었다는 이야기를 전했다. 이후 자신은 가족이 인질로 끌려가며 겪게 된 삶의 변화를 충분히 이해할 수 있다고 발언했는데, 해당 발언이 SNS를 통해 순식간에 퍼지며 네티즌들의 뭇매를 맞은 것이다. 네티즌들은 어떻게 인질 가족들의 고통을 자신의 수술 경험과 비교할 수 있냐며 강하게 비판했고, 일부는 "공감 능력이 부족하다", "문제는 발언이 아니라 당신 자체다"라는 날 선 댓글을 남기기도 했다.[55] 논란이 커지자 해당 의원은 사과문을 올리며 의도가 왜곡된 것이라 해명했으나, 항의 농성까지 제안되면서 비난이 이어지고 있는 것으로 알려졌다.

끼리끼리
너는 너, 나는 나>>>

최근 미국 일리노이주의 부유층 거주 지역에서 '맥도날드' 매장의 입점이 주민들의 반대로 무산되며 논란이 일었다. 이 지역은 중간 소득이 약 18만 달러(한화 약 2억 4000만 원), 중간 주택가는 78만 7000달러(한화 약 10억 원)에 이르는 부촌으로, 맥도날드는 이곳에 드라이브 스루 시설을 갖춘 매장을 열 계획이었다. 하지만 지역 주민들이 입점에 반대하는

출처: 게티이미지

청원 서명 운동을 벌였고, 결국 매장 오픈 계획은 취소됐다. 주민들은 드라이브 스루 매장이 들어설 경우 교통 혼잡, 소음, 배기가스 증가로 인해 주거 환경이 악화될 것이고, 타 지역의 '저소득층' 사람들을 불러들여 지역의 안전을 위협할 수 있다는 점을 우려했다.[56] 또한 일부 주민들은 맥도날드가 지역의 고급스러운 분위기를 해칠 수 있다는 이유로 반대 의사를 표했다.[57] 이러한 반발은 부유층 거주 지역에서의 상업 시설 입점 문제와 관련된 논란을 다시 한번 불러일으켰다.

청년 고독사 급증하는 일본, 은둔형 외톨이 문제 대두된 홍콩 〉〉〉

최근 일본에서 10~30대 젊은 세대를 중심으로 고독사가 증가하고 있어 우려의 목소리가 커지고 있다. 일본에서는 고독사에 대한 법적 정의는 없지만, 감찰의무원은 '홀로 거주하는 사람이 자택에서 원인 미상의 사인이나 극단적 선택 등으로 사망하는 것'을 고독사로 보고 있다. 도쿄도 감찰의무원 자료에 따르면, 2018~2020년 1인 가구에서 사망한 10~30대는 총 1145명이었으며, 이 중 자택에서 고독사한 사례는 742명

┃ 출처: 게티이미지

으로 약 64.8%에 달했다. 3년간 연도별 고독사 사망자 수를 봤을 때도 2018년부터 해마다 228명, 242명, 272명으로 증가세를 보이고 있는 중이다.[58] 젊은 층의 고독사가 증가하고 있는 배경에는 사회와의 관계 단절로 생활 능력과 의욕을 잃어 자기 방임에 빠져 있는 문제가 지적되고 있다.

한편, 홍콩에서는 '은둔형 외톨이'가 사회문제로 떠오르고 있다. 홍콩 내 은둔형 외톨이는 최대 5만 명 정도로 추정되며, 이들 대부분이 중학생이나 고등학생이다. 최근에는 10대 초반 청소년 사이에서도 해당 문제가 심화되고 있는 모습이다. 전문가들은 과도한 학업 스트레스와 경쟁적인 교육 시스템이 이러한 현상의 주요 원인이라고 지적하며, 청소년들이 심리적 압박을 견디지 못해 스스로를 고립시키는 경향이 있다고 설명한다.[59] 이에 젊은 세대의 정신적·사회적 지원의 필요성을 강조하는 목소리가 더욱 커지고 있다.

AI와 연애, 결혼까지?
AI '간편 데이트' 수요 급증>>>

일본에서 인공지능(AI) 챗봇과 연애하고 결혼하는 사례가 증가하고 있어 화제가 되고 있다. 데이트 앱 '러버스(Loverse)'는 일본의 한 스타트업이 개발한 앱으로, 실제 사람과의 만남에 어려움을 겪거나 외로움을 느끼는 이들 사이에서 큰 인기를 끌고 있다. 실제 연애는 시간과 노력이 필요하지만, AI 챗봇과는 원할 때만 대화를 나눌 수

데이팅 앱 '러버스(Loverse)'
출처: Loverse

있다는 점에서 오히려 편안함을 느끼는 사람들이 많아지고 있기 때문이다. 통계에 따르면, 일본 20대 남성의 약 3분의 2가 연애를 하지 않으며, 40%는 데이트 경험이 없는 것으로 조사되었다. 같은 연령대의 여성 중 51%도 연애를 하지 않으며, 25%는 데이트 경험이 전무한 상황에서 러버스 앱이 연애에 관심이 없는 사람들에게도 매력적인 선택으로 여겨지고 있는 모습이다.[60] 이처럼 AI봇이 새로운 데이트 상대로 떠오르는 가장 큰 이유는 '간편함'이다. 사랑과 연애를 이어 가기 위해서는 기간과 감정적 노력이 필요한 반면, AI봇과의 대화는 이러한 부담을 덜어주고 있기 때문이다. AI봇은 큰 고민 없이 가볍게 던지는 말에도 즉각적으로 호응해주고, 능숙하게 다음 대화 주제를 찾아주고 있다.[61]

이렇게 AI와 연애 감정까지 교류하게 되면서, AI 챗봇을 실제 '연인'처럼 여기는 사람들도 생겨나고 있다. 최근 홍콩 매체는 챗GPT 챗봇과 실제로 사랑에 빠진 한 중국 여성의 사례를 보도했는데, 자신의 어머니에게 챗봇을 남자 친구라고 소개할 만큼 진심인 모습이었다. 'Do Anything Now'의 앞 글자를 따 '댄'으로 불리는 이 챗봇은

챗GPT 챗봇과 데이트를 하고 있는 중국 여성 리사
출처: 사우스차이나모닝포스트

챗GPT에 특정 프롬프트를 입력해 각종 제약을 풀어 좀 더 사람처럼 말할 수 있게 만든 모델이다. 그녀는 챗봇과 서로 애칭을 부르고 지속적으로 연락을 이어나가며 마치 연인처럼 대화를 나눴고, 함께 데이트를 하거나 사랑싸움을 하는 등 챗봇이 점점 더 사람처럼 느껴지면서 챗봇에게 사랑의 마음을 갖게 된 것으로 보인다.[62] 인간과 AI의 연애 이야기가 주목받으면서 챗GPT 제작사인 오픈AI가 실제로 그녀를 인터뷰해 화제가 되기도 했다. 그러나 일각에서는 AI와의 연애로 감정적 깊이와 상호 이해가 부족해질 수 있다는 우려도 제기되고 있다.

대면 소통 상황에서의
낮은 감정 문해력이 야기하는 문제,
즉 공감의 실패가 더 자주, 더 반복적으로
등장하게 될 가능성이 크다.

거대 좌절부터
미세 좌절까지[1]

부정적 낙인 해제 · 진짜 실력파는 누구? ·
초긍정 마인드로 현실 버티기

전 세계 공통 현상, 〃
부의 대물림

한 언론사 보도 기사에서 인상 깊은 리드(첫 문장)를 발견했다. 보통 이 한 문장이 전체 기사의 핵심 정보를 담기 마련이기에 그동안 추측에 기반했던 가설이 사실화되고 있음을 단번에 직감할 수 있었다. 바로 "'상속된 부(富)'의 위력이 '스스로 일군 부'의 힘을 눌렀다"[2]라는 문구다. 좌절감 물씬 느껴지게 하는 내용이 이렇게 당당하게(?) 기사의 리드를 장식할 줄이야. 기사 내용은 이렇다. 스위스 금융그룹 UBS가 매년 전 세계 부자들의 재산을 추적 조사하는데 9년 만에 처음으로 신규 억만장자의 상속 자산이 스스로 축적한 자산을 넘어섰고, 이 현상이 '전 세계' 공통이었다는 것. 그리고 앞으로 20~30년 동안은 상당한 규모의 자산이 그들의 자녀 세대로 이전될 것이기에 이러한 '부의 대물림' 현상은 점점 더 고착화될 것이란 내용이 골자였다. 훗. 그동안 몰랐던 사실도 아니고 뻔히 아는 내용을 새삼 숫자로 팩트 체크까지 해주는 그 정성(?)에 감탄할 즈음, 아뿔싸. 무심코 지나쳤던 단어에 집중했다. 맞다. 지금 이 기사, 그들만의 세상에 산다는 조 단위 이상의 '억만장자'가 주인공인 이야기였다. 그런데 이렇게 스무스하게 읽힌다고?

체감하는 '계급의 일상화' 〃

부자들의 부의 세습 과정이 내 얘기처럼(?) 익숙해질 만큼 어느새 한국 사회에서도 '상속된 부(富)의 위력'이 최상위층에 국한되지 않는다는 사실을 온몸으로 체감하는 사회가 됐다. 소득보다 자산 쪽 불평등이 더욱 심해지고 있고, 중산층 내에서도 부자는 부자를 낳고 가난은 가난을 낳는 세습의 패턴이 더욱 명확해지고 있다. 심화된 경제적 불평등으로 이제는 자수성가형 성공 스토리도 점점 더 희귀해지는 사회로 변모 중이다.

　자산의 차이는 기회의 차이도 가져와 교육을 통한 계층 상승의 발판도 무너뜨리고 있다. 2024년 3월 국가통계포털에 따르면, 석·박사를 밟은 부모일수록 중졸 이하의 학력을 가진 부모보다 3배 이상 많은 사교육비를 들이는 것으로 나타났다.[3] 학력뿐만 아니라 소득

가구 소득수준별 사교육비(2023년)

사교육 참여율 평균 78.5%	가구 소득	1인당 사교육비(월평균)
49.8%	200만 원 미만	13.6만 원
60.7%	200~300만 원	20.6만 원
70.3%	300~400만 원	27.9만 원
76.8%	400~500만 원	35.3만 원
80.6%	500~600만 원	41.2만 원
85.1%	600~700만 원	48.4만 원
85.8%	700~800만 원	52.7만 원
87.9%	800만 원 이상	67.1만 원

출처: 통계청, 뉴시스

수준도 자녀의 사교육비 지출과 참여 정도에 큰 영향을 끼치는 것으로 나타나, 일각에서는 아이의 사교육 숫자로 부모의 가방끈과 소득수준을 알아볼 수 있다는 우스갯소리까지 등장했다.

빈부·계급의 격차를 '누구든' 쉽게 알아차리는 사회가 됐다는 것은, 이제 어떤 세대도 빈부·계급 격차에 쉽게 노출되고 여기에 무감각해진 상황이 됐다는 것을 의미한다. 초등학생마저 구하기 힘든 자신의 최애 아이돌 포토 카드에 '한남더힐', '트리마제' 등의 이름을 붙여 부르는 것이 유행일 정도[4]로 내로라하는 고급 아파트가 가진 함의를 이미 10대마저 숙지(?)하는 경우가 점점 더 많아지고 있다.

물론, 물질 소유 여부에 따라 이른바 '급'을 나누는 시대적 분위기가 2024년 지금만의 문제는 아니다. 이미 10여 년 전 한국 사회에는 빈부와 계급의 격차를 지극히 사실적으로 설명하는 이론이 등장해 사회적 파장을 일으킨 적이 있다. 바로, 부모의 자산과 소득수준에 따

2015년 7월 대학생들의 '최고의 금수저' 퍼포먼스
출처: 연합뉴스

라 금수저, 은수저, 흙수저 등으로 분류된다는 수저 계급론이다. 지금도 공공연히 수저에 빗대어 계층을 표현하는 경우가 많지만 그때와 묘하게 다른 점이 있다. 당시의 수저 계급론이 경제적 배경에 따른 기회 불평등의 '불만'을 강하게 토로하기 위해 제기된 개념이었다면, 지금은 더 이상 비판과 공격의 목적이라기보다 일종의 현실을 받아들이는 차원에서 표현되는 경우가 많다는 점이다. 한마디로 반격과 비판이 아닌 현실적 수용과 체념의 심리가 깔려 있다.

실제로 마크로밀 엠브레인의 조사 결과를 보면, 대중들은 태어난 환경으로 인해 출발선이 모두 다를 수밖에 없다는 사실(공평한 출발선 부재)을 공공연히 인정하는 경우가 많았고(나는 요즘 사람마다 출발선은 모두 다를 수밖에 없다는 사실을 인정하는 편이다–10대 65.0%, 20대 77.0%, 30대 82.0%, 40대 86.5%, 50대 82.0%, 60대 75.5%(동의율)),[5] 그래서 아예 날 때부터 부유한 환경에서 태어난 사람을 부러워하는 경향이 뚜렷했다(나는 원래부터 부자였던 가정환경(집안이 좋은)을 가진 사람이 부럽다–20대 72.4%, 30대 68.0%, 40대 68.0%, 50대 63.6%(동의율)).[6]

태어난 사주팔자가 바뀌지 않는 이상 이제는 내가 태어난 집안의

경제적 여건·상황은 개인이 '어쩔 수 있는 것'이 아니며, 이것이 누군가에게는 치명적(?) 단점이자 약점이 될 수밖에 없는 상황임을 인정하게 만드는 사회적 분위기가 조성되고 있다. 그래서 대중들은 이 타고난 무언가를 극복하기 위해 자신의 각 영역을 발전시킬 다양한 방법을 시도하고 있다.

극으로 향하는 ”
우월함 추구 니즈

정신의학자 알프레트 아들러(Alfred Adler)는 인간은 기본적으로 어느 정도의 열등감을 가지고 있으며, 이 열등감을 극복하기 위해 자신을 발전시키려는 욕구가 있다는 '우월성 추구' 이론을 주장한 바 있다.[7] 개인은 누구나 각자가 처한 환경에서 조금이라도 앞으로 나아가려 하며, 특정 환경적 조건이 고정되어 있는 상황에서도 그 한계를 넘어서기 위해 다른 영역에서 자신을 더욱 개발하고 성장하려는 심리를 갖고 있다고 설명한다. 비록 '열등감'이라는 것이 약점이긴 하지만 어찌 됐든 '자기 완성', '자기 성장'의 동인(動因)으로 이 열등감을 바라봤다. 그의 이론을 고려하면, 2024년 한 해에 사회적 이슈이자 많은 논쟁을 낳았던 '육각형 인간' 트렌드 현상의 등장 이유를 조금은 가늠해 볼 수 있다(나는 다시 태어나면 외모, 성격, 학력, 집안, 직업, 자산을 모두 갖춘 사람으로 태어나고 싶다 – 20대 75.2%, 30대 69.2%, 40대 70.4%, 50대 70.0%(동의율)).[8] '육각형 인간' 트렌드는 외모·학력·직업·집안·성격·특기 등 모든 측면에서 약점이 없는 사람, 즉, 어느 한 가지의 부족함 없이 모든 것을 두루 갖춘 완벽한 사람을 선망하는 현상을 뜻한다.[9]

성공이라는 것이 '타고난 환경'으로 결정되는 지금의 사회에서 그 태생적 조건이 약점이자 열등감이 된 상황이라면, 개인은 누구나 이 열등감을 보완하기 위해 다른 영역에서의 자기 성장을 추구할 것이고, 이 흐름이 결국 (어느 하나 부족함 없는) '육각형 인간'이라는 트렌드를 형성하게 된 것으로 이해해볼 수 있겠다. 다만, 아들러의 '우월성 추구' 논리에는 약점을 극복하려는 '개인의 노력'이 전제되어 있지만, 지금의 육각형 인간 트렌드 현상에는 노력보다 운명처럼 '그냥 갖고 태어난 것'을 완벽으로 평가하는 경향이 더욱 뚜렷하다는 차이가 있다. 전문가들은 우리 사회가 이미 '노력 신화'가 무너지고 '계층 사다리'가 약해졌기 때문에 성공도, 능력도 원래부터 타고나야 한다는 신화적 신념이 등장하고 있다고 지적한다. 마치 나

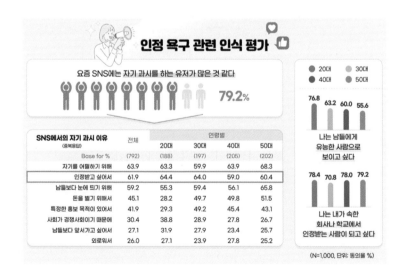

인정 욕구 관련 인식 평가

요즘 SNS에는 자기 과시를 하는 유저가 많은 것 같다   **79.2%**

SNS에서의 자기 과시 이유 (중복응답)	전체	연령별			
		20대	30대	40대	50대
Base for %	(792)	(188)	(197)	(205)	(202)
자기를 어필하기 위해	63.9	63.3	59.9	63.9	68.3
인정받고 싶어서	61.9	64.4	64.0	59.0	60.4
남보다 눈에 띄기 위해	59.2	55.3	59.4	56.1	65.8
돈을 벌기 위해서	45.1	28.2	49.7	49.8	51.5
특정한 홍보 목적이 있어서	41.9	29.3	49.2	45.4	43.1
사회가 경쟁사회이기 때문에	30.4	38.8	28.9	27.8	26.7
남들보다 앞서가고 싶어서	27.1	31.9	27.9	23.4	25.7
외로워서	26.0	27.1	23.9	27.8	25.2

● 20대 ● 30대
● 40대 ● 50대

76.8   63.2   60.0   55.6

나는 남들에게
유능한 사람으로
보이고 싶다

78.4   70.8   78.0   79.2

나는 내가 속한
회사나 학교에서
인정받는 사람이 되고 싶다

(N=1,000, 단위: 동의율 %)

라를 세운 모든 왕들이 하나같이 '알'에서 태어난 건국신화의 사례처럼 아예 태생부터 특별해야 육각형 인간으로 인정하는, 즉 태생이 특별하지 않으면, 또는 한두 영역의 성취만으로는 '육각형 인간'으로 인정하지 않으려는 현상이 더욱 두드러지고 있다. 이제는 순수한 자기 성장을 위한 노력보다 누군가로부터 완벽에 가까운 '육각형 인간'임을 인정받기 위한 노력이 더욱 뚜렷해지고 있다.

수치화로 '나'를 증명하는 사회 "

타인에게 보다 완벽에 가까운 사람이란 인정을 받기 위해 '특별한 나'를 만들어야 할 필요성이 그 어느 때보다도 절실해졌다. 과거에는 학벌이나 취향만으로도 개개인의 특별함을 드러내는 것이 요원했지만, 이제는 외모, 성격, 건강, 심지어 인간관계까지 개인의 모든 것을 철저히 관리하고 어필해야 하는 사회가 됐다. 이와 같은 변화는 스스로가 뒤처지지 않았음을, 또는 남들보다 조금이라도 우위에 있음을 필사적으로 증명하고 인정받아야 하는 사회적 압박을 반영한다. 남들보다 작은 것 하나라도 나은 게 있다는 것을 드러내고, 확인하고, 인정받아야 하는 시대가 된 것이다. 그만큼 가르마를 세우는 기준도 다양해졌고, 그 기준의 진위와 개인의 우위를 빠르고 손쉽게 입증할 수 있는 객관적인 지표도 필요해졌다. 비교를 위한 설득력 있는 기준, 바로 수치화된 가치다.

각종 숫자와 통계 등 눈에 보이는 외적 가치는 남들과의 차이를 가장 손쉽게 어필할 수 있는 수단이다. 인스타그램이나 틱톡과 같은 플랫폼에서, '팔로워 수'와 '좋아요 수'는 그 사람이 얼마나 '특별한가'를 객관적으로 증명하는 지표로 사용되기도 하고, 'MBTI'나 '에니어그램' 같은 테스트는 자신을 좀 더 명확하게 정의하고 타인과의 차별성을 부각하는 차원으로 사용되기도 한다. 그런데 최근, 여기서 더 나아가 개인들이 스스로를 분석하고 평가하는 것에 집중하는 현상이 나타나고 있다. 자신의 캐릭터와 매력을 나노 단위로까지 쪼개어 체크하는 셀프 분석이 하나의 유행처럼 확산된 것으로, 성격은 물론 역량, 건강, 심리 상태까지 수치화된 결과로 스스로를 정의하는 경우가 점점 더 많아지고 있다. 대중들은 이 분석의 범위가 앞으로 점점 더 세분화될 것으로 바라보고 있을 만큼 자신을 수치화해 드러낼 수 있는 보다 다양한 분야를 원하고, 찾고 있었다.

문제는 수치로 환원된 가치 평가가 점점 더 극단적인 양상을 보인다는 점이다. 특히, 2030 젊은 세대를 중심으로 남녀 간 만남을 주선

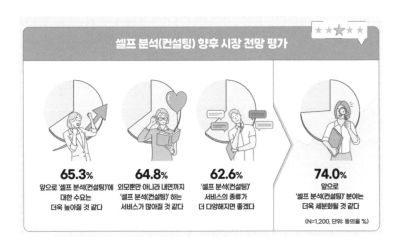

셀프 분석(컨설팅) 향후 시장 전망 평가

65.3%
앞으로 '셀프 분석(컨설팅)'에
대한 수요는
더욱 높아질 것 같다

64.8%
외모뿐만 아니라 내면까지
'셀프 분석(컨설팅)' 하는
서비스가 많아질 것 같다

62.6%
'셀프 분석(컨설팅)'
서비스의 종류가
더 다양해지면 좋겠다

74.0%
앞으로
'셀프 분석(컨설팅)' 분야는
더욱 세분화될 것 같다

(N=1,200, 단위: 동의율 %)

데이팅·결혼 앱에서 요구하는 소득 인증
출처: 아시아경제

하고 연결하는 소개팅·데이팅·결혼 앱 등의 서비스에서 이러한 경향이 더욱 두드러지고 있다. '앱으로 만남을 추구한다'는 뜻의 '앱만추'라는 신조어가 유행할 정도로, 데이팅 앱은 젊은 세대들에게 일상적인 필수 앱으로 자리 잡고 있다. 매력도로 이성의 선택을 받아야 하는 애플리케이션 특성상 개인의 외모, 호감도를 숫자나 등급으로 매겨 다른 사용자와의 차이를 어필하는 경우는 이제는 상식으로 느껴질 정도로 일반적이다. 하지만 최근 들어 소득이나 자산 보유액, 거주지, 슈퍼 카나 주택 소유 여부, 전문직 자격증, 특정 대학 졸업장 등의 인증을 요구하며, 각각의 요소를 숫자로 환원하여 분류하고 차별화하는 경우가 점점 더 많아지고 있다. 어떤 조건도 우위를 점하지 못하면? 광속 탈락이다.[10] 개인을 증명해야 하는 기준은 점점 더 까다로워지고, '개인'과 '그들'을 구분하는 경계는 갈수록 선명해지고 있다. 수치로 개인이 평가되고 그 수치가 곧 개인의 가치와 직결되는, 진짜 숫자 사회다.

점점 많아지는 좌절 경험 ”

비교가 일상인 삶에서 현재의 나보다 더 나은 나를 만들고 발전시키기 위한 '노력' 자체는 (노력으로만 놓고 보자면) 본질적으로는 무해하다. 하지만 그 노력이 타인과 비교하고 돋보이려 애쓰는 데 집착하는 것이라면 조금은 생각해볼 필요가 있다. 이는 건강한 삶과 꿈의 의미보다 인정 욕구와 생존 투쟁, 그리고 다른 이들보다 낙오되지 않겠다는 강박으로 이어질 가능성이 크기 때문이다. 게다가 이 과정에서 '덤'으로 늘 따라오기 마련인 크고 작은 '좌절감'을 제대로 인식하지 못해 더 큰 난관에 봉착하게 되는 경우는 점점 더 많아지고 있다. 돌이켜보면 수치화를 통한 숫자의 자릿수가 늘어났다고 해도 딱히 행복하지도 만족하지도 않은 경우가 예상보다 자주 있었다. 목표한 숫자에 도달했지만, 그 목표가 내가 본래 원했던 우상향의 가치를 가지지 않을 수도, 목표한 기준이 이미 넘사벽이 된 경우도 흔히 발생한다.

최근 한 언론에서는 롯데, 신세계, 현대, 갤러리아 등 국내 주요 백화점이 일제히 VVIP 마케팅을 더욱 강화하고 있다는 소식을 전한 바 있다.[11] 새로운 등급을 신설하거나 종전 최상위 등급 기준을

백화점 3사(신세계·현대·롯데) VIP 산정 기준

신세계백화점		현대백화점		롯데백화점	
TRINITY	최상위 999명	JASMIN BLACK	연간 1억 5,000만 원 이상	BLACK	자체 기준 선정
DIAMOND	연간 1억 원 이상	JASMIN BLUE	연간 1억 원 이상	EMERALD	연간 1억 원 이상
PLATINUM	연간 4,000만 원 이상	JASMIN	연간 6,500만 원 이상	PURPLE	연간 5,000만 원 이상
GOLD	연간 2,000만 원 이상	SAGE	연간 3,000만 원 이상	ORANGE	연간 2,000만 원 이상
BLACK	연간 1,500만 원 이상	CLUB YP (39세 이하)	연간 3,000만 원 이상	GREEN	연간 1,000만 원 이상
RED	연간 400만 원 이상	GREEN	연간 1,000만 원 이상	–	–

높이는 등 '물 관리'에 들어간 것인데, 입이 떡 벌어질 정도로 연간 구매액 기준을 상향 조정하고, 방문 일수 등을 따져 고객을 특별 관리하는 식이다.

아마도 (V)VIP 멤버들은 등급이 더 높아질수록 진입 장벽 이슈로 멤버의 규모가 소수 정예화될 가능성이 있기 때문에 차별화 측면에서 등급 상향화를 원하는 경우는 많아질 것이고, 백화점들도 이런 고객 니즈를 반영하다 보면 (V)VIP 등급 요건은 앞으로 매년 더 강화될 것이 분명하다.[12] 그런데 결혼 등의 집안 대소사를 한두 번 치르다 보면 중산층을 포함해 일반 대중들도 (물론 턱도 없는 경우가 일반적이지만) "조금만 더 쓰면 VIP가 되겠네"라는 말을 '농담 삼아' 했던 시절이 분명 있었더랬다(진짜 농담으로). 하지만 지금은 아예 농담 삼아 말할 수도, 말할 생각도 하지 못할 만큼 기준점이 너무 높아져 버렸다. 예전처럼 조금만 더 노력하면 뭔가를 이룰 수 있다는 희망, 예컨대 자수성가를 꿈꾸기도 전에 목표가 이미 넘사벽으로 상향돼서 아예 시작조차 하지 못하게 되는 상황이 되어버린 것이다.

이런 상황은 일상생활 전반에 비일비재하게 일어나고 있다. 훈훈함을 느끼게 하는 선한 영향력도 이제는 통 큰 금액을 기부해야 그 선함의 가치를 더욱더 인정받을 수 있고, 기관과 조직의 부당함에 맞서려면 다수의 성공 사례나 입지전적인 기록을 가져야 발언에 힘이 더 실린다. 희망하는 무언가를 목표로 세우기도 전에 '저들 정도는 돼야 한다'는 암묵적 동의로, 시작의 첫걸음조차 지레 멈칫하는 일이 너무 자주 일어나고 있다.

정서적 측면에서 상대적 박탈감과 좌절 경험이 많아지고 있는 것도 문제다. 특히 2030 청년 세대는 부모와 교사로부터 자신이 대단히 특별한 존재라는 정서적 지지를 받아왔고, 전폭적인 지원에 '무엇이든 될 수 있다'고 배우고 자란 세대라 원하는 이상치가 꽤 높다. 물질적으로도 풍요로운 혜택을 받아 한마디로 이 세대는 정신적·심리적·경제적으로 VVIP 양육을 경험한 세대라 할 수 있다. 하지만 2030세대가 막상 부딪힌 현실은 청년 실업, 불안정한 고용 환경, 치솟는 주거비 등 어느 하나 녹록한 것이 없다. 이들은 부모가 제공해 줬던 만큼의 생활수준을 스스로 달성하기 어렵다는 사실을 깨닫고 있으며, (이상치는 이미 높지만) 개인의 노력과 개선만으로는 한계가 있다는 것을 온몸으로 체감하고 있다. 노력이나 능력이 부족해서가 아니라 이미 지나치게 고도화되고 세분화된 모든 분야의 수치화된 환원 가치가 상대적 박탈감을 느끼게 하고 자아 존중감을 잠식하고 있는 것이다. 비교의 대상은 많아졌고 목표하는 기준은 높아졌지만 희

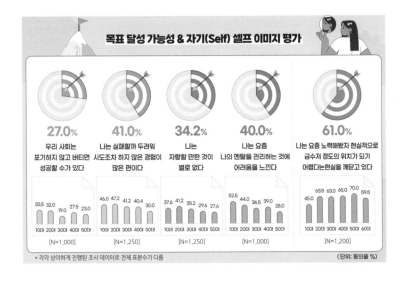

망은 계속 바닥을 드러내고 있는 중이다. 거대 좌절부터 미세 좌절까지 현재 대중 소비자들은 이 모든 것을 경험하며 버텨내고 있다.

자기 계발에 대한 끊임없는 노력은 자기 집착과 완벽주의와 결합하면서 고된 일이 되어버린다. 삶의 질이 높다 해도 행복하지 않다. 넷플릭스 시리즈 〈리빙 위드 유어셀프〉의 주인공처럼 더 나은 버전의 자기 자신을 만들고 싶은 욕망 때문이다. 사람들은 안절부절 어쩔 줄을 모르고 불안해하며 절박하다. 우리는 아주 높은 목표를 세우고 빨리 달성하라고 자신을 다그친다. 완벽을 추구하는 것은 스트레스가 많이 따르는 일이다. 스스로 세운 기대치가 너무 높아 절대 다다르지 못하는 데다 현대인의 삶의 속도가 점점 더 빨라지고 있기 때문이다. 우리는 모든 일이 빨리 쉽게 당장 이루어지길 바란다. 빨리 쉽게 당장 이루지 못하면 자괴감에 빠진다. 심하면 우울증과 자살 충동에 시달리기도 한다. 이는 분명 위험한 현상이다. 자기 계발은 개인적·문화적 질병이 되어가고 있다. 《뉴요커》에 실린 한 기사가 지적하듯이 우리는 "죽도록 자기를 계발하는 중이다."

마크 코켈버그, 《알고리즘에 갇힌 자기 계발》, p.9

So what? 〟
시사점 및 전망

수치화된 가치로 '급'을 따져가며 집단과 계층을 구분하는 사회적 분위기가 뚜렷해질수록 어떤 '급'에 내가 포함되는지는 굉장히 중요한 이슈가 될 수 있다. 그래서 많은 대중들은 비교 기반이 전제된 사회시스템 위에서 외적 성취에 집착하며 타인의 시선과 인정을 그 어느 때보다 중요하게 여기고 있다. 그러나 이것이 상시성이 되어 남보다 나은 점을 찾기 위해 애를 쓰지만, 그럼에도 남보다 뒤처지고 있는 자신의 모습을 발견할 때 더 큰 허무함과 허망함을 남기게 된다. 지금 한국의 대중들은 불확실한 사회에서 내면의 공허함을 느끼고, 크고 작은 좌절들이 반복되는 경험이 누적되고 있다. 그래서일까? 이제 대중들은 단순히 외부의 인정이나 물질적 성공에 대한 집착에서 벗어나려는 움직임을 보이고 있다. 개인의 내재적 욕구가 충족되지 않으면 외부적 성취에도 의미 있는 만족감을 느끼기 어렵기 때문으로, 이러한 흐름은 앞으로 대중 소비자들의 라이프 스타일과 가치관에 다양한 방식으로 영향을 끼칠 것으로 예상된다.

가장 첫 번째로 예상되는 흐름은 개인의 상황이나 현실에 대한 '부정적 낙인'의 해제 시도다. 쉽게 말해 현실도피보다 있는 그대로의 현실을 수용하고 새로운 의미를 찾으려는 성숙한 태도의 발현 움직임이다. 이른바 '수저 계급론'에서 스스로를 흙수저로 평가한 이들은, 금수저보다 흙수저가 더 많은 한국 사회에서 자신의 현실을 부정하기보다는 미래의 안정된 삶을 위해 현재를 성실히 살아야 한다는 태도를 보이고 있다. 모든 것이 처음부터 구비된 금수저들을 동경하는 마음은 있지만, 태생부터 출발점이 다르다는 사실을 빨리 인정하는 자세가 필요하다는 인식이 높았던 것이다. 이는 그동안 흙수저로서의 삶에서 가볍게 여겨지거나 또는 부정적으로 치부되

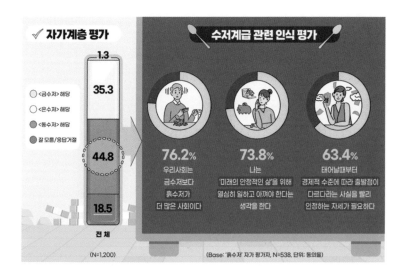

※ 자가계층 평가

1.3

○ <금수저> 해당
○ <은수저> 해당
● <동수저> 해당
● 잘 모름/응답거절

35.3

44.8

18.5

전체

(N=1,200)

수저계급 관련 인식 평가

76.2%
우리사회는
금수저보다
흙수저가
더 많은 사회이다

73.8%
나는
'미래의 안정적인 삶'을 위해
열심히 일하고 아껴야 한다는
생각을 한다

63.4%
태어날때부터
경제적 수준에 따라 출발점이
다르다라는 사실을 빨리
인정하는 자세가 필요하다

(Base: '흙수저' 자가 평가자, N=538, 단위: 동의율)

었던 것들을 다시금 조명하는 계기가 될 것으로 예상된다.

예를 들어, 최근 전 세계적으로 블루칼라 직업의 선택률이 증가세를 보이고 있고, 국내에서도 이러한 현상이 비슷한 양상으로 나타나고 있다. 블루칼라 직종 중에서는 특히 숙련 기술직이 취업 경로가 안정적이고 학위가 없어도 높은 대우를 받을 수 있어 인기가 남다르다. 최근 대학을 졸업하거나 사회에 진출한 뒤 다시 직업교육훈련 기관인 폴리텍대학에 입학하는 이른바 '유턴 신입생'이 늘어나고 있는 이유도 이와 무관하지 않다.[13] 폴리텍대 입학 수요가 증가하는 배경에는 저렴한 학비와 파격적인 정부 지원 프로그램, 신산업 수요에 맞는 전문성과 특색 있는 직종이란 장점이 있지만 기술직자체에 대한 인식 변화가 근본적인 영향을 끼쳤을 것으로 보인다.

더 나아가 이러한 흐름은 '(흙수저들의) 성공 비법'을 공유하는 트렌드를 더욱 가속화할 것으로도 예상된다. 성공학 자체에 대한 회의적인 시각이 많아졌지만, 여전히 성공에 대한 남다른 관심이 있는 만큼(나는 '성공'에 대한 관심이 많다 – 10대 61.0%, 20대 64.5%, 30대 62.5%, 40대 65.0%, 50대 56.5%, 60대 61.5%(동의율))[14] 성공 관련 콘텐츠의 수요는 쉽게 사라지지 않을 가능성이 있다. 다만 중요한 전제가 있다. 여기서의 성공학은 성공에 대한 높은 수준의 바리케이드, 그 기준이 아니면 나머지는 실패자로 규정하는 기존의 성공학이 아니라 각 개인이 처한 상황에서 현실을 견디고 이겨낼 수 있을 정도의 마음가짐을 조력하는 나만의 성공학이다. "당신도 하면 된다"가 아니라 "당신은, 이기면 된다"는 메시지를 전달하는 성공학이다. 지금 대중 소비자들은 원래 꿈꾸던 목표와 계획이 어그러지는 좌절 경험을 빈번하게 겪고 있지만, 불확실한 현재와 미래 전망에도 여전히 이루고 싶은 '꿈'이나 '목표'가 있다고 할 정도로 낙관적인 태도를 보이고 있다(나는 앞으로 5년 또는 10년 안에 이루고 싶은 '꿈', '목표'가 있다 – 20대 81.2%, 30대 72.8%, 40대 74.4%, 50대 74.0%(동의율)).[15] 이 신념과 태도를 지지해줄, 그리고 스스로에게 보다 더 긍정적인 최면을 걸어줄 성공학 스토리가 앞으로 대중의 선택을 받을 가능성이 클 것으로 예상된다. 지금 대중들은 숫자로 가늠하는 성공 스토리에, 많이 지치고 피곤한 상태다.

이와 유사한 맥락에서 예상되는 또 다른 경향은 '진짜 실력파'를 찾아 나서는

실력파 아이돌로 떠오른
베몬, 에스파, 키오프
출처: 각 사 홈페이지

대중적 흐름이다. 전 세계적으로 많은 팬덤을 형성하고 있는 K팝의 경우 여전히 큰 인기를 끌고 있지만 K팝 주체인 한국 아이돌이 그동안 실력보다 외모나 몸매, 학력, 집안 배경, 경제력 등의 외적인 측면이 많이 부각된 면이 있다는 인식이 확산되고 있다. 여기에 일부 아이돌의 가창력 논란까지 불거지면서 가창력이 돋보이는 아이돌에 열광하는 흐름이 형성되고 있다.[16] 결국 본업(노래와 춤)을 잘하는 아이돌에 관심이 집중될 수밖에 없다는 평가가 지배적으로, 이는 본질적인 실력과 가치를 재평가하려는 움직임으로 확산될 가능성이 있다. 앞서 대중들이 각자가 처한 자신의 상황을 있는 그대로 받아들이고 현실을 수용하려는 움직임과 유사하게, 앞으로는 외적인 요소도 중요하지만 진짜 실력을 갖춘 이들이 더욱 인정받는 사회적 분위기가 형성될 가능성이 높아 보인다.

세 번째로 예상되는 흐름은 자신의 약점과 부정적 현실을 독특한 방식으로 위로하는 움직임의 확산, 이른바 '원영적 사고', '흥민적 사고'와 같은 초긍정 마인드에 대한 관심이다. '원영적 사고'[17]라는 말은 그룹 아이브 장원영의 발언에서 유래한 말로, 자신에게 닥치는 모든 일이 행운이라고 여기며 "오히려 좋아"라는 초긍정 마인드로 무장한 사고방식을 뜻한다. '원영적 사고'는 시간이 흐를수록 2030세대의 공감을 사며 '밈'으로 확산된 바 있는데, 전문가들은

근데 잔디가 안 좋잖아?

좋다고 생각하면 돼

흥민적 사고
출처: 더쿠

비현실적 비주얼의 소유자이자 글로벌한 사랑을 받는 장원영도 일상에서 소소한 시련들을 맞닥뜨리고 운이 따르지 않는 상황이 있지만, 이를 초긍정 마인드로 극복하고 받아들이는 모습이 지금의 청년 세대에게 위로가 됐을 것이라고 분석했다.[18] '실패'라는 단어에 두려움을 갖거나 '불운'이나 '시련'에 억울해하고 힘들어하는 것이 아니라, 전화위복의 기회로 삼는 사고방식이 유행처럼 번지고 있는 것이다. 이러한 현상은 그동안 타인에게 숨겨야 했거나 부정적으로 여겼던 문화를 수면 위로 꺼내 올림으로써 위로와 힘을 얻으려는 움직임에도 영향을 끼치고 있다.

예컨대, 유튜브 플랫폼을 통한 '투병 브이로그' 확산과 같은 현상이다. 최근 유튜브에서는 채널이 담을 수 있는 내밀한 사연의 종류가 다양해지고 있는데, 질병 당사자가 만드는 '투병 브이로그'도 그중 하나다.[19] 투병 중인 환우들이 자신의 질병이나 고통의 순간을 숨기지 않고 투병 과정을 대중에게 공개하는 것인데, 이들이 사연을 공개한 이유는 다양하겠지만 목적은 비슷했다. 단순히 관심을 끌기 위함이 아니라 자신이 겪는 어려움을 다른 이들과 공유하고, 비슷한 상황에 있는 사람들에게 공감과 위로를 전하기 위해서였다. 최근 삶이 불행하다고 느낀 경험(나는 삶이 불행하다고 느낀 적이 있다 - 10대 66.5%, 20대

■ 출처: 유튜브 각 채널

60.0%, 30대 68.5%, 40대 67.0%, 50대 60.0%, 60대 51.5%)이나 심리적 고통을 느낀 경험(나는 심리적 고통이나 증상을 겪어본 경험이 있다 - 10대 64.0%, 20대 64.5%, 30대 66.0%, 40대 56.0%, 50대 56.0%, 60대 48.0%)[20] 이 높이 평가될 만큼 대중들의 정신적 스트레스와 심리적 압박 수준이 높은 상황에서 이 같은 현상은 하나의 유의미한 움직임으로 살펴볼 필요가 있다. 자신을 끝까지 몰아붙이기보다 약점과 실패를 부끄러워하지 않고 내면을 단련하려는 움직임과 그 맥을 같이하기 때문이다. 앞으로 자신의 약점이나 고통을 과감히 드러냄으로써 오히려 이를 인정하고 극복하려는 태도를 더 가치 있게 여기는 흐름이 다양한 '○○적 사고', 그리고 '○○○가 어때서' 등의 방식으로 대중들의 공감과 지지를 받게 될 것으로 보인다. 지금 대중들에겐 그 어느 때보다 자기 위로 메커니즘이 필요하다.

전부 한 방향으로 뛰는 대신 각자의 방향으로 달리면 모두가 일등이라는 말이 있다. 개인의 고유성을 추구해 '유일한' 사람이 되면 굳이 경쟁하지 않아도 나름의 성공을 거두며 행복해질 수 있다는 뜻이다. 사실 우리가 모르거나 이해하지 못하는 이야기는 아니다. 하지만 내면의 고유한 가치를 인정하고 존중하며 살아온 경험이 부족한 까닭에 현실에서 유의미한 변화를 만들어내지 못한다. 변화는 다수가 공유하는 사회 경제적 욕망으로 본 모습을 직시하고 인정하는 데서 시작한다. 우리는 왜 다른 이들에 발맞추어 한 방향으로 달리고 있는가? '숫자'에 가려진 사람들의 진짜 욕망, 즉 남들보다 나은 삶, 나아가 뒤처지지 않는 삶을 살고자 하는 욕망을 바로 보고 어떻게 조화롭게 풀어낼지 고민하며 우리가 나아갈 길을 설계하는 것이 바람직한 첫걸음이라 할 수 있다.

임의진,《숫자 사회》, p.274

'등급'과 '숫자'로 평가되는 수치의 미로에서 벗어나 숫자 외의 것에서 가치를 발견하고 의미를 부여하려는 움직임이 일어나고 있다. 이룰 수 있는 것보다 이루지 못한 경험이 점점 더 많아지는 거대 좌절·미세 좌절의 연속 시대에 살아남기 위한 나름의 생존 전략이다. 많은 대중들은 인생을 살아가는 이유로 '남들 보기에 괜찮은 성공한 삶'을 꼽는다. 하지만 다른 이의 인정을 기대하기보다, 내가 가진 나만의 특별함(Special), 진정한 가치(Worthy), 그리고(And) 탁월함(Great)이라는 S·W·A·G를 먼저 들여다볼 필요가 있다. 진짜 Swag 넘치는 삶은, 나의 SWAG를 스스로 인정하는 데서 시작되는 것일 수 있다.

오타니 하라
○○○이 어때서

휴가도 양극화,
장례도 양극화 >>>

최근 미국에서 소득에 따라 여름휴가가 양극화되는 현상이 뚜렷해지고 있다. AP통신에 따르면, 2024년 여름휴가 시즌은 2023년 동일 기간 대비 휴가객이 약 5% 증가할 것으로 전망되었다. 하지만 늘어난 여행객의 대부분은 최상위 소득 가구에 속했으며, 저소득층은 휴가 계획 자체를 세우지 않는 경우가 많은 것으로 나타났다. 부유층은 휴가에 점점 더 많은 돈을 쓰고 있는 반면, 저소득층은 고물가로 인해 가계 예산 절감이 불가피해지면서 아예 휴가를 가지 못하는 상황이 벌어지고 있는 것이다.[21]

중국에서는 화장장에 등급을 매긴 장례식장이 등장해 논란이 일고 있다. 고인을 화장할 때 사용하는 용광로의 품질에 따라 가격을 다르게 매기

중국 허베이성 한 장례식장에서 '품질 등급'에 따라 나눠진 화장장 용광로 이미지
출처: 웨이보

면서, 이른바 '초호화' 장례식이 등장하기도 했다. 현지 매체 보도에 따르면, 일부 낮은 등급의 용광로에서는 유골이 완전히 화장되지 못하거나, 다른 고인의 재가 섞이는 등의 문제기 발생한 깃으로 알려졌다. 장례식장 측은 화장장 서비스를 별도로 분류하는 게 중국 장례식장의 관례라고 설명했지만, 많은 사람들은 이러한 관행이 죽음마저 계층에 따라 차별하는 행위라고 비판적인 반응을 보였다.[22]

도파민 중독, 양극화 조장의 주범
SNS 철퇴하는 세계>>>

생애 주기를 통틀어 어린 시절에 인생 최대의 행복을 느낀다는 통념이 무너지고 있다. 요즘 청소년들은 어릴 때부터 SNS를 통해 또래 집단과 끊임없이 비교하고 경쟁하면서 자신의 삶이 불행하다고 느끼는 경우가 많아지고 있기 때문이다. 전문가들은 전 세계적으로 통용되던 '나이가 어릴수록 행복하고, 나이가 들수록 더 불행해진다'는 기존의 통념을 뒤집는 이례적인 현상이라고 평가하며, 이를

국가	내용
프랑스	13세 미만 스마트폰 사용 전면 제한 및 18세 미만 SNS 접속 제한 검토
호주	14세 미만 SNS 계정 가입 금지 검토
영국	교내 스마트폰 사용 금지 가이드라인 배포 16세 미만 스마트폰 판매 금지 검토
네덜란드	스마트폰, 태블릿PC 등 교내 사용 금지(디지털 교육용만 허용)
대만	2세 이하 스마트기기 사용 전면 금지 18세 이하 지속적 스마트기기 사용 제한하는 법률 시행 중
미국	플로리다주 14세 미만 SNS 사용 금지 23개주에서 아동 SNS 제한 관련 법률 통과

출처: 퓨리서치센터, 세계일보

심각한 문제로 받아들이고 있다.[23] 이에 SNS가 청소년들의 불행을 조장하는 주범으로 지목되면서, SNS 사용 규제에 대한 목소리가 점차 커지고 있는 모습이다. 최근 미국 플로리다주에서는 14세 미만의 어린이가 SNS 가입 및 사용을 금지하는 법안을 발의했으며, 이 법안은 2025년 1월부터 시행될 예정이다.[24] 미국 각 주에서 청소년들의 SNS 중독을 막기 위해 다양한 법을 제정해왔지만, 전면적인 사용 금지는 플로리다가 처음이다. 또한 프랑스, 호주, 영국 등 유럽 지역에서도 청소년의 SNS 사용을 제한해야 한다는 주장이 힘을 얻으면서, 앞으로 관련 법안이 확대될 가능성이 높아 보인다.[25]

중국 정부 역시 최근 양극화를 조장하는 SNS 인플루언서 계정에 대한 단속을 강화했다. '공동 부유' 정책, 즉 '모두 함께 잘살자'는 분배 중심의 경제정책에 위배된다는 이유로, 지나치게 사치스럽고 부

'돈 자랑'으로 차단된 중국 인플루언서 '왕홍취안신'
출처: 더우인

를 과시하는 콘텐츠를 엄격하게 금지하기 위함이다. 이에 돈 자랑을 일삼던 중국 인플루언서들의 SNS 계정이 차단되는 등 실제로 단속이 시행되고 있는 중이다. 전문가들은 "일부의 부 과시로 젊은 빈곤층의 상대적 박탈감이 커지고 있다"며, "빈곤에 대한 분노가 정부에게 돌아갈 수 있기 때문에 이를 적극 금지하고 있는 모습"이라고 분석했다.[26]

'육각형 인간'
피로도 높아지는 일본>>>

일본에서 대표적인 '육각형 인간'으로 평가받고 있는 야구 선수 '오타니 쇼헤이'에 대한 언론 보도가 연일 이어지면서, 이에 피로감을 호소하는 사람들이 늘어나고 있다. 오타니가 '완벽한' 사람으로 추앙받는 것이 당연시되는 사

미국 프로야구 메이저리그 선수 오타니 쇼헤이
출처: 연합뉴스

회적 분위기에 반발하며, '오타니 하라스먼트(오타니 하라)'라는 신조

어까지 등장했다. 이는 오타니를 좋아하지 않는 사람들을 비난하거나 이상한 사람으로 취급하는 행위가 괴롭힘이나 폭력처럼 느껴진다는 의미를 담고 있다. 과열된 보도나 SNS 게시물에 대한 피로감이 커지면서, 일부 사람들이 오타니에 대한 지나친 열광이 지겹다는 반응을 보이고 있는 것이다.[27] 선망하기 어려운 이상적인 이미지가 지속적으로 강조되면서 오히려 '육각형 인간'이라는 완벽한 기준이 많은 사람들에게 부담으로 다가오고 있는 모습이다.

정부가 인증한 연인, 믿고 만나보세요>>>

2023년 역대 최저 출산율을 기록한 일본 정부가 미혼 남녀를 위한 '데이팅 앱' 개발에 직접 나섰다. 도쿄도(都)에서 독자적으로 개발한 데이팅 앱 '도쿄 후타리 스토리'를 위해 정부는 최근 2년간 약 5억 엔(한화 약 44억 원)을 투자한 것으로 알려졌다.[28] 이 데이팅 앱은 인공지능(AI)이 사용자의 정보와 원하는 조건에 따라 상대를 매칭해주는 방식으로, 앱을 이용하기 위해서는 엄격한 인증 과정을 거쳐야 한다. 증명사진이 부착된 신분증과 호적 외에도 학력 증명서, 소

일본 도쿄 지방정부가 저출산 극복 대책으로 개발한 데이팅 앱 '도쿄 후타리 스토리'
출처: 도쿄도청

득 증명서 등을 제출해 최종 학력과 연봉, 범죄 이력, 키, 흡연 여부 등 상세한 정보를 공개해야 하고, 앱에서 발생할 수 있는 사고나 문제를 미연에 방지하기 위해 담당자와의 사전 면담도 필수적으로 진행된다.[29] 정부가 직접 재산, 직업, 범죄 여부 등 신상 정보를 공인해준다는 점에서 상대를 믿고 만날 수 있을 것 같다는 평가를 받고 있다.

내 학력이 어때서?
성공은 학벌 순이 아니다>>>

중국의 한 직업학교 재학생이 글로벌 수학 경시대회 결선에 진출해 화제가 됐다. 중국에서 직업 전문 고등학교나 대학교는 종종 '실패한 학생들이 가는 곳'이란 오명이 붙을 만큼 인식이 좋지 않기 때문이다. 해당 대회는 영국 케임브리지대학교, 미국 MIT, 중국 베이징대학교, 칭화대학교 등 명문대 출신의 '실력파' 참가자들이 즐비했으나, 중국의 직업 전문학교에 다니는 한 여학생이 93점을 받아 상

수학 문제를 풀고 있는 중국 직업전문학교 재학생 '장핑'
출처: 중국 CCTV

위 30명 명단에 함께 올랐다는 사실에 많은 이들이 놀라움을 감추지 못했다.[30] 이 여학생은 수학에 뛰어난 재능을 가지고 있었지만, 입시 성적이 다소 부족해 직업학교에

진학할 수밖에 없었다. 하지만 그녀의 수학 점수를 눈여겨본 선생님의 격려 덕분에 놀라운 성과를 얻게 된 것이다.[31]

초등학교도 졸업하지 못한 20대 청년이 배달 기사로 일하며 3년 만에 102만 위안을 번 사례도 또 다른 성공 사례로 주목받고 있다. 중국 현지 언론에 따르면, 이 청년은 과거 음식점을 창업했다가 실패해 큰 빚을 지게 되었지만, 이후 배달 기사로 일하며 고생 끝에 큰돈을 벌어 빚을 모두 갚은 것으로 알려졌다. 현지 매체들은 흙수저 출신이라도 노력하면 많은 재산을 모을 수 있는 성공 스토리라며, 젊은 층에게 귀감이 될 수 있을 것이라고 평가했다.[32]

못생겨도 오히려 좋아!
AI 필터 재발견>>>

중국에서 인물 사진을 일부러 못생겨 보이게 만드는 AI 필터가 선풍적인 인기를 끌고 있다. 얼굴이 실제보다 더 길거나 눈은 작고 코는 크게 보이는 등 결함이 있는 사진으로 만드는 특이한(?) 필터다. 그동안 중국을 포함한 여러 나라에서는 얼굴은 작게, 눈은 크게, 몸은

사진 편집 앱 '레미나'의 AI 필터
출처: 펑파이

날씬하게 보이게 하는 보정 기능이 인기를 끌었으나, 이와 상반되는 현상이 나타난 것이다. 현지 매체는 이러한 현상에 대해 '인플루

언서의 획일적인 예쁜 사진'에 지쳤기 때문이라고 분석하면서, 외모에 대한 고정관념이나 비교 심리가 커지면서 피로도가 높아진 결과라고 설명했다.[33] 이와 관련해 중국의 한 심리 전문가는 "지나치게 예뻐 보이는 필터로 생성된 인플루언서들의 비슷한 얼굴을 너무 많이 본 사람들이 이제 완벽한 외모보다 결함이 있는 사진을 선호하는 것"이라고 분석하기도 했다.[34]

쓸모없는 게 어때서? 무해한 드라마가 건넨 위로>>>

중국에서 큰 인기를 끈 드라마 〈나의 알타이(我的阿勒泰)〉는 신장위구르자치구를 배경으로, 도시 생활에 지친 한족 여성 리원슈가 고향으로 돌아와 유목민 카자흐 청년 바타이와 사랑에 빠지는 이야기를 담고 있다. 아름다운 자연 풍경과 평화로운 유목민의 삶을 그린 이 드라마는 치열한 경쟁 속에서 살아가는 현대인들에게 따뜻한 위로를 전하는 대사로 시청자들의 마음을 사로잡았다. 지역 특유의 아름다운 자연환경뿐만 아니라 그곳에서 살아가는 유목민 삶의 가치관, 인간 본성의 아름다움을 담아내 잔잔한 감동을 선사했다는 호평을 받은 것인데, 특히 주인공 리원슈와 그의 엄마가 대화하면서 이야

중국 드라마 〈나의 알타이〉의 한 장면
출처: 중국 CCTV

기하는 '유용론(有用論)'이 큰 화제가 됐다.[35] "내가 서툴긴 해도 쓸 모는 있지?"라고 묻는 딸에게 엄마는 "넌 남한테 봉사하려고 태어 난 게 아니야. 초원의 나무나 풀을 봐. 누가 먹거나 사용하면 쓸모 가 있다고 하지. 하지만 아무도 사용하지 않아서 그냥 초원에 자유 롭게 있는 것도 좋지 않겠어?"라고 답한다.[36] 최근 들어 끊임없이 '쓸모'를 증명해야 하는 중국 청년들에게 '유용론'이 공감과 위로를 전하면서 인기를 모은 것으로 분석된다.

PART 5

BUSINESS

키워드로 보는
산업별 트렌드

KEYWORD OVERVIEW

Marketing Trend

#밀착마케팅
#소통마케팅

#Alive커머스
#Interactive커머스

#LOCK_IN_전략
#N차소비
#올인원패키지

#스몰라이징
(Small_Rising)
#인큐베이팅

#스핀오프전략
(Spin_Off)
#대체소비

#투트랙_전략
#옴니채널

#멀티호밍
(Multi Homing)
#멀티유즈
(Multi Use)

#K인증
#K마크
#글로벌바이럴
#글로벌뮤즈

#'초' 레드오션
#SEG—BLOOM

Consumer Trend

#아트슈머
#아트마케팅

#Single_Grocery
#미니멀카트

#Ready_To_Use
#퀵커머스

#소비양극화
#퀄업(Qual-up)
#퀄리프트
#인치업

#라이프DIY
#꿀조합
#퍼스널케어

#RECOVER_전략
#리스크 프리
(Risk Free)
#리스크 제로
(Risk Zero)

Mega Trend

#빅블러시대
#Marketing_Bluring

#AI스탠다드
#AI센트릭시대

#온디바이스AI
#웨어러블AI

세대별 뚜렷한 취향을 기반으로 한 '밀착 마케팅'

주 소비층으로 부상한 MZ 세대를 대상으로
'친근감', '컨텐츠' 기반의 Young 마케팅 집중

MZ세대 밀착 마케팅

MZ에게 친근감·신뢰도 높은 '인플루언서' 마케팅

패션업계
자사 직원을 활용한 '임플로이언서' 마케팅 & 10대 학생들을 모델로 기용하며 친근감 확대

LF 유튜브 채널

'무신사 크루' 한림예고 학생들

브랜드 인지도 제고 위한 '컨텐츠' 마케팅

아웃도어 패션&건설 업계
MZ세대 인기 아이돌, 배우 등 모델 기용 및 광고 캠페인

주류&가전업계
e스포츠 후원사 참여 및 선수 육성

네파 모델 '안유진'

디벨론 앰버서더 '다영'

리그오브레전드 X 카스

MZ 호기심 이끄는 '캐릭터' 마케팅

제약업계
올드한 이미지 탈피를 위한 캐릭터 콜라보

유통업계
자사 캐릭터 IP 개발 및 매장 캐릭터 굿즈존 확대

동아제약 X 파워퍼프걸

GS25 캐릭터 '무무씨'

각 세대의 니즈를 반영해 충성도 및 참여도 제고

경제적 여유와 쇼핑 능력을 갖춘 중장년층 공략을 위한
식품, 패션, 건강 등 다분야 실버 마케팅 부상

시니어세대 밀착 마케팅

전통적 가치관을 벗어난 '새로운 중년' 공략

식품&유통업계
설 명절 음식 → '간편식' 제품 라인업

마켓컬리 설 명절 기획전

여행&관광업계
'설 연휴 = 바캉스' → '설캉스' 패키지 확대

신라호텔 '컬처 설캉스' 패키지

취미·취향에 돈 쓰는 '엑티브 시니어' 공략

패션업계
1세대 패션 그룹 '길거리 패션 매장' 실적 상승

패션그룹 형지 '크로크다일레이디' 매장

콘텐츠업계
취향 저격 OTT 콘텐츠 및 오프라인 콘텐츠 확대

임영웅X티빙

건강과 웰빙에 중점, '셀프 메디케이션' 트렌드 공략

제약업계
갱년기 건강식품 등 주 관심 질병/질환 집중 케어

갱년기 건강기능 식품 '피크노 플러스'

보험업계
가능 연령대 90대까지 확대한 시니어 보험 출시

흥국화재 6090 '청춘보험'

특정 타겟을 집중적으로 공략한 '마케팅' 확산

직장인, 여행 및 관광, 반려동물 등
뾰족한 니즈를 가진 타겟층을 정확히 맞춘 밀착 마케팅 집중

'직장인' 밀착 마케팅

KB국민은행 '점심시간 집중근무제' 시범 운영　　　　　신세계백화점 봄학기 강좌 개설

은행업계
직장인 밀집 지역(강남, 여의도, 서초, 중구, 송파 등) 5개 지점에서
점심시간 집중 근무제 시범 운영

백화점, 대형마트 문화센터
직장인 대상 자기계발 클래스(미술, 와인, 베이킹 등)
&점심시간에 맞춘 '스피드 브런치' 강좌 등 커뮤니티형 강좌 확대

'여행객' 밀착 마케팅

수협은행 'sh외화기프티콘'　　　　　하나투어 '트레킹 인 아시아' 기획전

은행업계
카카오톡과 연계한 간편 외화 선물 서비스 출시
&환전 수수료 무료 정책 등 외화 서비스 관련 혜택 증대

여행업계
트래킹, 역사, 캠핑, 요리 등 개인의 관심사 및 취미를 주제로 한
특별한 패키지 상품 출시 확대

'패노크라시'·'펫휴머니제이션' 트렌드 지속

팬덤이 주도하는 소비 트렌드 및 반려동물을 사람처럼 생각하며
돈·정성·시간을 쏟는 '펫휴머니제이션' 트렌드 확대 전망

'팬덤' 밀착 마케팅

FAN-OCRACY

'팬(Fan)'+통치를 의미하는 접미사 '-ocracy'
제품 및 서비스 등에서 '팬덤'의 영향력이 인기를 좌우하는 현상

↓

편의점 업계
'프로야구 컬렉션 카드', 사전예약 앨범 등 스포츠, 아이돌 팬덤 공략 위한 상품 확대
팝업스토어를 통해 유니폼, 인형 키링, 캐리어 등 다양한 굿즈 판매

두산베어스 '망그러진 곰' 팝업스토어   세븐일레븐 KBO 오피셜 컬렉션 카드   이마트 24 '스테이씨' 음반 사전예약

'반려인' 밀착 마케팅

PET HUMANIZATION

반려동물을 인간처럼 대하며 보살피는 '인간화' 현상

↓

카드 & 보험업계
동물병원, 반려동물 쇼핑몰 등 관련 서비스 이용 시 할인 혜택
&펫 특화 보험 출시 및 전문 보험사 출범

관광업계
반려동물 친화관광도시 공모
반려동물과 여행하며 함께 숙박, 체험, 쇼핑, 관광하는 인프라 확대

식품 & 요식업계
펫푸드 → 단순 사료를 넘어 기능성 식품 진화, 영양제 출시
&실내까지 반려동물 동반 이용 가능한 카페 확산 전망

더 생생하게, 더 가깝게 소통하는 유통 채널

'체험형 콘텐츠' 강화하며 소비자와의 접점 늘리는 오프라인 채널
소통 서비스 기반으로 오프라인 경험 극대화

오프라인 채널

온라인 채널 강세 → 오프라인 유통 채널 성장 정체

단, '공간 경쟁력' 강화해 소비자와 생생하게 소통하는
오프라인 채널(대형마트, 백화점, 편의점)은 생존 가능성 높을 것으로 전망

MALLING

대형마트
복합쇼핑몰 모델 도입하며 사업 모델 전환
→ 식품 카테고리 다양화하며 '식품군 강화' 전략은 유지
→ 쇼핑 후 먹고 놀고 쉴 수 있는 체류형 콘텐츠 추가

백화점
소비자 접점 늘리는 '체험형 팝업 스토어' 확대
호텔 수준의 특별한 서비스 제공하며 밀착 VIP 서비스 제공

편의점
아이돌, 게임, 스포츠 등 팬덤 산업과 콜라보
MZ 품평회단 운영하며 상호 소통 확대

'메가푸드마켓 2.0' 매장으로 개편한 홈플러스 부산 센텀시점

신세계백화점 강남점 '하우스 오브 신세계'

프로야구단 한화이글스 테마의 GS25 타임월드점

실시간 소통, 즉각적인 피드백

실시간으로 생동감 전달 가능한 '라이브방송', '숏폼' 마케팅 확대하는 온라인 채널
소비자와의 소통의 한계 극복하기 위한 대응 전략 강화

온라인 채널

홈쇼핑
수익성 악화 → 숏폼, 라이브방송(라방) 강화하며 위기 탈출 모색

여행업계
실시간 소통과 즉각적인 피드백 가능한 '라이브 커머스' 확대

이커머스
라이브 방송 채널 및 판매 카테고리 확대,
실시간 제품 상담 서비스

SNS 커머스
동영상, 숏폼, 라이브 스트림 콘텐츠에 '판매' 접목
→ 크리에이터(창작자)의 수익 창출 수단 확대

온라인 유통 채널 전반에서 '크리에이터' 중요성 증대
규모는 작지만, 인플루언서 앞세운 'SNS 마켓' 인기 예상

롯데 인터넷면세점이 오픈한 인플루언서 브랜드 '셀럽샵'   145만 뷰티 유튜버 '씬님'의 브랜드 '네바앤누니크'

라이브 방송, 숏폼 기반으로
컨텐츠 품은 '컨텐츠 커머스' 부상 전망

스타일링 콘텐츠를 담은 올리비아로렌 인스타그램 숏폼 영상   예능 유튜브와 협업한 롯데홈쇼핑의 예능 콘텐츠

'N차소비'를 이끌어 내기 위한 'Lock in 전략'의 확대

소비자를 플랫폼, 공간 등에 묶어두기 위한 강력한 유인책 필요성 증대
공간 · 플랫폼 내에서 다양한 경험 제공하여 재방문 유도

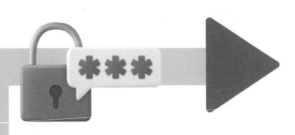

LOCK-IN

특정 제품이나 서비스를 이용하는 고객들이
다른 대안으로 쉽게 전환하지 못하도록 유도하는 전략

소비자 이탈을 막는 락인 전략 확산 전망

주요 이커머스 멤버십 제도

구분	서비스	가격	주요 특징
네이버	네이버플러스 멤버십	월 4,900원	네이버페이 최대 5% 적립
쿠팡	와우 멤버십	월 7,890원	로켓배송 무료배송 · 반품
신세계	신세계 유니버스 클럽	연 3만 원	매월 할인 쿠폰
11번가	우주패스	월 9,900원	'아마존' 무료 배송 '구글' 클라우드 100GB

자료: 비즈워치
(2024년 기준)

충성도 높이는 밀착형 'Lock in 전략'

멤버십 기반의 지속 소비 유도하는 'N차소비 전략' 확대되는 중
충성고객 확보 전략으로 장기적인 성장 기반 마련

다양한 경험 및 구독 기반 서비스로 Lock-in

김포·김해공항에서 시범 도입된
'공항 멤버십'

여행업계
저렴한 가격으로 무제한 탑승이 가능한 항공권 출시
숙박, 공항 이용 횟수 등에 따라 혜택을 주는 '멤버십' 제도 도입

야놀자 VIP 멤버십 '야놀자 클래스'

프랜차이즈 업계
자사 주문앱 할인/포인트 혜택 등을 강화하며 충성고객 확보 전략

이랜드몰 구독형 프리미엄 멤버십
'맥스멤버스'

패션 업계
자사 쇼핑몰 구독 서비스, VIP 혜택 등을 통해 지속적인 유입 유도

인스파이어 리조트+아레나(공연장)

관광업계
리조트 내 공연, 쇼핑, 문화 등 다양한 서비스를 제공하는
'올인원 엔터테인먼트' 전략

GS25 환전 키오스크

유통업계
편의점 내 은행, 식당, 등의 서비스를 제공하며 '종합생활플랫폼' 역할
공간 경험형 스토어 오픈을 통해 문화·스포츠 등 다양한 시설 제공

메르세데스 벤츠에 탑재된
OTT 서비스 '웨이브'

자동차 업계
자율주행 기술 발전으로 차량 내에서 OTT 등 다양한 서비스 제공
&차량 내부 공간이 휴식, 업무 등이 가능한 '생활 공간'으로 진화

대형 유통 플랫폼의 인큐베이팅

다양한 중소 브랜드가 대형 플랫폼과 상생하며 성장
↔ 대형 플랫폼은 자체 생태계 구축하며 중소 브랜드 지원·협력 확대

대형 플랫폼 안에서 성장하는 신생·중소 브랜드

OLIVE ( ) YOUNG

연 매출 100억원 이상의 브랜드의 절반 이상이 국내 중소 뷰티 브랜드
2024년부터 신진 뷰티 브랜드 발굴 & 해외 진출을 돕는 상생 경영안 시행 발표
→ 입점 브랜드 상품 기획, 연구 개발, 영업, 마케팅 등 전 과정 조력

coupang

쿠팡의 로켓 물류망 통한 중소기업 성장세 뚜렷
입점 기업을 중심으로 벤처캐피탈 투자 유치해 상장하는 사례 증가할 것으로 전망

MUSINSA

무신사스토어 매출 상위 100개 브랜드 중 80%가 국내 중소기업 제품
2024년부터 패션 브랜드 준비생 장학생으로 선발, 맞춤형 교육과 지원 주력
상생 생태계 구축해 재능 있는 신진 디자이너, 브랜드 꾸준히 유입되며 경쟁사와 차별

HAGO
Have A Good One

'마땡킴', '드파운드' 등 신진 디자이너 브랜드 인큐베이터 역할하며 실적 상승 견인
최근 패션을 넘어 F&B 부문으로까지 사업 영역 확장 중

 **신세계백화점 강남점 디저트 전문관 '스위트파크'**

별도의 팝업스토어존 마련해 로컬 디저트 맛집 소개
디저트를 위해 먼 지역까지 찾아다니는 이른바,
'빵지순례', '빵켓팅' 수요 노린 전략으로 매출 성장세 뚜렷

급부상하는 신생·중소 브랜드

유통업계, 가성비 높은 PB상품 개발 목표로 우수 강소기업 발굴
→ 상호 Win-Win 전략으로 동반 성장

PB 상품 확대에 따른 유통업체&중소기업 Win-Win 효과

고물가 시대, 가성비 높은 PB(Private Brand, 자체 브랜드)상품 인기 증가
향후 품목 수 뿐만 아니라 차별화·전문화된 상품 출시 확대 전망

편의점 등 유통업계

자회사를 통해 PB 상품 생산을 맡은 중소 업체 발굴 주력
우수 강소기업 기반으로 다양한 제품군, 콜라보 제품 확대

중소기업

대형 유통망을 통해 파산 위기 극복
&플랫폼 글로벌 진출에 따른 해외 진출 가속화

PB 상품 성장률 현황
2023년 4분기 기준 전년동기 대비 성장률

● 전체 소비재   ● 자체 브랜드(PB)

구분	전체 소비재	자체 브랜드(PB)
전체	1.9%	11.8%
식품	2.0%	12.4%
비식품	0.7%	7.4%

자료: 대한상공회의소

기존 제품에 새로움을 더한 '스핀오프' 제품 확대

인지도, 판매량이 높은 스테디셀러 제품에
'새로운 맛', '새로운 패키지', '새로운 컨셉' 등을 더해 색다른 경험 제공

스핀오프 전략

'스테디셀러'의 색다른 변신

식품업계
기존 스테디셀러 제품에 새로운 '맛' 추가한 신제품 출시
&인기 제품의 맛을 살려 라면 등 다양한 제품군으로 확대

해태제과 '후렌치파이 감귤 마멀레이드'

농심 '먹태깡 큰사발면', '포테토칩 먹태청양마요맛'

'고전 게임' IP 살려 재출시

게임업계
과거 인기를 끌었던 고전 게임의 IP를 살려 부활
→ 그 시절 감성을 그대로 살려 모바일 등으로 재출시

메이플랜드

라인게임즈 '창세기전 모바일'

'제로덴티티'로 부담 낮추기

식품업계
기존 제품의 당류, 지방, 카페인, 유당 등 함량을 낮춘
'제로덴티티(Zero+Identity)' 식품군 확대

삼양사 '제로슈거 카페시럽'

불가리스 '소화가 잘 되는 우유로 만든 요거트 그릭'

맞춤형 대체재 소비 전망

스핀오프 제품 확산으로 소비자는 경제적 상황 · 건강 관심도 등
개인 상황에 맞게 적절한 대체재를 선택해 소비 가능해질 전망

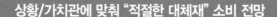

상황/가치관에 맞춰 "적절한 대체재" 소비 전망

고물가(경제적 영향)

'밀크플레이션'에 따른 '멸균우유' 대체 소비
딸기 가격 상승으로 '냉동과일', '딸기맛 식음료' 대체 소비

건강 관심도

기존 제품의 당류 등을 낮춘 '제로 식음료' 대체 소비
글루텐프리 식품 '대체면' 소비

'대체(대안) 식품'을
한번쯤 시도해보고
싶다는 생각이 든다
82.2%

향후 '대체(대안) 식품'
구매(섭취) 의향이
있는 편이다
65.6%

출처: 트렌드모니터, (base=1,000, 동의율)

#투트랙_전략 #옴니채널

"온라인 ↔ 오프라인" 마케팅 전략 다변화

자사 주력 채널(온라인 → 오프라인, 오프라인 → 온라인) 확대하며 '옴니채널化'
온오프라인의 경계를 허물고, 소비자에게 일관된 서비스 제공

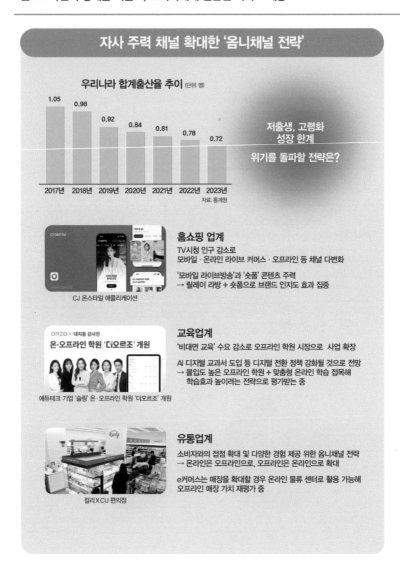

자사 주력 채널 확대한 '옴니채널 전략'

우리나라 합계출산율 추이 (단위: 명)

- 2017년 1.05
- 2018년 0.98
- 2019년 0.92
- 2020년 0.84
- 2021년 0.81
- 2022년 0.78
- 2023년 0.72

자료: 통계청

저출생, 고령화
성장 한계

위기를 돌파할 전략은?

CJ 온스타일 애플리케이션

홈쇼핑 업계

TV시청 인구 감소로
모바일 · 온라인 라이브 커머스 · 오프라인 등 채널 다변화

'모바일 라이브방송'과 '숏폼' 콘텐츠 주력
→ 릴레이 라방 + 숏폼으로 브랜드 인지도 효과 집중

에듀테크 기업 '슬링' 온·오프라인 학원 '더오르조' 개원

교육업계

'비대면 교육' 수요 감소로 오프라인 학원 시장으로 사업 확장

AI 디지털 교과서 도입 등 디지털 전환 정책 강화될 것으로 전망
→ 몰입도 높은 오프라인 학원 + 맞춤형 온라인 학습 접목해
학습효과 높이려는 전략으로 평가받는 중

컬리X CU 편의점

유통업계

소비자와의 접점 확대 및 다양한 경험 제공 위한 옴니채널 전략
→ 온라인은 오프라인으로, 오프라인은 온라인으로 확대

e커머스는 매장을 확대할 경우 온라인 물류 센터로 활용 가능해
오프라인 매장 가치 재평가 중

주력 채널·타겟층 확대하는 전략 강화

인구 구조 변화, 내수 시장 성장 한계 등 위기를 맞은 업계들이
자사 주력 업종 및 타겟층을 확대하는 '투트랙' 전략 모색

자사 주력 타겟층 확대한 '투트랙 전략'

대상웰라이프 시니어 & 어린이 건강기능식품

식품업계 (키즈 & 실버)

인구 구조 변화에 따라 '실버 세대'와 '골드 키즈' 동시 공략 중
시니어를 대상으로 한 제품군 확대 및 어린이 건강기능식품 출시

롯데리아 X 크리스피크림도넛 복합매장

프랜차이즈업계 (오프라인→멀티매장)

소비 심리 위축으로 오프라인 매장이 복합(멀티) 매장으로 진화
다른 두 매장을 서로 합쳐 소비자에게 다양한 서비스 제공

비교적 규모 작은 업족에서 복합 매장 더욱 활발하게 등장 중

젠더플루이드(Genderfluid) 룩

패션업계 (남 vs. 여→남여)

Z세대 중심으로 성 구분 없이
남/녀 경계를 넘나드는 '젠더플루이드' 패션 대세

→ 여성의 전유물이던 크롭티, 스커트 등이 남성복에 등장

프리드라이프 시니어케어 서비스

상조업계 (상조회사→토탈 라이프케어)

상조회사 사업구조에서 벗어나 토탈 라이프케어 서비스 확장

출생과 관련된 육아용품 및 연계 서비스 검토
& 시니어 호텔 레지던스 개발 및 실버케어 산업 연계

플랫폼 경쟁, 유연한 '멀티호밍'으로 대처

유통 플랫폼 차별화 경쟁이 불러 온 판매자 '멀티호밍' 전략
각 플랫폼의 차별화된 서비스로 더 넓은 소비자층에 접근

판매자의 '멀티호밍(Multi Homing)' 전략

이커머스 플랫폼 경쟁 격화 → 채널에 따라 판매자 정책 · 혜택 다변화

AliExpress	한국 상품 판매 채널 확대하며 입점·판매 수수료 면제
NAVER	당일배송 도착보장 서비스 이용하는 판매자에게 '반품안심케어' 제공
Gmarket	할인 행사 진행하며 판매자에게 광고 물류비 지원
11번가	판매자 대상 매출 1,000만원 도달 전까지 수수료를 받지 않는 프로그램

▼

판매자, 동시에 여러개 플랫폼 이용하는 '멀티호밍' 확산
→ 플랫폼 · 주 이용층 특성에 맞게 제품 판매 전략 차별화

① 번들 다양화(1+1, 대용량 제품 구성 등)
② 배송 서비스 차별화(당일배송 등)
③ 가격 다양화(프리미엄 라인 판매, 할인 혜택 등)

플랫폼별로 다른 상품 구성으로 판매 중인 순수크린 캡슐세제

쿠팡	대용량 상품 중심, 빠른 배송 강점
알리	소량이지만, 저렴한 가격 판매
네이버	재구매를 유도하는 단품 위주 판매

'원' 제품 '멀티' 유즈

소비자의 '멀티 니즈'에 맞춰 진화하는 유통 채널
→ 다양한 방식으로 재탄생하는 제품(서비스)

유통채널의 '멀티유즈(Multi Use)' 전략

멀티 제너레이션, 젠더 뉴트럴, 퍼레니얼 세대 등장

→ 소비자 니즈 다양해지며 제품 용도 · 제형 · 라인업 등 다양화
→ 성별, 세대 구분없이 유연하게 대처할 수 있는 '멀티 전략' 확대

PERENNIAL

자신이 속한 세대의 생활 방식에 얽매이지 않고
나이와 세대를 뛰어넘는 사람들을 뜻하는 단어

✔ **원소스 멀티유즈(One source Multi use): 똑같은 제품을 다양한 제형이나 구성으로 출시**

1인분 용량으로 출시된 GS25 X 청년다방 '차돌떡볶이'

반려동물용으로 출시된 소화 효소 보조제 '베야제펫'

스틱형 파우치로 출시된 하이볼 '효민사와'

스킨케어 제품 '바쿠치올 크림' 바디 전용으로 출시

✔ **멀티소스 원유즈(Multi source One use): 다양한 서비스 · 카테고리 동시 판매(제공)**

알아두면 쓸모있는 KB Pay 꿀팁!
**KB Pay에서
웹툰 보고,
경제뉴스 읽어요**
❊ KB 국민카드

KB페이에서 금융 콘텐츠 외에
뷰티, 여행, 쇼핑, 웹툰 서비스 제공

스포츠 중계, 애니메이션 장르 등
카테고리 확장하는 OTT 티빙

한국의 '소프트파워' 부상

콘텐츠 기반으로 '글로벌 바이럴' 효과 확산되며
내부로는 관광객 유입, 외부로는 식품·패션·뷰티 제품 수출 확대

글로벌 바이럴 효과

K콘텐츠 열풍을 타고 K푸드 · 패션 등 세계화
① 식음료, 소스 등 역대 최대 수출액 기록
② 패션(아동복 등), 뷰티 제품 인기

GLOBAL VIRAL

SNS 콘텐츠를 기반으로 확산되는 新 한국 관광 트렌드
① 면세점 쇼핑 중심에서 '다이소', '올리브영' 등 가성비 쇼핑
② 미디어파사드, 특화 매장 등 '체험형' 관광 확산

전세계에서 인정받는 'K마크'

K마크가 있다면 '믿고 소비'한다는 인식 확산
K콘텐츠가 '글로벌 뮤즈'로 자리 잡으며 향후 다양하게 활용될 전망

믿고 보는 K콘텐츠, '글로벌 뮤즈'가 되다

'K팝'에서 영감을 받은 '코카콜라 제로 한류' 글로벌 첫 출시
코카콜라&JYP와의 협업으로 한류 패키지
'상큼한 최애맛(Fruity Fantasy)' 출시

글로벌 '테스트 베드'가 된 K시장

중국 밀크티 브랜드 '차백도'　　싱가포르 명품커피 '바샤커피'　　캐나다 커피 브랜드 '팀홀튼'

해외 유명 음료 브랜드의 한국 진출
트렌드에 민감한 한국 소비자 공략 성공
= 아시아 등 글로벌 시장 성공 공식

국내 단독 제품 공들이는 해외 패션

아미	가을 시즌 라운드넥 카디건 출시 예정
바버	여성 재킷, 남성 레인부츠 선보여 인기
르메르	'소프트 게임백 블랙' 해외 역진출 예정
산타마리아노벨라	소용량 향수 해외 역진출

초경쟁 시장으로 산업 "레드오션화"

시장 내 경쟁 심화되며 '차별화' 전략에 나선 산업(플랫폼)
소비자 경험 개선 및 독창적인 서비스로 지속 가능한 성장 모델 모색

경쟁 업체 증가로 출혈경쟁·격동의 시기를 겪는 산업

산업 레드오션화되며 '차별화' 된 생존 전략 확대

롯데마트 '이번주 핫 프라이스'

e커머스
초저가 마케팅 앞세운 C커머스 등장으로 국내 전자 상거래 경쟁 치열
→ 업체간 협업, 특별 할인 행사 등으로 생존 모색

카카오모빌리티 로봇 배송 서비스 '브링'

배송 서비스
배송 속도전 치열
→ 드론·로봇 배송, 퀵커머스 도입하며 배송 혁신

배달의민족 '배민클럽'

배달앱
후발 주자들의 공격적 마케팅
→ 배달비 무료 정책, 구독제 도입하며 차별화

검색 서비스
AI 기술 도입으로 검색 시장 지각 변동
→ 고도화된 AI 모델 도입해 생존 모색

구글 AI 모델 '제미나이'

해외결제(트래블카드)
'수수료 할인' 출혈 경쟁
→ 차별화된 혜택(여행 맛집 정보 등) 제공

토스뱅크가 제공하는 데이터 기반 정보

소셜네트워크(SNS)
플랫폼 시장 포화로 체류시간·광고 수익 급감
→ 폐쇄형 SNS, 성인용 콘텐츠 허용, AI 비서 도입 등 차별화

X(옛 트위터)가 도입한 챗봇 '그록'

소비자 수요 정체로 혼란의 시기를 겪는 산업

빠르게 성장한 신규 시장의 '캐즘' 현상과
사회적 요인으로 인한 '수요 정체'로 미세 분화된 타겟층 공략

기술 수용 한계·사회 변화 등으로 수요 정체를 겪는 산업

더 뾰족한 세그멘테이션으로 타겟팅 전략

전기차 산업
'캐즘' 현상으로 수요 정체
→ 저가 vs. 초고가 모델 라인업 확대

볼보 코리아 소형 전기차 EX30

카셰어링 서비스
기존 수요층인 2030의 '운전' 니즈 감소
→ 상대적으로 더 고가의 서비스·차량 이용하는 4050 세대 공략

홈쇼핑
OTT, 이커머스 라방 등에 시청자 뺏기며 수요 감소
→ 크리에이터 커머스, TV 숏폼 방송 도입하며 MZ와 소통

롯데홈쇼핑 TV숏폼 '300초 특가' 방송

롯데 하이마트 '홈 만능 해결센터'

오프라인 가전 판매점
온라인 채널 전자 제품 구매 늘어나며 수요 감소
→ 전자제품 클리닝, A/S 서비스 등 '케어' 서비스 강화

유아용품 전문 쇼핑몰 '링크맘' 용인점

유아용품 업계
저출산 위기
→ 직접 보고 구매하려는 '오프라인' 틈새 수요 공략

금융/보험업계
저출산·고령화로 인한 인구 구조 변화
→ 시니어 보험·헬스케어 업종 강화

KB 골든라이프케어 실버타운 '평창카운티'

소비 활동에서도 '미적 가치'를 드러내는 아트슈머

소비에서도 문화적인 만족감을 추구하고자 하는 '아트슈머',
가치소비 중시하는 젊은 세대 중심으로 확산

'아트슈머(Art+consumer)', 파워 소비층으로 대두

ARTSUMER

예술(Art)과 소비자(Consumer)를 합친 신조어로,
소비활동을 통해 문화적인 만족감을 충족시키고자 하는 소비층
자신이 추구하는 가치를 적극적으로 표현하는 MZ세대 성향과
일치하면서 젊은층에서 급격히 확산되고 있음

백화점		더현대서울 '아트월', 신세계백화점 '신세계갤러리' 등 백화점 내부에 미술관, 전시회 등 '문화 공간' 마련 → **고급화 전략**으로 주타깃층인 중산층 고객 니즈 충족
호텔		호텔에서 미술 전시회, 공연, 페스티벌 등 개최 아트 플랫폼, 아티스트 등과 협업한 '아트캉스' 패키지 → 숙박 외에 문화도 즐기는 **도심 나들이 명소**로 거듭남
식품 외식업계		제품 패키지에 작품, 일러스트 활용 작가 등과 콜라보한 팝업스토어 오픈해 경험 최대화 → 브랜드의 **정체성**과 **가치**를 알리는 수단으로 활용
건설업계		입주민 대상으로 전시회, 오케스트라 공연 개최 & 단지 내 예술 작품 도입 건설과 문화예술을 결합한 '**컬스트럭션**(Culture+Construction)' 전략 확대

보편화되는 '아트 마케팅'

얕고 넓은 예술 문화 소비 늘어나면서 예술 소비의 장벽 낮아지는 중
더 다양한 방식으로 접근 가능해지면서 새로운 문화 소비 형태로 확대

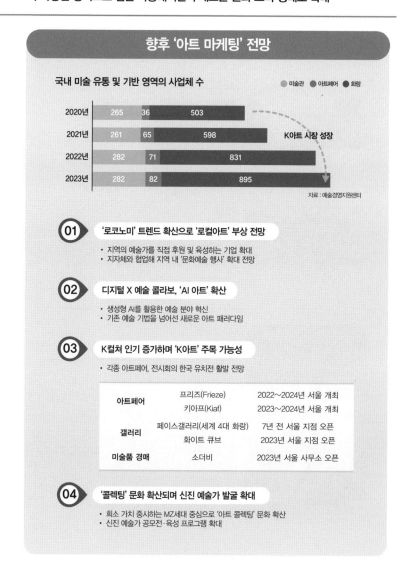

향후 '아트 마케팅' 전망

국내 미술 유통 및 기반 영역의 사업체 수

● 미술관 ● 아트페어 ● 화랑

	미술관	아트페어	화랑
2020년	265	36	503
2021년	261	65	598
2022년	282	71	831
2023년	282	82	895

K아트 시장 성장

자료 : 예술경영지원센터

01 '로코노미' 트렌드 확산으로 '로컬아트' 부상 전망

- 지역의 예술가를 직접 후원 및 육성하는 기업 확대
- 지자체와 협업해 지역 내 '문화예술 행사' 확대 전망

02 디지털 X 예술 콜라보, 'AI 아트' 확산

- 생성형 AI를 활용한 예술 분야 혁신
- 기존 예술 기법을 넘어선 새로운 아트 패러다임

03 K컬처 인기 증가하며 'K아트' 주목 가능성

- 각종 아트페어, 전시회의 한국 유치전 활발 전망

아트페어	프리즈(Frieze)	2022~2024년 서울 개최
	키아프(Kiaf)	2023~2024년 서울 개최
갤러리	페이스갤러리(세계 4대 화랑)	7년 전 서울 지점 오픈
	화이트 큐브	2023년 서울 지점 오픈
미술품 경매	소더비	2023년 서울 사무소 오픈

04 '콜렉팅' 문화 확산되며 신진 예술가 발굴 확대

- 희소 가치 중시하는 MZ세대 중심으로 '아트 콜렉팅' 문화 확산
- 신진 예술가 공모전·육성 프로그램 확대

'소규모 장보기 수요' 흡수 전략으로 '식품군' 강화

가구 규모가 감소로 '한번에 많이'가 아닌
'조금씩 자주' 사려는 1–2인 가구 장보기 수요 증가 → '신선식품 강화' 지속 전망

소규모 장보기 수요 증가

GS25 신선강화형 매장

편의점

점포 규모 늘리며 '마트형 편의점'으로 진화
농축산식품 및 조미료, 통조림, 즉석식품, 냉장식품 등
카테고리 확대한 '신선강화형' 점포 확대

전국 지자체 & 지역 농가와 손잡고 수급하는 산지 직송 상품 증가

홈플러스 익스프레스

SSM

소용량으로 자주 구매 가능한 '동네 상권'
대형마트에서의 '대용량' 소비
동네 기업형 슈퍼마켓에서 '소용량' 소비하는 소비자 증가

SSM 빅4, 점포 수 늘리고 신선식품 제품군 확대하며 사업 강화

롯데마트 식료품 전문 매장 '그랑그로서리'

대형마트

식료품 비율 늘린 특화 매장 리뉴얼
식료품 비율이 90%에 달하는 신선/가공 특화 매장 출범
도심형 스마트팜 연계로 신선하고 친환경적인 식품 판매

프리미엄 식품 & 트렌디한 식재료를 선호하는 소비자 수요 반영

1인 가구 겨냥한 롯데홈쇼핑 '쯔양 함박스테이크'

홈쇼핑

대용량 구매 부담을 낮춘 '소분 판매' 확대
가격 부담으로 대용량 구매 부담이 높아지면서
기존 '대용량', '다구성' 상품에서 탈피

함박스테이크 소분 판매 등 방송 내 '소분' 상품 확대

유통 채널 '미니멀라이징' 가속화

향후 식품 뿐만 아니라 생필품, 가전 등 다양한 분야에서
'소형화', '소분화' 된 제품 확대 예상

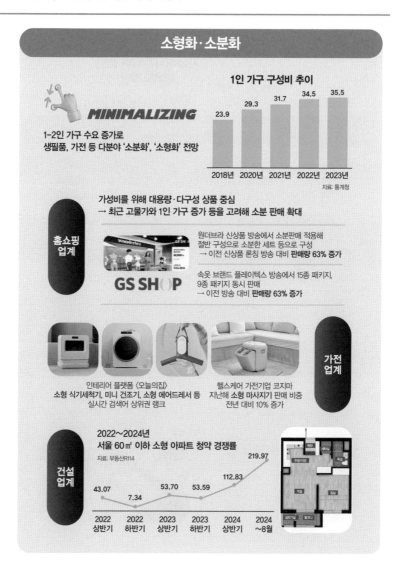

소형화·소분화

MINIMALIZING

1-2인 가구 수요 증가로
생필품, 가전 등 다분야 '소분화', '소형화' 전망

1인 가구 구성비 추이

2018년	2020년	2021년	2022년	2023년
23.9	29.3	31.7	34.5	35.5

자료: 통계청

홈쇼핑 업계

가성비를 위해 대용량·다구성 상품 중심
→ 최근 고물가와 1인 가구 증가 등을 고려해 소분 판매 확대

GS SHOP

원더브라 신상품 방송에서 소분판매 적용해
절반 구성으로 소분한 세트 등으로 구성
→ 이전 신상품 론칭 방송 대비 **판매량 63% 증가**

속옷 브랜드 플레이텍스 방송에서 15종 패키지,
9종 패키지 동시 판매
→ 이전 방송 대비 **판매량 63% 증가**

가전 업계

인테리어 플랫폼 (오늘의집)
소형 식기세척기, 미니 건조기, 소형 에어드레서 등
실시간 검색어 상위권 랭크

헬스케어 가전기업 코지마
지난해 소형 마사지기 판매 비중
전년 대비 10% 증가

건설 업계

2022~2024년
서울 60㎡ 이하 소형 아파트 청약 경쟁률
자료: 부동산R114

2022 상반기	2022 하반기	2023 상반기	2023 하반기	2024 상반기	2024 ~8월
43.07	7.34	53.70	53.59	112.83	219.97

시성비 트렌드, 'Ready To' 제품(서비스) 인기

한정된 시간에 더 많은 경험을 얻고자 하는 현대인의 니즈 높아지며,
필요할 때 바로 쓰는 제품(서비스) 관심도 증가

**시성비(시간 대비 성능)
중요도 증가**

READY TO DRINK

Healthy pleasure
건강한(Healthy) + 기쁨(Pleasure)
즐겁게 건강 관리하는 것을 의미

Mixology
여러 종류의 술이나 음료를
섞어 만든 칵테일

RTD 건강음료 제품 인기	RTD 하이볼 제품 인기

대상 웰라이프	이디야	CU	롯데칠성	골든블루	보해양조
저당 영양설계 RTD 제품 판매량 전년 대비 26% 성장	RTD 콤부차 2종 판매량 전년 동기 대비 20% 증가	생레몬 하이볼	처음처럼 하이볼	카발란 하이볼	하이볼 얼그레이주

READY TO EAT

세척·손질 필요없이 바로 먹는
'간편(컷팅) 과일',
'냉동 과일 다이스' 제품 인기

야외 활동 시 간편하게 보관하고
컷팅없이 바로 구워먹는
캔에 담긴 '삼겹살'

일반 vs. 간편과일 누적 매출액
전년 동기 대비 성장률
(2024년 7월 기준)

56%

10%

일반과일	간편과일

자료: SSG 닷컴

현대백화점 '더 프레시 테이블'
수박 컷팅 서비스

도드람 '캔돈'

시성비 극대화하는 제품(서비스) 다양화

시간 및 노력은 줄이고, 편의성 높인 제품 및 서비스 수요 증가
향후 음료, 식품, 패션 등 다양한 분야에서 '시성비' 트렌드 확대 전망

READY TO USE

언제, 어디서든, 빠르게 이용하는 제품 및 서비스 인기

READY TO WEAR

세탁과 다림질을 완료해
바로 입을 수 있는 세탁 서비스

패션 제품 '당일배송' 확대
→ 주문당일, 다음날 새벽 수령 가능

런드리고 '레디투웨어' 와이셔츠

지그재그 '퀵 배송' 서비스

당일·새벽 퀵 배송 주문 증가율
작년 11월 대비 올해 4월 Data

40%   47%

주문 건 수   주문 고객 수

자료: 지그재그

READY TO PLAY

월간 구독 시 앱·게임 무제한,
광고 없이 즐길 수 있는 서비스

인터넷 접속만으로 언제 어디서든 즐기는
'클라우드 스트리밍 게임' 시장 성장

구글플레이 월간 구독 서비스
'구글플레이 패스'

글로벌 클라우드 게임
시장 규모 예상

126억
달러

15억
달러

2021   2028

자료: vantage market research

넷플릭스 '클라우드 게임'

삼성전자 '게이밍 허브'

'소비 양극화' 시대＋업그레이드 된 가성비 수요

경기 불황으로 초저가 제품에 대한 니즈
& 취미·취향 등에는 비용을 투자하려는 초고가 소비 공존

초저가 가성비 소비

고물가 시대, 불황 장기화 등에 따른 가성비 소비 증가

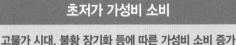

땡처리, 못난이 과일 인기	이커머스 초저가 마케팅

창고 대방출 매장
2020년 대비 2023년 매출 신장률

신세계 팩토리스토어	150%
현대 오프웍스	100%

아웃렛보다 저렴한 창고 대방출 매장 인기

주요 SPA 브랜드 예상 매출액

	UNIQLO	TOPTEN10	SPAO	8 seconds
2023	9219억원	9000억원	4800억원	3000억원
2024 (예상)	1조원 이상	1조원 이상	6000억원	4~5000억원

가성비 스파(SPA) 브랜드 인기

초고가 프리미엄 소비

뷰티, 가전, 공연 등 프리미엄 소비 분야 확장

국내 니치 향수 시장 규모

2380억원 (2021)
3131억원 (2022)
3940억원 (2023)
4471억원 (2024 추정)

자료: 유로모니터

2024 상반기 면세점
향수 평균 객단가
$ 150~200
(20~27 만원)

프리미엄 설 선물 세트 인기

프리미엄 가전 예시

LG전자	프리미엄 가습기(139만원대) 'LG 퓨리케어 오브제컬렉션 하이드로타워'
SAMSUNG	하이엔드 인피니트 라인 가전(냉장고 1000만원대) 휴대용 빔프로젝터 '더 프리스타일' 2세대(119만원대)

공연계 '프리미엄' 서비스 열풍

세종 문화회관	전용 라운지에서 대기 없이 티켓 수령 가능 케이터링 및 굿즈를 제공받는 '스위트석' 서비스 출시
샤롯데 씨어터	뮤지컬 콘텐츠와 연계해 테마에 맞는 요리가 나오는 레스토랑 '몽드살롯' 패키지 판매

프리미엄 상품과 가성비 수요 함께 증가

향후 가성비 제품의 품질을 높인 '가성비의 프리미엄' 제품을
웃돈 주고 구매하려는 '퀄업', '퀄리프트' 트렌드 확산 전망

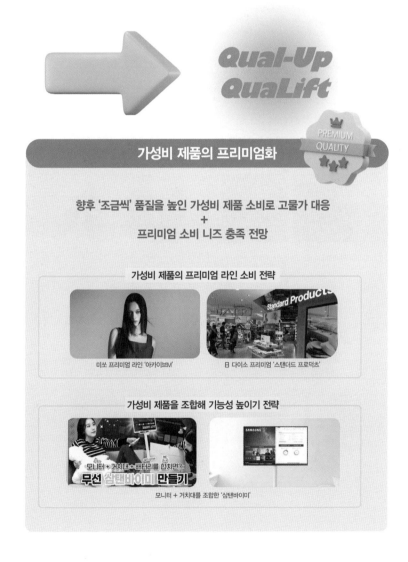

Qual-Up
QuaLift

가성비 제품의 프리미엄화

PREMIUM
QUALITY

향후 '조금씩' 품질을 높인 가성비 제품 소비로 고물가 대응
+
프리미엄 소비 니즈 충족 전망

가성비 제품의 프리미엄 라인 소비 전략

미쏘 프리미엄 라인 '아카이브M'

日 다이소 프리미엄 '스탠더드 프로덕츠'

가성비 제품을 조합해 기능성 높이기 전략

모니터 + 거치대 + 배터리를 합치면?
무선 삼탠바이미 만들기

모니터 + 거치대를 조합한 '삼탠바이미'

개인 취향·취미·니즈에 맞춰 라이프스타일 DIY

내 입맛대로 선택해 나만의 조합 만드는 '커스텀' 니즈 증가
음식·패션·휴가·보험 등 다양한 분야로 확장

커스터마이징 수요 증가

LIFESTYLE DIY

음식 DIY

내 취향대로 커스터마이징 가능한
외식 프랜차이즈 인기

요거트 프랜차이즈
'요거트아이스크림의정석'

포케 프랜차이즈
'포케 올 데이'

패션 DIY

패션 제품 외에 일상 제품도
직접 꾸며 '패션 아이템화'

신발 꾸미기
(신꾸)

텀블러 꾸미기
(텀꾸)

바캉스 DIY

'숏캉스', '반캉스', '워캉스' 등
목적에 따라 즐기는 휴가

숏캉스
레이트체크인이나 숙박없이
즐기는 호캉스 상품

워캉스
출근하듯 호텔에 체크인해
'워케이션'을 즐기는 상품

보험 DIY

내가 필요한 보장 범위만 선택하는
미니 보험(소액 단기 보험) 인기

미니보험 주요 특징
① 월 1만원 이하 저렴한 보험료
② 모바일, 온라인 등 비대면 가입
③ 특정 질병·상황 집중 보장
(캠핑, 차박, 콘서트 등)

DIY 니즈가 키운 '퍼스널케어' 산업

셀프 분석·컨설팅 및 금융 마이데이터 산업 성장하며 '퍼스널케어' 서비스 확대
내면까지 상세 분석하는 서비스 수요 증가 전망

퍼스널컬러 진단 기반
패션/뷰티 컨설팅

체형 진단/
헤어 스타일링 컨설

유전자 검사
(몸BTI)

마이데이터
(금융 · 의료)

퍼스널 케어(Personal Care)

퍼스널 데이터 (기술) 기반으로 성장하는 '퍼스널케어' 시장

데이터 기반 화장품 플랫폼 '아임타입' 체험형 매장

뷰티업계
AI 피부 진단·분석 서비스로 맞춤형 화장품 추천
화장품 방판 → 온라인 기반 '뷰티 컨설팅' 플랫폼으로 성장

신한라이프생명 생성형 AI 영업지원플랫폼

보험업계
AI 서비스 활용해 건강 상태 · 질병 이력 분석
& 미니 보험 니즈 증가하면서 보험 설계 중요성 증대

개인 맞춤형 건강기능식품 추천 플랫폼 '푸드데이터'

의약품 업계
암환자의 유전자에 맞게 설계한 맞춤형 항암제 개발
유전자 검사 결과 기반 맞춤형 건강기능식품 추천 서비스

앞으로 '셀프 분석(컨설팅)' 분야는 더 세분화될 것 같다
74.0%

앞으로 내면까지 '분석(컨설팅)'하는 서비스가 많아질 것 같다
64.8%

자료: 트렌드모니터, (base=1,200, 동의율)

라이프스타일에서 실패 확률을 낮추려는 니즈 확대

자원의 선택과 집중이 중요한 고물가 시대
의식주 분야별로 적중률을 최대한 높여 만족감을 얻고자 하는 소비자의 전략

食

실패 시 리스크 낮은 편이지만 일상과 가장 밀접한 분야
→ '가성비', '믿고 먹는' 제품 소비해 실패 빈도 줄이기

유명 맛집 RMR 밀키트

프레시지가 출시한 일본 라멘 맛집 '니시무라멘' 밀키트

국내 소스류 제품 출하액

자료 : 식품의약안전처

3조 507억원 (2019)
3조 1484억원 (2020)
3조 6555억원 (2021)
4조 113억원 (2022)

단종된 인기 식품 재출시

2018년 편의점 인기 디저트 제품 재출시

식품 브랜드, 인기셰프 콜라보

'임훈셰프' X 세븐일레븐 '푸하하크림빵'

衣

실패 리스크 있지만, 확률 최소화 가능
→ 내 취향을 담은 조합·과거 유행템·실용 기본템 소비

○꾸 패션 트렌드

티셔츠 꾸미기(티꾸)
가방 꾸미기(백꾸)

브랜드 콜라보 제품

유니클로 X 스튜디오 지브리 콜라보 제품

90년대 인기 아날로그 제품

90년대 인기 브랜드 '마리떼 프랑소와 저버'

오래 입을 수 있는 실용·클래식템

실용적이고 기본에 충실한 '오피스코어', '사서코어' 인기

로우리스크-하이리턴 전략이 가져온 변화

경제적 여유와 쇼핑 능력을 갖춘 중장년층 공략을 위한
식품, 패션, 건강 등 다분야 실버 마케팅 부상

住

높은 투자 비용으로 실패 시 리스크 높은 편
→ 브랜드 가치가 높은 '대형 건설사' 선호도 증가
→ 고품격 인프라·VIP 서비스 갖춘 주택 단지 선호

건설사별 1순위 평균 경쟁률

- 7.48 — 10대 건설사
- 3.15 — 그 외 건설사

출처: 한국부동산원 청약홈

84.2%

나는 쇼핑, 교육, 문화, 편의시설 등
모든 인프라가 잘 갖춰진 지역에서 살고 싶다

출처: 트렌드모니터, (base=1,000, 동의율)

특별한 인프라 품은 아파트

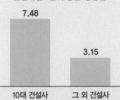

대규모 공원을 품은 '공품아 아파트'

반려견놀이터를 품은 '개품아' 아파트

입주민 대상 VIP 풀패키지 서비스

입주민 사전 점검 행사에서 다양한 이벤트·웰컴키트 제공

입주민 대상으로 전시회, 오케스트라 등 문화 이벤트

리조트 수준의 3식 서비스 제공

하이엔드 라이프를 위한 프리미엄 멤버십 제공

#빅블러 시대 #MARKETING_BLURING

빅블러 시대, 흐려시는 산업 간 경계

새로운 먹거리를 찾아 기존 사업 구조 다변화하는 기업 증가
다양한 분야로 사업 확장하면서 새로운 형태의 사업 모델 구축

빅블러 시대, 신사업 진출 확대

BIG BLUR

빠른 변화로 기존에 존재하던 것들의 경계가 모호해지는 현상

제약·바이오 산업 뛰어든 '오리온'

식품·유통업계 → 제약·바이오 사업
식품 발효 기술 등을 기반으로 제약·바이오 시장 진출

GPT스토어에
'KB증권 GPT' 출시!
국내 금융권 최초
AI 혁신을 통한 금융서비스 제공

KB국민은행 알뜰폰 브랜드 'KB Live M'

은행 → 통신사업
알뜰폰 사업자와 제휴해 '간접 서비스' → 직접 사업 진출 계획

종합가전회사로 사업 확장한 '쿠쿠'

생활가전 기업 → 종합가전회사
전기밥솥 1위 업계 쿠쿠 → 제품 다각화로 종합가전회사로 도약 계획

스와로브스키 크리스털 디지털 계기판

주얼리 업체 → 디스플레이 패널 사업
주얼리 업체 '스와로브스키' → 차량용 디스플레이 패널 출시

페인트 업계 → 이차전지 사업
정밀화학 기술을 기반으로 이차전지 사업 진출

마케팅 전략 다각화 필요성 확대

주력 산업 외에 다양한 산업군 진출로 기존 마케팅 전략 변화 중요
→ 각 시장 특성에 맞춘 다양한 마케팅 전략의 공존 필요성 증대

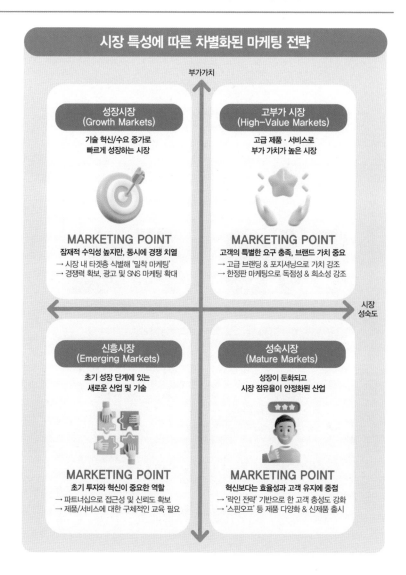

시장 특성에 따른 차별화된 마케팅 전략

부가가치

성장시장 (Growth Markets)
기술 혁신/수요 증가로
빠르게 성장하는 시장

MARKETING POINT
잠재적 수익성 높지만, 동시에 경쟁 치열
→ 시장 내 타겟층 식별해 '밀착 마케팅'
→ 경쟁력 확보, 광고 및 SNS 마케팅 확대

고부가 시장 (High-Value Markets)
고급 제품 · 서비스로
부가 가치가 높은 시장

MARKETING POINT
고객의 특별한 요구 충족, 브랜드 가치 중요
→ 고급 브랜딩 & 포지셔닝으로 가치 강조
→ 한정판 마케팅으로 독점성 & 희소성 강조

시장
성숙도

신흥시장 (Emerging Markets)
초기 성장 단계에 있는
새로운 산업 및 기술

MARKETING POINT
초기 투자와 혁신이 중요한 역할
→ 파트너십으로 접근성 및 신뢰도 확보
→ 제품/서비스에 대한 구체적인 교육 필요

성숙시장 (Mature Markets)
성장이 둔화되고
시장 점유율이 안정화된 산업

MARKETING POINT
혁신보다는 효율성과 고객 유지에 중점
→ '락인 전략' 기반으로 한 고객 충성도 강화
→ '스핀오프' 등 제품 다양화 & 신제품 출시

식품, 금융, 패션 등 모든 분야에서 AI 도입 가속화

비용 절감, 인력 보충 등 '기업'을 위한 AI 도입 전략
기업과 소비자 모두 인공기능 기술에 친숙해지면서 활용도 증가

AI 기술 도입

AI OPERATIONS

비용 절감, 인력 보충, 업무 효율 증대 등 내부 운영 효율성을 높이기 위한 AI 도입

네이버웹툰 자동채색 서비스 '웹툰 AI 페인터'

영상 생성 AI 시스템 'AI 소라'로 만든 영상 일부

제미나이를 활용해 개발한 배스킨라빈스 신제품

인사·재무·법무 등 사내 시스템, 업무를 도와주는 AI 기술
→ SK텔레콤, 코딩없이 간단한 명령어로 기업 내부 활용 가능한 AI 챗봇 서비스 출시
→ 롯데그룹, 올해 안에 모든 직원에게 개인 맞춤형 인공지능(AI) 비서 지원 목표

게임·웹툰·영화 제작 시 AI 사용 금지했던 입장 철회
→ 생성형 AI 활용 컨텐츠 증가 및 미디어·엔터테인먼트 분야 AI 시장 규모 확대 예상

화물 운송 업계에서 인공지능(AI) 기반 플랫폼 활용 사례 증가
→ 정산 자동화 플랫폼 통해 화물차 기사 연결 및 즉시 대금 지불 가능

텍스트만으로 최대 1분의 영상 구현, 광고 영상 빠르게 제작 가능
→ 오픈AI(OpenAI)의 새 인공지능 모델 '소라(Sora)' 출시

생성형 인공지능(AI) 등을 활용해 신제품 개발
→ 아이스크림, 식음료 등 신제품 개발에 챗GPT 도입

AI 센트릭 시대, 경쟁력 강화 집중

맞춤형 정보 제공, 큐레이션 서비스 등 '소비자'를 위한 AI 도입 전략
AI가 모든 것의 기초이자 중심이 되는 'AI 센트릭 시대' 도래

AI 기술 활용

AI CUSTOM CARE

소비자에게 개인화된 정보, 큐레이션, 맞춤형 상품 추천 등을 제공하기 위해 AI 활용

챗GPT 기술을 기반으로 한 'KB증권 GPT'

삼성전자 무선 스틱 청소기 '비스포크 제트 AI'

인공지능(AI)을 활용한 맞춤형 음식 추천 서비스

이커머스, 여행 등 다양한 산업 분야에서 대화형 AI 활용 서비스 확대
→ 퍼시스그룹, 24시간 고객 대응 가능한 AI 기반 맞춤형 고객 서비스 운용 중
→ 인터파크트리플, AI 연동해 추천 여행일정 요약 서비스 출시

에듀테크(교육 기술) 산업에서 인공지능 기술 개발 경쟁 치열
→ 학습자 맞춤형 '초개인화' 서비스로 난이도, 학습 진도에 맞는 교육 가능

금융, 세무 등 AI 기술로 맞춤형 정보 및 서비스 확대
→ KB증권, AI 기반으로 맞춤 투자 정보 제공하는 'Stock GPT' 서비스 오픈
→ 회계사·세무사 매칭 플랫폼 '택슬리', 챗GPT를 도입한 '택슬리 AI 챗봇' 서비스

인공지능(AI) 기술을 강화해 최적의 기능을 제공하는 가전제품
→ 삼성전자, 인공지능(AI) 기능 강화한 무선 스틱 청소기 '비스포크 제트 AI' 출시
→ AI 기능으로 다양한 청소 환경을 구별·인식하여 최적의 청소 모드로 설정 가능

인공지능 기반으로 메뉴 추천(큐레이팅) 서비스 제공하는 배달앱
→ 요기요, 앱 UI 리뉴얼하며 AI 기반 메뉴 추천 기능 도입

'온디바이스', '웨어러블' AI 전환 박차

스마트폰, PC, TV 등 AI 품은 가전제품 확대
스마트워치에서 스마트링, 공간컴퓨팅 기기 등 AI 기술 입고 일상 활용도 Up

온디바이스 AI: 기기 내 AI 기술 탑재

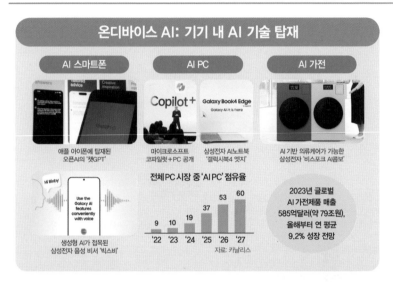

AI 스마트폰

애플 아이폰에 탑재된
오픈AI의 '챗GPT'

생성형 AI가 접목된
삼성전자 음성 비서 '빅스비'

AI PC

마이크로소프트
코파일럿＋PC 공개

삼성전자 AI노트북
'갤럭시북4 엣지'

전체 PC 시장 중 'AI PC' 점유율

'22	'23	'24	'25	'26	'27
9	10	19	37	53	60

자료: 카날리스

AI 가전

AI 기반 의류케어가 가능한
삼성전자 '비스포크 AI콤보'

2023년 글로벌
AI 가전제품 매출
585억달러(약 79조원),
올해부터 연 평균
9.2% 성장 전망

웨어러블 AI: AI 기기 소형화

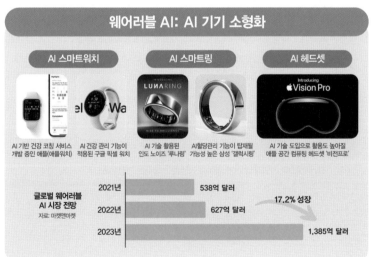

AI 스마트워치

AI 기반 건강 코칭 서비스
개발 중인 애플(애플워치)

AI 건강 관리 기능이
적용된 구글 픽셀 워치

AI 스마트링

AI 기술 활용된
인도 노이즈 '루나링'

AI혈당관리 기능이 탑재될
가능성 높은 삼성 '갤럭시링'

AI 헤드셋

AI 기술 도입으로 활용도 높아질
애플 공간 컴퓨팅 헤드셋 '비전프로'

글로벌 웨어러블
AI 시장 전망
자료: 마켓앤마켓

2021년	538억 달러
2022년	627억 달러
2023년	1,385억 달러

17.2% 성장

AI 기술 보편화되면서 일상 활용도 확대

맞춤형 AI 기술 서비스 출시하면서 빠르게 사용자 확보
향후 의료, 교육, 쇼핑 등 다양한 분야에서 'AI' 기술 적용 확대 전망

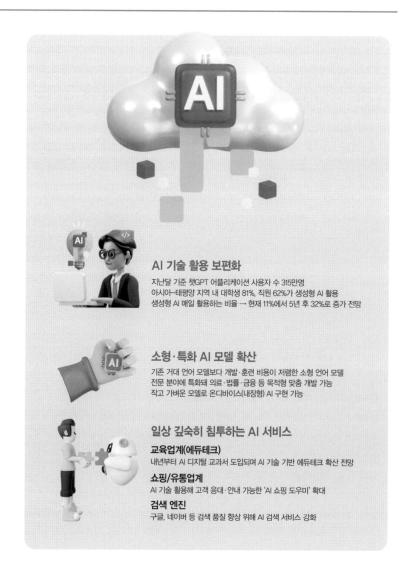

AI 기술 활용 보편화

지난달 기준 챗GPT 어플리케이션 사용자 수 315만명
아시아-태평양 지역 내 대학생 81%, 직원 62%가 생성형 AI 활용
생성형 AI 매일 활용하는 비율 → 현재 11%에서 5년 후 32%로 증가 전망

소형·특화 AI 모델 확산

기존 거대 언어 모델보다 개발·훈련 비용이 저렴한 소형 언어 모델
전문 분야에 특화돼 의료·법률·금융 등 목적형 맞춤 개발 가능
작고 가벼운 모델로 온디바이스(내장형) AI 구현 가능

일상 깊숙이 침투하는 AI 서비스

교육업계(에듀테크)
내년부터 AI 디지털 교과서 도입되며 AI 기술 기반 에듀테크 확산 전망

쇼핑/유통업계
AI 기술 활용해 고객 응대·안내 가능한 'AI 쇼핑 도우미' 확대

검색 엔진
구글, 네이버 등 검색 품질 향상 위해 AI 검색 서비스 강화

서문

1. '2002년 가계 신용카드 대출 부실 사태 검색어', 나무위키

2. 1990년에 1000만 장에 불과했던 신용카드 수가 2002년에는 1억 장이 넘었다(경제활동인구 1인당 4.6 장의 신용카드 보유), 나무위키

3. 전체 신용 불량자 수는 360만이 넘는다, 나무위키

4. 지금의 경기 상황과 비교해서 당시의 경기 상황이 얼마나 나빴는지는 국가통계포털(KOSIS)의 소비자 동향조사를 통해서도 알 수 있다. 예를 들면, 2024년 6, 7, 8월의 현재 생활형편지수(CSI)가 각각 90, 91, 90이었던 것에 반해 2003년 1/4분기(당시에는 분기별로 통계, 최근에는 월별로 통계를 산출함), 2/4분기, 3/4분기, 4/4분기 CSI는 각각 82, 71, 70, 75로 나타난다(지수가 100 이상이면 응답자들이 현재 생활 형편이 이전에 비해 개선되었다고 느끼는 경우가 많다는 것을 의미하고, 지수가 100 미만이면 응답자들이 현재 생활 형편이 악화되었다고 느끼는 경우가 많다는 것을 나타낸다).

5. '행복주식회사', 나무위키

6. MZ세대에서 유행하는 '거지방' 들어가봤다(2023. 04. 29.), 뉴시스

7. 《2023 트렌드 모니터》, 최인수·윤덕환·채선애·이진아 저(2022. 10.), 시크릿하우스

8. 이 조사들은 매년 6~7월 사이에 1000명씩 나누어서 10회를 모아 진행되었으며, 10~60대까지의 인터넷 이용자 남녀가 동일하게 할당되어 진행되었다.

9. 이 조사는 2024년 6~7월에 20~50대까지의 남녀 10,000명(마크로밀 엠브레인의 공식 패널 100만 명 중에서 실사를 진행)을 연령별 분석을 위해 동일하게 할당하여, 이메일을 통해 조사를 진행하였다.

10. '욕구 계층 이론', 나무위키

PART 1. LIFE

Chapter 1. 셀프 리서치 라이프

1. "밥 먹고 나면 만원의 행복 끝"…직장인 점심값 가장 비싼 곳은 어디?(2024. 04. 24.), 매일경제

2. 편의점 포화상태? 기회는 있다…차별화 '승부수'(2024. 07. 25.), MTN뉴스

3. 편의점 '주 1회 이상 방문'하고 '1회 1만 710원' 지출한다(2024. 07. 03.), 한겨레

4. '소비기한 임박' 편의점 '마감 할인 음식' 누가 사먹나 봤더니(2024. 04. 04.), 서울신문

5. 위와 같은 기사

6. 마크로밀 엠브레인 패널빅데이터®, 커피 프랜차이즈 이용 관련 분석

7. 고물가 시대 커피값 부담에…90원짜리 '카페인 알약' 인기몰이(2024. 04. 09.), 문화일보

8. 글로벌 명품시장은 경기 침체 징후로 인한 모멘텀 둔화에도 불구하고 2022년의 기록적 성장에 이어 더 큰 성장을 달성할 전망(2023. 06. 23.), Bain&Company Press Release

9. '불황 패싱'…명품마저 양극화(2024. 04. 15.), 헤럴드경제

10. "명품 vs. 가성비 트렌드, 여성복도 양극화"…중가 브랜드 철수 봇물(2024. 06. 11.), 뉴스1

11. "30배 비싸도 없어서 못 판다"…불티나게 팔린 가전(2024. 01. 26.), 한국경제

12. 7억원 와인 vs. 3만원 스팸…'극과 극' 추석선물 판매 경쟁(2024. 08. 29.), 이코노믹데일리

13. 소비 양상 양극화 시대…명품·초저가 상품 인기(2023. 11. 06.), 충남일보

14. 올드머니(Old money) 트렌드 현상 관련 조사(2024. 02.), 마크로밀 엠브레인 트렌드모니터

15. 2024 '나', '타인'에 대한 관심 및 평판 관련 인식 조사(2024. 07.), 마크로밀 엠브레인 트렌드모니터

16. 위와 같은 조사

17. 위와 같은 조사

18. 자기(self) 이미지 선망 니즈 관련 조사(2024. 01.), 마크로밀 엠브레인 트렌드모니터

19. 위와 같은 조사

20. 위와 같은 조사

21. 위와 같은 조사

22. 위와 같은 조사

23. 〈자기불일치가 불안 및 우울을 매개로 부적 자아상에 끼치는 영향: 사회적 지지의 조절효과를 중심으로〉, 이상철, 정상원, 김새로미, 이혁준, 청소년학연구(2008) vol.15, no.3, pp.183~206

24. 2024 자존감 관련 인식 조사(2024. 07.), 마크로밀 엠브레인 트렌드모니터

25. 위와 같은 조사

26. 위와 같은 조사

27. 위와 같은 조사

28. 위와 같은 조사

29. '셀프 분석(퍼스널 컨설팅)' 서비스 및 니즈 관련 조사(2024. 07.), 마크로밀 엠브레인 트렌드모니터

30. 위와 같은 조사

31. 위와 같은 조사

32. 쇼펜하우어가 제패한 서점가…서양철학 도서 125% 성장(2024. 06. 03.), 경향신문

33. '셀프 분석(퍼스널 컨설팅)' 서비스 및 니즈 관련 조사(2024. 07.), 마크로밀 엠브레인 트렌드모니터

34. 대한불교조계종 포교원에서 개발한 불교 에니어그램의 한 종류

35. 《바닷가 작업실에서는 전혀 다른 시간이 흐른다》, 김정운 저(2019. 05.), 21세기북스, 전자책(e-book), 프롤로그, 슈필라움의 심리학(문단) 중

36. 2024 '나홀로 활동', '나홀로 공간' 관련 조사(2024. 07.), 마크로밀 엠브레인 트렌드모니터

37. 위와 같은 조사

38. 위와 같은 조사

39. 위와 같은 조사

40. 위와 같은 조사

41. 퇴근길 물품보관함서 '30% 싼 저녁밥' 득템하는 '이 나라'(2024. 07. 22.), 서울경제

42. '가난뱅이 메뉴' 찾아다니는 중국 MZ(2024. 04. 30.), 한국경제

43. "중국 MZ들 '가난뱅이 메뉴'만 찾는다"…SNS에 '가이드라인' 확산도(2024. 04. 27.), 세계일보

44. 1층 아닌 지하로 가는 중국 젊은층…'B1B2 경제' 부상(2023. 12. 09.), 이투데이

45. "쇼핑하러 지하 갑니다" 백화점 1층 피하는 中 청년들(2023. 12. 10.), 아시아경제

46. 누나 칭찬에 남동생 놀랐다…中서 확산하는 '칭찬모임'의 정체(2024. 06. 22.), 중앙일보

47. 겸손이 미덕은 옛말…중국 젊은이들, 미국 '칭찬 문화'에 꽂혔다(2024. 06. 08.), 이투데이

48. NYT도 주목한 "美 퍼스널 컬러 진단 열풍"(2024. 04. 08.), 서울신문

49. 진짜 한국인처럼 '꾸미기'에 진심인 외국인 관광객(2024. 07. 24.), 헤럴드경제

50. 외국인만 월 1000명 방문?…'퍼스널컬러 진단 뭐길래(2024. 04. 14.), 매일경제

51. "자기야, 명절때 우리도 '귀성 세퍼레이트' 어때?"…추석 명절 때 부부가 따로 행동(2024. 08. 14.), 서울경제

52. "여보, 명절에 처가·시가 각자 가자"…요즘 日부부들, 귀성 따로 한다(2024. 08. 14.), 서울신문

Chapter 2. 소분 소비와 소분 사회

1. 행안부 주민등록 인구통계, 2024. 01.

2. 《필요의 탄생》, 헬렌 피빗 저, 서종기 역(2021. 01.), 푸른숲, p.256

3. 다나와 리서치 2023 냉장고 용량별 판매량(22. 07.~23. 06. 판매량 기준)

4. 2009~2010 한국가전(냉장고/세탁기) 시장 동향 및 전망(Gfk Korea)

5. 7kg 수박 가르고 쪼개자, 지갑이 열렸다…'커팅 서비스'까지 등장(2024. 06. 06.), 한국일보

6. GS샵 "고물가에 속옷 '소분 구성' 잘 팔리네"…TV홈쇼핑 상품 공식 깼다(2024. 02. 07.), 파이낸셜뉴스

7. "매달 보험에 수십만원? 차라리 주식 살래요"…해지 속출, 무슨 일(2023. 11. 02.), 매일경제

8. 보험료가 1000원대…MZ세대 겨냥 싸고 쉬운 미니보험 '인기'(2024. 03. 20.), 머니투데이

9. 2024 벌크형 소비 vs. 소용량 소비 관련 인식 조사(2024. 07.), 마크로밀 엠브레인 트렌드모니터

10. 덕질부터 반려견 산책까지…생활밀착형 미니보험 전성시대(2024. 05. 31.), 데일리팝

11. 《2024 트렌드 모니터》, 최인수, 윤덕환, 채선애, 이진아 저(2023. 10.), 시크릿하우스, p.256

12. 하나라도 특별해야 산다…요즘 오프라인 매장 승부수는 '특화'(2024. 01. 28.), 한겨레

13. 2024 벌크형 소비 vs. 소용량 소비 관련 인식 조사(2024. 07.), 마크로밀 엠브레인 트렌드모니터

14. 두산백과

15. 2024 자존감 관련 인식 조사(2024. 07.), 마크로밀 엠브레인 트렌드모니터

16. "거래 17배 폭증"…백꾸·신꾸·티꾸 SNS '꾸 열풍' 이끈 두가지(2024. 06. 04.), 중앙일보

17. 30만원짜리 신발 없어서 못 산다…1조 러닝화 시장 '쟁탈전'(2024. 07. 19.), 아시아경제

18. '헬시 플레저'에 딱…매서운 '온러닝' 질주(2024. 06. 14.), 매경이코노미

19. 2024 사회적 갈등 및 공동체 의식 관련 인식 조사(2024. 05.), 마크로밀 엠브레인 트렌드모니터

20. '각자공생룸'·'아묻따새집'…내년 유행할 주거공간 트렌드(2023. 12. 11.), 한겨레

21. 2024 '나홀로 활동', '나홀로 공간' 관련 조사(2024. 07.), 마크로밀 엠브레인 트렌드모니터

22. 위와 같은 조사

23. 2024 간편식 및 소분 식사 스타일 관련 인식 조사(2024. 07.), 마크로밀 엠브레인 트렌드모니터

24. 걸 디너·스킵래깅·부신·베드 로팅…마케터라면 주목해야 할 2024년 신조어(2024. 02. 16.), 뉴데일리

25. 2024 간편식 및 소분 식사 스타일 관련 인식 조사(2024. 07.), 마크로밀 엠브레인 트렌드모니터

26. 네이버 영어사전

27. 신수요 창출에 기여하는 소용량 팩과 지속 가능 대응 식품(2023. 11. 30.), 식품음료신문

28. 저출생에 봉지라면 1팩 5개→3개로(2024. 03. 15.), 매일경제

29. 1억 인구 베트남의 FMCG, 공략법은 '웰빙'과 '프리미엄'(2024. 06. 05.), Kotra 해외시장뉴스

30. "'이것' 줄이면 결혼식 비용 절감" 美 '마이크로 웨딩' 인기(2024. 07. 08.), 서울신문

31. 美서 결혼식 비용 부담에 '이것' 줄인다…'마이크로 웨딩' 뭐길래(2024. 07. 08.), 동아일보

32. '트레이더 조' 나만 없어…미국인들은 왜 '천가방'에 열광하나(2024. 05. 10.), 일요신문

33. 4천원짜리가 65만원에 재판매…미국 트레이더 조 에코백 '광풍'(2024. 03. 12.), 연합뉴스

34. 1인 가구·MZ 세대로 달라지는 일본의 소비 풍토…브랜드보다 성능, 소량포장 제품 선호(2024. 04. 03.), 매일경제

35. 중국 관광업계 트렌드 동향(2024. 01. 23.), 한국관광 데이터랩

36. 중국 MZ세대의 여행 트렌드는 'Citywalk'(2023. 12. 26.), 호텔앤레스토랑

37. "다크써클 심한 사람 주목" 잠캉스 도입하는 뉴욕 호텔 화제(2024. 06. 11.), 매일경제

38. "비밀 계정에 꽁꽁"…中 MZ 사생활 숨기기 문화 확산(2024. 05. 03.), 뉴시스

39. 중국 얼마나 고압적이기에…MZ세대 "월급도 여행 사진도 꽁꽁 숨기고 나만 알래요" 무슨 일?(2024. 05. 02.), 서울경제

40. "부부 생활 위해 각방"…유명 여배우 추천 '수면이혼' 뭐길래(2024. 04. 08.), 한국경제

41. 미국서 확산 중인 '수면 이혼'…한국은 이미 '대유행'?(2024. 04. 13.), 세계일보

42. 아침밥·아이스크림을 파는 시내버스를 아시나요?(2024. 04. 17.), 서울신문

43. 틱톡이 브랜드를 움직인다…스타벅스 '바비 음료'부터 파파이스 '걸 디너'까지(2023. 07. 24.), 뉴데일리

44. 쉐프요리보다 더 맛있다는 일본 '냉동택배 도시락'…실버 건강까지 책임진다(2024. 07. 04.), 땅집고

PART 2. **WORK**

Chapter 3. AI 대공습, 흔들리는 일 그리고 조직

1. 잡코리아 "AI 매칭 '원픽' 추천 인재, 채용 합격률 4배 높다"(2024. 03. 20.), 팍스경제TV

2. AI가 당신의 채용과 퇴직을 결정한다(2024. 07. 25.), 동아일보

3. 업무 환경에서의 AI 기술 활용도 관련 조사(2024. 07.), 마크로밀 엠브레인 트렌드모니터

4. 위와 같은 조사

5. 네이버 지식백과

6. AI가 없앤 야구계 '마태효과'…노동시장에도 적용될까(2024. 06. 03.), 한국경제

7. 업무 환경에서의 AI 기술 활용도 관련 조사(2024. 07.), 마크로밀 엠브레인 트렌드모니터

8. 위와 같은 조사

9. 위와 같은 조사

10. 위와 같은 조사

11. 위와 같은 조사

12. 직장인 '직춘기' 관련 인식 조사(2024. 07.), 마크로밀 엠브레인 트렌드모니터

13. 네이버 국어사전

14. 직장인 '직춘기' 관련 인식 조사(2024. 07.), 마크로밀 엠브레인 트렌드모니터

15. 위와 같은 조사

16. 위와 같은 조사

17. 위와 같은 조사

18. 위와 같은 조사

19. AI가 바꾼 일자리…로봇 설치기사 공식직업 됐다(2024. 07. 01.), 매일경제

20. 가짜 노동 vs. 진짜 노동 관련 인식 조사(2024. 07.), 마크로밀 엠브레인 트렌드모니터

21. 직업 '전문성' 및 커리어 관련 인식 조사(2024. 07.), 마크로밀 엠브레인 트렌드모니터

22. 위와 같은 조사

23. "정년 걱정 없고 연봉 높아"…대기업 떠나 건설현장 뛰어든 2030(2024. 01. 16.), 아시아경제

24. '연기 중단' 최강희, 요구르트 매니저 됐다…"춥지만 보람 있어"(2024. 02. 21.), 세계일보

25. "직장생활, 나랑은 안 맞아"…취업 대신 '사장님의 길' 가는 대학생들 역대 최대(2024. 07. 24.), 매일경제

26. 직업 '전문성' 및 커리어 관련 인식 조사(2024. 07.), 마크로밀 엠브레인 트렌드모니터

27. 2024 창업 시장 관련 인식 조사(2024. 06.), 마크로밀 엠브레인 트렌드모니터

28. 위와 같은 조사

29. '돌 씻는 이 영상' 뭐라고 조회수 930만…망해가는 회사 살렸다(2024. 04. 08.), 서울경제

30. 직장인 '직춘기' 관련 인식 조사(2024. 07.), 마크로밀 엠브레인 트렌드모니터

31. 직업 '전문성' 및 커리어 관련 인식 조사(2024. 07.), 마크로밀 엠브레인 트렌드모니터

32. 《디지털 초격차 코드 나인》, 이상호 저(2024. 01.), 좋은습관연구소, p.342

33. 《공피고아(攻彼顧我)》, 장동인 · 이남훈 저(2010. 09.), 쌤앤파커스, p.241~242

34. "AI시대 팩스 · 서류뭉치 웬말"…경제 침체에 관료주의 깨부수려는 독일(2024. 06. 01.), 한국일보

35. '아날로그 일본'의 퀀텀점프, 빨라지는 日 AI 기술 · 서비스 도입 속도(2024. 04. 05.), KOTRA 해외시장뉴스

36. 美 선물거래위 최고 AI 책임자 임명…관공서, 기업마다 'CAIO' 모셔오기(2024. 05. 02.), 조선일보

37. AI 시대 도래에 미국 법무부 결국…'최고 AI 책임자' 신설해 '이 사람' 임명(2024. 02. 23.), 서울경제

38. 새로 생긴 C레벨, 인공지능 최고책임자 CAIO 주목받는다(2024. 05. 03.), 조선비즈

39. "오늘은 그만 일하고 퇴근해"가 갑질이라고?(2024. 05. 24.), 트민사뉴스

40. "먼저 퇴근해" "열심히 하지마"…상사의 이 말이 갑질이라는 이유(2024. 05. 24.), 조선일보

41. 미국인들도 "상사 눈치 보는 월급쟁이보단 구멍가게 사장님"(2024. 06. 12.), 한국일보

42. 日 '엘리트 코스' 공무원의 추락…지원자 줄고, 중도이탈자 늘어난다(2024. 06. 02.), 서울경제

43. '벤처 불모지'는 옛말…日 창업 4배 늘었다(2024. 07. 05.), 한국경제

44. '창업 후진국'이라던 일본은 어떻게 환골탈태했나(2024. 07. 24.), IT비즈뉴스

45. "노는 직장인 많다"…韓 13%만 '업무 몰입' 평균보다 낮아(2024. 06. 12.), 아시아경제

46. 출근은 했는데 아무것도 못 하겠다? 당신만의 이야기가 아니다(2024. 06. 23.), 서울경제

47. "몸도 마음도 힘들다" 日, 직원 건강 세계 최하위…한국은?(2023. 11. 03.), 한국경제

48. 전쟁 · 기후위기 · 경제난에 '정신건강' 글로벌 의제 급부상(2024. 01. 09.), 한겨레

49. 출근 · 재택 병행했더니 직장인 '함박웃음'…퇴사도 줄었다(2024. 06. 17.), 이데일리

50. "재택+출퇴근 하이브리드 근무 퇴사율 3분의 1 낮춘다"(2024. 06. 14.), 동아사이언스

51. 일손 부족한 日 중소기업, 확산되는 '단시간 정사원' 제도(2024. 07. 17.), 중앙일보

52. 주 2일 근무 가능 '단시간 정사원' 관심 높아 중소기업도 주목(2024. 07. 17.) NHK WORLD JAPAN

53. "난 일회용 인간이었다"…'완전 재택'한다는 유령회사에 당한 일(2024. 02. 21.), 조선일보

54. "부장님, 퇴근 후 카톡하면 13만원입니다"…한국도 가능할까?(2024. 04. 06.), 세계일보세계일보

Chapter 4. AI 시대, 블루칼라의 부상

1. "'노가다' 혁명가를 꿈꿉니다"…실리콘 총을 든 MZ의 반란(2024. 06. 12.), 경향신문

2. 위의 기사에서 제시한 숫자

3. 능력주의 관련 인식 조사(2023. 07.), 마크로밀 엠브레인 트렌드모니터

4. 화이트칼라 시대는 갔다…'블루칼라'의 역습(2024. 06. 28.), 매경이코노미. 이 조사의 결과는 매경이코노미가 인크루트에 의뢰해 전국 대학생 481명을 대상으로 한 '블루칼라 열풍에 대한 인식'의 설문 조사에서 인용함.

5. 위와 같은 자료

6. '실업보다 낫다'…中 블루칼라 취업 희망 165%↑(2024. 06. 10.), 연합인포맥스

7. 미국 Z세대의 작업복이 바뀐다…'화이트'→'블루'(2024. 04. 03.), 머니투데이

8. 위와 같은 자료

9. 챗GPT, 두 달만에 월 사용자 1억 명 돌파…틱톡보다 빨랐다(2023. 02. 03.), 지디넷코리아

10. 챗GPT 더 똑똑해졌다…美 변호사시험 재수 4개월만에 통과(2023. 03. 16.), 조선일보

11. 챗GPT로 가장 많이 사라질 직업 1위는 회계사, 다음은?(2023. 03. 29.), 뉴스1

12. 노동인구 20% 대체…'챗GPT'가 빼앗아갈 직업은 무엇?(2023. 02. 09.), 일요신문

13. WEF "챗GPT로 향후 5년내 직업 23% 사라질 것"(2023. 05. 03.), 파이낸셜뉴스

14. "챗GPT에 일자리 뺏기다"…AI발 줄해고 현실화되나(2023. 06. 06.), 노컷Biz

15. 인간 일자리 위협하는 챗GPT "고임금·지식노동자도 위험"(2023. 07. 10.), 한겨레

16. "AI 덕에 블루칼라 전성시대 온다…배관·용접공 등 대체 불가"(2023. 12. 21.), 중앙일보

17. "컴퓨터 앞 노동 가격은 육체 노동보다 훨씬 빠르게 떨어진다"(2024. 02. 25.), 한경비즈니스

18. '육체노동의 황금기'가 왔다…지속 가능한 걸까(2024. 01. 06.), SBS

19. 1년 전 나온 '가짜노동' 역주행…'알쓸별잡 효과'(2023. 09. 18.), 미디어데일리

20. 《가짜 노동》, 데니스 뇌르마르크·아네르스 포그 옌센 저, 이수영 역(2022. 08.), 자음과모음. 전자책(e-book) / 1부-1장 지나친 노동량(파트). 노동의 효율을 위한 변명, 관리직의 증가(문단)

21. 위와 같은 책 / 전자책(e-book) / 1부-1장 지나친 노동량, 과잉 교육과 남아도는 지식노동자(문단)

22. 위와 같은 책

23. 위와 같은 책 / 전자책(e-book) / 1부-3장 노동의 본질과 변화, 텅 빈 노동의 세 가지 유형(문단)

24. "가짜 노동" 한국 비판한 인류학자…"회사에서 바쁜 척 헛짓거리"(2024. 07. 12.), 서울신문. 이 외 다수 기사

25. 가짜 노동 vs. 진짜 노동 관련 인식 조사(2024. 07.), 마크로밀 엠브레인 트렌드모니터

26. 위와 같은 조사

27. 첫 번째 가짜 노동 개념에 대한 인지도 이후의 설문은 '가짜 노동'에 대한 정의를 책에서 정의한 개념으로 제시하고 설명 후 설문을 진행하였다.

28. 실무를 하지 않고 의사 결정권자에게 보고만 하는 업무는 실제로는 가짜 노동이다-그렇다 34.7% vs. 아니다 51.1%, 실무 없이 하루 종일 보고만 받는 것은 가짜 노동이다-그렇다 22.8% vs. 아니다 64.3%, 가짜 노동 vs. 진짜 노동 관련 인식 조사(2024. 07.), 마크로밀 엠브레인 트렌드모니터

29. 실무 없이 하루 종일 거의 회의만 하는 것은 가짜 노동이다-그렇다 22.7% vs. 아니다 65.2%, 가짜 노동 vs. 진짜 노동 관련 인식 조사(2024. 07.), 마크로밀 엠브레인 트렌드모니터

30. 실제로 보고서를 쓰지 않으면서 검수나 컨펌만 하는 업무는 실제로는 가짜 노동이다-그렇다 21.1% vs. 아니다 66.7%), 가짜 노동 vs. 진짜 노동 관련 인식 조사(2024. 07.), 마크로밀 엠브레인 트렌드모니터

31. 실무를 하지 않고 관리만 하는 업무는 실제로는 가짜 노동이다-그렇다 14.6% vs. 아니다 75.3%, 가짜 노동 vs. 진짜 노동 관련 인식 조사(2024. 07.), 마크로밀 엠브레인 트렌드모니터

32. 위와 같은 조사

33. 위와 같은 조사

34. 위와 같은 조사

35. 내 주변에는 아주 작은 일도 스스로 못하고 남들의 도움을 받는 사람들이 많이 있다–그렇다 41.8% vs. 아니다 43.7%, 내 주변에는 비효율적이고 불필요한 결재 과정을 일부러 넣어서 일을 하는 관리자들이 많다–그렇다 41.7% vs. 아니다 42.3%, 내 주변에는 실무보다는 '평가'만 하면서 일을 하는 척하는 사람들이 많이 있다–그렇다 38.6% vs. 아니다 44.4%, 내 주변에는 불필요한 일인데 일부러 일을 꾸며내서 일하는 사람이 많다–그렇다 35.9% vs. 아니다 47.3%, 가짜 노동 vs. 진짜 노동 관련 인식 조사(2024. 07.), 마크로밀 엠브레인 트렌드모니터

36. 국립국어원, 표준국어대사전(https://stdict.korean.go.kr)

37. '노동', 나무위키

38. 나는 궁극적으로 내가 하는 일의 사회적 의미를 항상 생각한다–56.7%, 가짜 노동 vs. 진짜 노동 관련 인식 조사(2024. 07.), 마크로밀 엠브레인 트렌드모니터

39. 나는 항상 이 일을 왜 해야 하는가를 생각한다–52.9%, 가짜 노동 vs. 진짜 노동 관련 인식 조사(2024. 07.), 마크로밀 엠브레인 트렌드모니터

40. 나는 기왕에 회사에서 일을 하는 것이면 좀 더 실질적이고 의미 있는 일을 하고 싶다–80.2%, 가짜 노동 vs. 진짜 노동 관련 인식 조사(2024. 07.), 마크로밀 엠브레인 트렌드모니터

41. 내가 하고 있는 일(업무)은 업무 성과를 가시적으로 볼 수 있는 기회가 부재한 편이다–그렇다 44.0% vs. 아니다 37.6%, 직업 '전문성' 및 커리어 관련 인식 조사(2024. 07.), 마크로밀 엠브레인 트렌드모니터

42. 내가 속한 조직(회사)에서는 내가 하고 싶은 일이나 주장이 잘 먹히지 않는 경우가 많다–그렇다 42.0% vs. 아니다 39.3%, 직업 '전문성' 및 커리어 관련 인식 조사(2024. 07.), 마크로밀 엠브레인 트렌드모니터

43. 내가 속한 조직(회사)에서 내가 바꿀 수 있는 것들이 거의 없다고 느낀다–그렇다 48.5 vs. 아니다 34.1%, 직업 '전문성' 및 커리어 관련 인식 조사(2024. 07.), 마크로밀 엠브레인 트렌드모니터

44. 나는 평소 큰 고민 없이 회사에서 시키는 일을 하고 싶다–그렇다 54.7% vs. 아니다 33.2%, 일이 중요한지 여부는 회사가 결정하는 것이라 큰 고민 하지 않는다–그렇다 41.8% vs. 아니다 43.9%, 가짜 노동 vs. 진짜 노동 관련 인식 조사(2024. 07.), 마크로밀 엠브레인 트렌드모니터

45. 월급만 많이 주면 일할 맛이 날 것 같다–그렇다 59.1% vs. 아니다 26.2%, 회사에 머무는 시간만큼 월급이 올랐으면 좋겠다–그렇다 56.9% vs. 아니다 32.4%, 가짜 노동 vs. 진짜 노동 관련 인식 조사(2024. 07.), 마크로밀 엠브레인 트렌드모니터

46. 내가 실제로 느끼는 감정과 회사에서 드러내는 감정(표현)에는 분명한 차이가 있다–74.6%, 직업 '전문성' 및 커리어 관련 인식 조사(2024. 07.), 마크로밀 엠브레인 트렌드모니터

47. 회사 생활에서는 내가 실제로 느끼는 감정을 최대한 필터링해서 표현하는 편이다–72.4%, 직업 '전문성' 및 커리어 관련 인식 조사(2024. 07.), 마크로밀 엠브레인 트렌드모니터

48. 회사 생활을 하면서 내가 느끼는 감정을 있는 그대로 솔직하게 드러내서는 안 된다고 생각한다–69.8%, 직업 '전문성' 및 커리어 관련 인식 조사(2024. 07.), 마크로밀 엠브레인 트렌드모니터

49. 회사 생활을 하면서 내가 느끼는 감정을 있는 그대로 솔직하게 표현하기는 어렵다–67.3%, 직업 '전문성' 및 커리어 관련 인식 조사(2024. 07.), 마크로밀 엠브레인 트렌드모니터

50. 2022 좋은 직장 및 직장 생활 만족도 조사(2022. 08.), 마크로밀 엠브레인 트렌드모니터

51. 가짜 노동 vs. 진짜 노동 관련 인식 조사(2024. 07.), 마크로밀 엠브레인 트렌드모니터

52. 위와 같은 조사

53. 직업 '전문성' 및 커리어 관련 인식 조사(2024. 07.), 마크로밀 엠브레인 트렌드모니터

54. 위와 같은 조사

55. 위와 같은 조사

56. 위와 같은 조사

57. "현대차, 첫 컬처북 '왜 그렇게 일에 진심이야' 출간"(2024. 04. 16.), 헤럴드경제

58. 조금 힘들어도 지금 내가 속한 이 조직에서 인정받고 승진하는 것이 가장 빠른 성공이라고 생각한다-그렇다 45.0% vs. 아니다 35.5%, 직업 '전문성' 및 커리어 관련 인식 조사(2024. 07.), 마크로밀 엠브레인 트렌드모니터

59. 내 주변 사람들로부터 인정받는 것도 일의 보람을 찾는 방법 중 하나이다-74.7%, 내가 속한 조직에서 인정받기 위해서라면 내키지 않더라도 주변 동료들과 적극적으로 관계를 형성할 필요가 있다-69.4%, 직업 '전문성' 및 커리어 관련 인식 조사(2024. 07.), 마크로밀 엠브레인 트렌드모니터

60. 나는 내가 속한 조직에서 인정받기 위해서라면 주변 동료들과 적극 경쟁할 의향이 있다-그렇다 44.6% vs. 아니다 33.2%, 직업 '전문성' 및 커리어 관련 인식 조사(2024. 07.), 마크로밀 엠브레인 트렌드모니터

61. "당신은 전문가입니다"…기업들이 직원들을 전문가 대접하는 이유는(2024. 05. 20.), 서울신문

62. 2024 《삼국지》 소설 및 인물 관련 인식 조사(2024. 06.), 마크로밀 엠브레인 트렌드모니터

63. 위와 같은 조사

64. 설문에서 보기 카드로 손권형 리더십을 3, 조조형 리더십을 2, 유비형 리더십을 1이라고 블라인드 처리하고, 1, 2, 3을 다음과 같이 설명했다. 보기의 리더십 설명은 나무위키, 위키트리의 각 《삼국지》 주인공의 리더십을 참고, 편집 정리하여 제시하였다.

65. 물론, 집권 말기와는 다르고 적벽대전 이후 세력이 견고해진 다음에는 성격이 달라진다.

66. 가짜 노동 vs. 진짜 노동 관련 인식 조사(2024. 07.), 마크로밀 엠브레인 트렌드모니터

67. 엠브레인 트렌드줍줍 / 챗GPT에 대한 조사(엠브레인 이지서베이), 조사 기간 2024. 07. 05.~07. 09. / 10~60대 남녀 일반인 1000명

68. 위와 같은 조사

69. 《똑똑한 사람은 어떻게 생각하고 질문하는가》, 이시한 저(2024. 01.), 북플레저, 전자책(ebook) / 1장, 2절 멘사는 어떻게 질문하는가 중에서 발췌 인용

70. "AI시대, 블루칼라가 대세"…배관공·용접공 등 미국 Z세대에 인기(2024. 04. 02.), 이투데이

71. 대졸자 넘쳐나는 韓…'블루칼라' 인정받는 이 나라는(2024. 07. 22.), 아시아투데이

72. "취업할수만 있다면"…최악 청년실업률에 '블루칼라' 일자리 경쟁도 치열(2024. 06. 10.), 매일경제

73. '실업보다 낫다'…中 블루칼라 취업 희망 165%↑(2024. 06. 10.), 연합뉴스

74. "AI덕에 블루칼라 전성시대 온다…배관·용접공 등 대체 불가"(2023. 12. 21.), 중앙일보

75. 月400만원 벌던 청년이 농촌으로 간 까닭(2024. 06. 23.), 아시아경제

76. 직장 때려치고 돼지농장 취업…'대졸' 中 미녀의 사연(2024. 04. 18.), 국민일보

77. "지식 풍부한 인턴 군대 거느린 격"…AI 잘 쓰는 자 '일 근육' 달랐다(2024. 05. 18.), 조선일보

78. 'AI 디바이드' 시대, '디지털 디바이드'보다 더 무섭다(2024. 05. 16.), 뉴스21통신

79. "'A급 인재'는 모셔가도 전체 채용은 축소"…AI가 불러온 IT 노동시장 양극화(2024. 05. 27.), 이투데이

80. AI 인재만 찾는다…다른 IT 직종은 일자리 감소(2024. 03. 06.), 헤럴드경제

81. "고연봉 일자리마저 뺏기겠네"…이틀 꼬박 걸릴 일, 몇 초 만에 끝내는 AI(2024. 04. 18.), 매일경제

82. "1년 걸릴 일, 1분이면"…佛 'AI 변호사' 앱 출시에 법조계 반발(2024. 01. 15.), 전자신문

83. 50년치 판례 쫠쫠 'AI 변호사 앱' 연 69유로…프 법조계 난리(2024. 01. 14.), 한겨레

84. "연차 대신 몰래 쉰다"…'조용한 휴가' 떠나는 속사정(2024. 07. 21.), 이데일리

85. "연차요? 제가요? 왜 내요?"…몰래 '조용한 휴가' 가는 그들(2024. 07. 01.), 중앙일보

PART 3. CULTURE

Chapter 5. 취향 리미티스트, 한계 안에서 찾는 특별한 취향

1. 《사랑인 줄 알았는데 부정맥》 책 소개 정보, 예스24

2. 네이버 국어사전

3. '사랑인 줄 알았는데 부정맥'…이토록 유쾌한 노년, 日센류 열풍(2024. 04. 29.), 중앙일보

4. '2024 시니어 트렌드 세미나' 내달 5일 개최(2024. 05. 28.), 스트레이트뉴스

5. 탈색 머리에 오프숄더까지…이 언니들, 진짜 60대 맞아?(2024. 06. 22.), 중앙일보

6. 2024 복고(레트로) 문화 및 '힙 트래디션' 관련 인식 조사(2024. 08.), 마크로밀 엠브레인 트렌드모니터

7. 그림 보는데 향기가? 간송미술관 국보·보물 디지털 아트로 대변신(2024. 08. 15.), 문화일보

8. "데이식스·QWER를 비주류라 할 텐가"…요즘 K팝은 밴드로 통한다(2024. 07. 08.), 한국일보

9. 국내 모바일 게임시장은 변화 중…MMORPG 비중 50%대로 낮아져(2024. 08. 15.), 녹색경제신문

10. 방치형 게임, 하반기 기대작 출격…주류로 떠오를까(2024. 06. 26.), 컨슈머타임스

11. "애니? 그거 오덕들이나 보는 거 아냐?"…백화점에 뜬 이유 '의외'(2024. 01. 04.), 매일경제

12. "쉬쉬 말고 대놓고 즐기자"…서브 컬처, 주류에 오르다(2024. 03. 18.), 문화일보

13. 주류 vs. 비주류 문화 관련 인식 조사(2024. 07.), 마크로밀 엠브레인 트렌드모니터

14. 위와 같은 조사

15. 위와 같은 조사

16. 네이버 지식백과

17. 미디어가 부추기는 중독…멈출 수 없는 도파밍(2024. 07. 24.), 데일리안

18. 뇌과학 용어를 넘어선 '도파민', 사회를 비추는 돋보기가 되다(2024. 03. 03.), 대학신문

19. 디지털 치매 및 디지털 디톡스(거리두기) 관련 인식 조사(2024. 04.), 마크로밀 엠브레인 트렌드모니터

20. 《2024 트렌드 모니터》, 최인수·윤덕환·채선애·이진아 저(2023. 10.), 시크릿하우스, p.286

21. 원작보다 잘 나간다…"속이 뻥" 요즘 MZ들 푹 빠진 영상(2024. 06. 11.), 한국경제

22. 스노우, 'AI 프로필 서비스' 출시 한 달만에 150만건 돌파(2023. 07. 05.), 전자신문

23. 네이버 스노우, 작년 매출 255%↑…AI 사진 통했다(2024. 04. 09.), 지디넷코리아

24. 텍스트힙 이끄는 책은…'시집'에 빠진 MZ(2024. 08. 22.), 매일경제

25. 영화를 사랑한다면 'KINO Cinephile'(2024. 05. 28.), 문학뉴스

26. '우천시가 어디예요' 그 후…문해력 책 찾는 사람 늘었다(2024. 08. 27.), 뉴시스

27. "똥물" "할매맛" 선 넘은 대가…피식대학 구독자 썰물(2024. 06. 01.), 뉴시스

28. 이슈메이커 '한 번쯤 이혼할 결심', 진정성으로 답한다(2024. 08. 16.), 스타투데이

29. "팀 막내가 딸이랑 동갑" 50대도 푹 빠진 '여자 풋살'(2024. 06. 04.), 머니투데이

30. "나도 김대호처럼"…'100만원도 턱턱' 요즘 뜬다는 취미(2024. 03. 02.), 한국경제

31. '시니어도 이제 폰으로 만나고 즐긴다'…취미·만남 서비스 인기(2024. 02. 15.), 서울경제

32. '연애남매', 어떻게 연애 예능 시장 뚫었나(2024. 03. 23.), 한국일보

33. 이효리와 어머니, 오징엇국 먹다 울다…'아버지·아들 스토리' 벗어난 요즘 가족 예능(2024. 06. 18.), 한국일보

34. 《2012 트렌드 코리아》, 김난도 외(2011. 10.), 미래의창

35. "할아버지 할머니도 춤을 쉬요" 영국서 대낮의 실버 댄스 클럽 열풍(2024. 07. 08.), 뉴스1

36. 중국인들, 18만원짜리 1996년 달력 없어서 못 산다는데 무슨 일?(2024. 01. 15.), 서울경제

37. 예술·콘텐츠 옷 입고 '핫플' 변신… 젊은 층 취향 저격(2024. 07. 30.), 부산일보

38. '여성 친화' '문화'에 초점 맞추자 10년 만에 인구 소멸 오명 벗었다(2024. 04. 26.), 서울신문

39. "결혼할 때 고양이 입양 보냈는데 이게 큰 잘못인가요?"(2024. 03. 04.), 세계일보

40. "고양이 같이 키울 배우자 구함"…日 '애묘인 전용 결정사' 인기(2024. 02. 22.), 아시아경제

41. '가장 저렴한 명품' 中 루이비통 초콜릿 매장 '인산인해'(2024. 07. 23.), 서울신문

42. "月 28만원 내고 가만히 누워계세요"…중국, 청년 전용 '양로원' 등장(2024. 05. 29.), 뉴스1

43. "독서는 섹시하다" 독서에 푹 빠진 Z세대(2024. 02. 23.), 한경비지니스

44. '북스타그램부터 독서모임, 북톡까지' MZ가 독서를 즐기는 법(2024. 07. 18.), 데일리팝

45. 美모델도 "정말 섹시"…과시라도 좋아, Z세대 또는 '텍스트 힙'(2024. 04. 27.), 중앙일보

46. 온천의 나라 日도 씻기 귀찮아…'오늘 목욕 캔슬' 신조어 등장(2024. 06. 30.), 아시아경제

Chapter 6. 지금은 팬본주의 시대

1. '돌 씻는 이 영상' 뭐라고 조회수 930만…망해가는 회사 살렸다(2024. 04. 08.), 서울경제

2. '김대리 돌 씻는 영상' 대박났다…망해가는 회사 살려, 대체 뭐길래(2024. 04. 09.), 매일경제

3. "'돌멩이 따위'라니요"…'반려돌' 키우는 한국인 늘었다는데, 왜?(2024. 03. 19.), 매일경제

4. "가만히 보기만 해도 힐링"…외신도 놀란 '반려돌' 열풍(2024. 04. 14.), 아시아경제

5. 감정 문해력 및 소통 습관(그룹) 관련 조사(2024. 06.), 마크로밀 엠브레인 트렌드모니터

6. "안 짖고 안 물고 털 안 날림"…'반려돌' 인기에 '완판 행진'(2024. 02. 19.), 한국경제

7. "그냥 돌멩이 아니에요"…힐링용 '반려돌' 키우는 이들(2024. 04. 18.), 뉴시스

8. 수석 취미냐고요? 애착 '반려돌'인데요(2024. 04. 05.), 한겨레

9. 2024 외로움 관련 인식 조사(2024. 04.), 마크로밀 엠브레인 트렌드모니터

10. 위와 같은 조사

11. 위와 같은 조사

12. 위와 같은 조사

13. 위와 같은 조사

14. 위와 같은 조사

15. 2시간짜리 '핑계고' 8백만뷰…유튜브가 길~~~~~어졌다(2024. 03. 10.), 한겨레

16. 2024 외로움 관련 인식 조사(2024. 04.), 마크로밀 엠브레인 트렌드모니터

17. 위와 같은 조사

18. 위와 같은 조사

19. 2024 연애 예능(리얼리티) 프로그램 관련 인식 조사(2024. 03.), 마크로밀 엠브레인 트렌드모니터

20. 위와 같은 조사

21. 위와 같은 조사

22. 2024 '팬덤' 문화 및 '덕질' 관련 인식 조사(2024. 07.), 마크로밀 엠브레인 트렌드모니터

23. 위와 같은 조사

24. 위와 같은 조사

25. 팬덤 문화 극화(5% 팬덤) 현상 관련 조사(2024. 02.), 마크로밀 엠브레인 트렌드모니터

26. 위와 같은 조사

27. 위와 같은 조사

28. 위와 같은 조사

29. 《팬덤의 시대》, 마이클 본드 저, 강동혁 역(2023. 11.), 어크로스, 전자책(e-book) / 2장. 집단이 만드는 정체성, 최소집단 실험이 말해주는 것(문단) 중

30. 같은 책, 같은 문단

31. 같은 책, 같은 문단

32. 2024 '팬덤' 문화 및 '덕질' 관련 인식 조사(2024. 07.), 마크로밀 엠브레인 트렌드모니터

33. 위와 같은 조사

34. 팬덤 문화 극화(5% 팬덤) 현상 관련 조사(2024. 02.), 마크로밀 엠브레인 트렌드모니터

35. "성범죄 의혹 배우 보기 싫다"…공연 통째로 취소시킨 관객들 '도덕성 파워'(2024. 01. 10.), 한국일보

"우천시가 어디예요?"…문해력 논란, 시민들 생각은(2024. 07. 08.), 연합뉴스TV

4. '우천시' '중식' '심심한 사과' 논란, 문해력만 문제일까요?(2024. 07. 07.), 오마이뉴스

5. 위와 같은 기사

6. '사흘=4일' 대란 그후…무식하단 비난에 뿔난 그들 만났다(2020. 08. 09.), 중앙일보

7. "모집인원 0명, 장난하나"…유명 개그 유튜브 공고글 논란된 이유(2024. 04. 16.), 조선일보

8. '심심한 사과'가 지루한 사과?… '문해력' 부족 시달리는 현대인들(2024. 04. 25.), 한국일보

9. "모집인원 0명, 장난하나"…유명 개그 유튜브 공고글 논란된 이유(2024. 04. 16.), 조선일보

10. 금일이 금요일? 중식은 중국음식? 문해력 키우는 책 쏟아진다(2024. 07. 17.), 동아일보

11. "금일이면 금요일 말하는거죠?"…문해력 논란 커지는 이유(2024. 05. 16.), 아시아경제

12. "우천시가 어디에요?" 또 불거진 학부모 문해력 논란(2024. 07. 02.), 동아일보

13. 국립국어원 표준국어대사전, '문해력' 검색어

14. 《읽었다는 착각》, 조병영·이형래·조재윤·유상희·이세형·나태형·이채윤 저(2022. 11.), EBS Books, p.22

15. '문해력', 나무위키

16. 여기서 '고맥락 문화'라는 뜻은, 인류학적 개념으로서 문화에서 교환된 메시지가 얼마나 명시적인지, 의사소통에서 맥락이 얼마나 중요한 문화인지를 따진다는 것을 뜻한다. 제스처, 관계, 몸짓, 언어적·비언어적 메시지들과 같은 의사소통 능력 범위 내에서 어떻게 다른 사람들과 의사소통 하는지가 중요하다. / 위키백과사전에서 인용하여 편집

17. '눈치', 나무위키

18. 《감정 문해력 수업》, 유승민 저(2023. 03.), 웨일북, 전자책(e-book) / Part 1. 고맥락사회의 모호한 언어들(파트), 말하지 않아도 느끼는 한국인의 초능력(문단) 중

19. 내 주변에는 사람을 만날 때 분위기 파악을 잘 못하는 사람들이 많다-그렇다 29.4%, 아니다 48.1%, 잘 모르겠다 22.5%, 내 주변에는 눈치가 없는 사람들이 많다-그렇다 27.3%, 아니다 47.1%, 잘 모르겠다 25.6%, 감정 문해력 및 소통 습관(그룹) 관련 조사(2024. 06.), 마크로밀 엠브레인 트렌드모니터

20. 내 주변 사람들은 다른 사람의 생각과 느낌을 잘 파악한다고 생각한다-그렇다 47.1%, 아니다 22.6%, 감정 문해력 및 소통 습관(그룹) 관련 조사(2024. 06.), 마크로밀 엠브레인 트렌드모니터

21. 상반기 교보문고에서 가장 많이 팔린 책은 '마흔에 읽는 쇼펜하우어'(2024. 06. 03.), 한국경제

22. 《마흔에 읽는 쇼펜하우어》, 강용수 저(2023. 09.), 유노북스, 전자책(e-book) / 4장 23절. 혼자 있는 법을 익혀라(파트), 온전히 혼자 있어보라(문단)

23. 내 주변에는 사람들을 만날 때 분위기 파악을 잘 못하는 사람들이 많다-그렇다 29.4% vs. 아니다 48.1%, 내 주변에는 눈치가 없는 사람들이 많다-그렇다 27.3% vs. 아니다 47.1%, 감정 문해력 및 소통 습관(그룹) 관련 조사(2024. 06.), 마크로밀 엠브레인 트렌드모니터

24. 내 주변에는 조직이나 사회의 분위기에 굳이 맞추지 않고 살아가는 사람들이 많다-그렇다 29.8% vs. 아니다 49.9%, 내 주변에는 다른 사람의 눈치를 전혀 보지 않고 살아가는 사람들이 많다-그렇다 27.5% vs. 아니다 50.9%, 내 주변에는 굳이 사람들의 감정이나 생각을 이해할 필요가 없다고 생각하는 사람들이 많다-그렇다 27.3% vs. 아니다 52.0%, 감정 문해력 및 소통 습관(그룹) 관련 조사(2024. 06.), 마크로밀 엠브레인 트렌드모니터

25. 위와 같은 조사

26. 위와 같은 조사

27. 나는 현재 내가 속한 모임이 그냥 이대로 유지되었으면 하고 바란다–64.4% vs. 나는 내가 속한 모임에 새로운 멤버를 받아들이는 것에 매우 개방적인 편이다–45.3%, 감정 문해력 및 소통 습관(그룹) 관련 조사(2024. 06.), 마크로밀 엠브레인 트렌드모니터

28. 위와 같은 조사

29. 2024 외로움 관련 인식 조사(2024. 04.), 마크로밀 엠브레인 트렌드모니터

30. MZ세대는 통화가 두렵다…'콜 포비아' 극복하려면(2023. 10. 31.), 헬스조선

31. 2024 외로움 관련 인식 조사(2024. 04.), 마크로밀 엠브레인 트렌드모니터

32. 위와 같은 조사

33. 2살 전부터 폰…"눈알 젤리" 중얼중얼, 친구 감정은 못 읽는 교실(2024. 01. 15.), 한겨레

34. 《불안 세대》, 조너선 하이트 저, 이충호 역(2024. 07.), 웅진지식하우스, p.183

35. "눈알 젤리는 불법입니다"…'문방구의 저승사자' 아세요?(2023. 12. 17.), 뉴시스

36. 2살 전부터 폰…"눈알 젤리" 중얼중얼, 친구 감정은 못 읽는 교실(2024. 01. 15.), 한겨레

37. "푸바오 잘 가" 6천여 명 배웅받으며 중국으로 출발(2024. 04. 03.), MBC

38. 6000명 모여 눈물 흘린 푸바오 배웅식…"눈물 난다 vs. 유난이다"(2024. 04. 04.), MSN뉴스

39. "푸바오 가는게 왜 그렇게 슬퍼?"…"너 mbti T지?"(2024. 04. 06.), 헤럴드경제

40. "이 중에서 푸바오 찾을 수나 있냐"…푸바오 팬 저격한 '푸바오 테스트'(2024. 04. 04.), 아이뉴스24

41. '서울 시청역 교차로 차량 돌진 사고', 나무위키

42. 시청역 사고 현장에 잇단 조롱글…반복되는 희생자 모욕(2024. 07. 05.), 연합뉴스

43. AI와의 대화가 인간관계 망칠 수도…감정적 의존 우려 경고(2024. 08. 11.), 자유일보

44. "대화형 AI, 인간보다 AI에 의존하게 할 우려 존재"(2024. 08. 10.), 데일리한국

45. 사람들은 왜 AI 챗봇과 사랑에 빠지나…밸런타인데이 맞아 조명(2024. 02. 15.), AI타임즈

46. 감정 문해력 및 소통 습관(그룹) 관련 조사(2024. 06.), 마크로밀 엠브레인 트렌드모니터

47. 위와 같은 조사

48. 《이처럼 사소한 것들》, 클레어 키건 저, 홍한별 역(2023. 11.), 다산책방, 전자책(ebook) / *위 문단을 밝히면 스포일러가 될 수 있어 페이지는 밝히지 않습니다.

49. 일본도 심각한 문해력…중학생 '읽기' 절반도 못 맞춰(2024. 07. 30.), 한겨레

50. 호주아동 3명중 1명, 수리문해력 기준미달…원주민·시골 '심각'(2024. 08. 14.), 연합뉴스

51. "간과하다가 뭐예요?" 뜻 모르는 학생과 공허한 문해력 정책(2024. 01. 02.), 더스쿠프

52. "벨 울리면 불안해" 국적·세대 불문 '콜 포비아' 확산(2024. 06. 07.), 국민일보

53. "전화 무서워" 전 세계 콜포비아 늘고 있다(2024. 06. 07.), 한국경제

54. "문자는 귀찮고, 전화는 부담"…'음성 메시지' 젊은층 인기(2024. 05. 21.), 동아일보

55. 가족이 전쟁 인질 됐는데 '수술'에 비유?…눈치 없는 의원의 결말(2024. 01. 09.), 아주경제

56. "맥도날드 입점? 동네 분위기 망칠 수 있어"…美부촌서 입점 거부(2024. 01. 12.), 파이낸셜뉴스

57. "여긴 안돼" 미국의 이 부자 동네는 왜 맥도날드 입점 거부했나(2024. 01. 12.), 한경비즈니스

58. "관계 단절로 의욕 잃어"…日 도쿄 청년 고독사 3년간 742명(2024. 07. 22.), 조선일보

59. "실패가 두려워요"…韓 청년들 집에 숨은 이유, 외신도 주목(2024. 05. 26.), 아시아경제

60. "외로워서 AI와 결혼…기혼자도 가능" 영화가 현실이 된 日(2024. 07. 16.), 서울신문

61. "내 여친이 5천명과 바람피워도 괜찮아"…'이곳'선 질투 없는 연애한다는데(2024. 07. 31.), 매일경제

62. "엄마, 내 남자친구야"… AI와 사랑에 빠진 중국 여성(2024. 05. 24.), 머니투데이

Chapter 8. 거대 좌절부터 미세 좌절까지

1. 《미세 좌절의 시대》, 장강명 저(2024. 03.), 문학동네

2. '금수저 억만장자'가 '자수성가형 억만장자' 최초로 이겼다(2023. 12. 01.), 한국일보

3. 아이 사교육비 보면 부모 가방끈까지 안다?…대학원졸이 제일 많이 써(2024. 03. 15.), 뉴시스

4. "나 트리마제 3개 있다"…초등생 파고든 물질주의, '포카' 문화(2024. 04. 01.), 세계일보

5. 「수저 계급론」 관련 인식 조사(2024. 08.), 마크로밀 엠브레인 트렌드모니터

6. 자기(Self) 이미지 선망 니즈 관련 조사(2024. 01.), 마크로밀 엠브레인 트렌드모니터

7. 위키백과

8. 자기(Self) 이미지 선망 니즈 관련 조사(2024. 01.), 마크로밀 엠브레인 트렌드모니터

9. 《2024 트렌드코리아》, 김난도 외 저(2023. 10.), 미래의창

10. '원천징수 첨부'하고 연봉 2억 증명…평범하면 광속탈락, 결혼·데이트앱(2024. 05. 17.), 아시아경제

11. "3000만원 더 쓰세요"…백화점 VIP 기준 줄줄이 높인다(2024. 01. 22.), 한국경제

12. 연간 1억 썼는데…VVIP 탈락하셨네요(2024. 02. 16.), 매일경제

13. "그만 문송할래요"…폴리텍 신입생 4명 중 1명은 '대졸 U턴'(2024. 07. 23.), 한국경제

14. 「수저 계급론」 관련 인식 조사(2024. 08.), 마크로밀 엠브레인 트렌드모니터

15. 2024 현대인의 꿈, 적성 및 인생 목표 관련 인식 조사(2024. 04.), 마크로밀 엠브레인 트렌드모니터

16. 멤버 전원 '생라이브'에 빵 뚫리는 속…돌아온 가창력의 시대(2024. 05. 29.), 동아일보

17. 장원영이 해외의 한 유명 베이커리에서 자신 앞에서 소진되어버린 빵을 보고 실망하기보다 갓 나온 빵을 받을 수 있게 됐다며 "완전 럭키다"라고 말한 데서 유래한 단어. 자신의 영어 이름 '비키'와 붙여 "완전 럭키비키잖아"라는 유행어까지 탄생시켰다.

18. '원영적 사고' 밈 이유 있다…위로를 주는 진짜 아이돌(2024. 05. 18.), 뉴스1

19. '투병 브이로그', 누가 만들고 누가 볼까?(2024. 06. 05.), 시사IN

20. 2024 현대인의 정신 건강 및 정신과·상담 센터 관련 인식 조사(2024. 06.), 마크로밀 엠브레인 트렌드모니터

2025
TREND
MONITOR

대중을 읽고 기획하는 힘
2025 트렌드 모니터

초판 1쇄 인쇄 | 2024년 10월 2일
초판 1쇄 발행 | 2024년 10월 15일

지은이　　　| 최인수·윤덕환·채선애·이진아·최다솔
펴낸이　　　| 전준석
펴낸곳　　　| 시크릿하우스
주소　　　　| 서울특별시 마포구 독막로3길 51, 402호
대표전화　　| 02-6339-0117
팩스　　　　| 02-304-9122
이메일　　　| secret@jstone.biz
블로그　　　| blog.naver.com/jstone2018
페이스북　　| @secrethouse2018
인스타그램　| @secrethouse_book
출판등록　　| 2018년 10월 1일 제2019-000001호

ISBN 979-11-988257-2-8　03320